BURKHART KIENAST

DAS ALTASSYRISCHE KAUFVERTRAGSRECHT

FREIBURGER ALTORIENTALISCHE STUDIEN

HERAUSGEGEBEN VON
BURKHART KIENAST
UNTER MITWIRKUNG VON
MARK A. BRANDES UND HORST STEIBLE

BEIHEFTE:
ALTASSYRISCHE TEXTE UND UNTERSUCHUNGEN

HERAUSGEGEBEN VON
KARL HECKER UND BURKHART KIENAST

BAND 1

FRANZ STEINER VERLAG WIESBADEN GMBH
STUTTGART 1984

DAS ALTASSYRISCHE KAUFVERTRAGSRECHT

VON

BURKHART KIENAST

FRANZ STEINER VERLAG WIESBADEN GMBH
STUTTGART 1984

CIP-Kurztitelaufnahme der Deutschen Bibliothek
Kienast, Burkhart:
Das altassyrische Kaufvertragsrecht / von Burkhart Kienast. – Stuttgart: Steiner-Verlag-Wiesbaden, 1984.
(Altassyrische Texte und Untersuchungen ; Bd. 1)
ISBN 3-515-04029-3
NE: GT

 Gedruckt mit Unterstützung der Deutschen Forschungsgemeischaft.

HERBERT PETSCHOW

in Freundschaft und Verehrung

zugeeignet

INHALT

VORWORT DER HERAUSGEBER.

In längeren Gesprächen zwischen den Herausgebern entstand 1982 der Plan einer (Neu-)Bearbeitung der altassyrischen Rechtsurkunden. Ziel ist dabei einmal, das bis zum Jahre 1930 reichende Werk von G. Eisser - J. Lewy "Die altassyrischen Rechtsurkunden vom Kültepe" (MVAeG 33,1930, und 35/3,1935) durch eine zeitgemässe Edition der Urkunden, ergänzt um die zahlreichen seither erschienenen Texte, zu ersetzen und vor allem, das gesamte Material rechtshistorisch zu erschliessen, was damals aus zeitgeschichtlichen Gründen unterblieben war. Zusammen mit einer von Frl. cand. phil. A. M. Rohjan (Freiburg) in Angriff genommenen Dissertation mit dem Titel "Die altassyrischen Wirtschaftsurkunden", dem von M. T. Larsen und K. R. Veenhof vorbereiteten Corpus der altassyrischen Briefe und dem entsprechenden Abschnitt in dem von A. K. Grayson geleiteten Projekt "The Royal Inscriptions of Mesopotamia" soll damit zugleich eine vollständige Bearbeitung aller bislang publizierten altassyrischen Texte erreicht werden. Schliesslich soll die detaillierte rechtshistorische Analyse der altassyrischen Rechtsurkunden auch einen Beitrag zu einer umfassenden Rechtsgeschichte des Alten Orients liefern.

Entsprechend diesen Zielen sollen die einzelnen Rechtsgebiete zunächst monographisch dargestellt werden. Die Monographien sollen ausserdem zum Schluss durch vollständige Glossare und Indices erschlossen werden. Endlich ist auch daran gedacht, im Rahmen des Projektes neue Texte zu edieren.

Um das Vorhaben in übersichtlicher Form verwirklichen zu können, war von vornherein an eine eigene Serie "Altassyrische Texte und Untersuchungen" (ATU) gedacht, die nun auf Wunsch des Verlages als "Freiburger Altorientalische Studien, Beihefte" erscheint.

K. Hecker B. Kienast

VORWORT DES VERFASSERS.

Bei der Bearbeitung des vorliegenden Bandes haben mir die Herren K. Hecker und M. T. Larsen durch wertvolle Hinweise in dankenswerter Weise geholfen. H. Pet=schow, mit dem ich das ganze Manuskript durchsprechen und zahlreiche juristische Probleme diskutieren konnte, widme ich dieses Buch in Dankbarkeit.

Die Herstellung des Druckmanuskriptes verdanke ich meiner lieben Frau, die auch sonst durch ihre Anteilnahme den Fortgang der Arbeit erleichtert hat.

Aus technischen Gründen musste auf die Verwendung der Kursive verzichtet werden, was der Verständlichkeit des Textes allerdings wohl keinen Abbruch tut. Etwa ste=hen gebliebene Druckfehler und kleinere Unregelmässigkeiten bitten wir zu ent=schuldigen.

Die Zitierweise entspricht der von CAD, AHw und GKT, sodass auf ein besonderes Abkürzungsverzeichnis hier verzichtet werden konnte.

B. Kienast

ERSTER TEIL.

SYSTEMATISCHE DARSTELLUNG.

I. EINLEITUNG.

1. Nachdem die altassyrischen Kaufverträge als Urkundengattung merkwürdigerweise lange Zeit hindurch kein besonderes Interesse in der Forschung gefunden haben, hat unlängst K. Hecker eine formale Analyse der einschlägigen Kontrakte vorge= legt und dabei einen ersten Überblick über die Besonderheiten des Kaufformulars und der "Rückkehrklauseln" geboten **(1)**. Trotz dieser willkommenen Vorarbeiten scheint es uns nützlich zu sein, die altassyrischen Kaufurkunden hier in vollem Wortlaut vorzuführen, sie jeweils aus sich heraus zu interpretieren und ihre Eigenheiten unter rechtshistorischen Aspekten zu würdigen. Wenn wir dabei zu= nächst vor allem die Einordnung unseres Materials in die kaufrechtliche Entwick= lung Mesopotamiens im Auge haben, so wird sich freilich alsbald zeigen, dass wir damit der Eigenheit dieser Kontrakte nur ungenügend Gerechtigkeit widerfahren lassen. Denn die altassyrischen Briefe und Urkunden aus den kleinasiatischen Handelskolonien **(2)** verdienen ja unter anderem auch deswegen das besondere In= teresse der Forschung, weil sie unsere bislang einzige schriftliche Quelle zur ältesten Kultur Anatoliens noch vor der Herrschaft der Hethiter darstellen. So gewähren uns etwa die zahlreichen sogenannten "kappadokischen" Eigennamen Ein= blicke in die ethnische Zusammensetzung der Bevölkerung, unter der wir Proto= hattier, Hurriter, Hethiter und Luwier erkennen können; weiter gibt die Analyse des Onomastikons mit seinen theophoren Elementen erste Aufschlüsse über die Re= ligion Altkleinasiens, indem wir die Namen verschiedener Gottheiten und einige ihrer Epitheta erfahren und so Andeutungen über die Einstellung der Menschen zu den überirdischen Mächten erhalten. Die Urkunden selbst belehren uns über einige Grundzüge des Kultes, wenn sie uns etwa einen Festkalender vor Augen führen, der vier Feiertage zu Ehren bestimmter Gottheiten umfasst.

---

(1) Vgl. den Artikel "Kauf. C. I. Altassyrisch", RlA 5,1980,512-514 und den Aufsatz "Zur Beurkundung von Kauf und Verkauf im aA", Festschrift J. Klíma, WO 11,1980,64-75.-- Meine eigene Beschäftigung mit den aAss Kaufurkunden reicht weit zurück; wesentliche Ergebnisse habe ich bereits 1966 in einem Habilitationsvortrag in Erlangen (Umhabilitation) und 1967 auf der Rencontre Assyriologique Internationale in Chicago vorgetragen.

(2) Vgl. zu den altassyrischen Handelskolonien in Kleinasien mit weiteren Lite= raturhinweisen: A. Goetze, Kleinasien, 2. Aufl. München 1957; P. Garelli, Les Assyriens en Cappadoce, Paris 1963; M.T. Larsen, Old Assyrian Caravan Procedures, Istanbul 1967; L.L. Orlin, Old Assyrian Colonies in Cappadocia, Den Haag - Paris 1970; K.R. Veenhof, Aspects of Old Assyrian Trade and its Terminology, Leiden 1972; M.T. Larsen, The Old Assyrian City-State and its Colonies, Mesopotamia 4, Copenhagen 1976. Zur Grammatik vgl. K. Hecker, Gram= matik der Kültepe-Texte, AnOr 44, Roma 1968 mit einer Übersicht über die bis dahin erschienenen Texte und Textbearbeitungen. Zu den Schuldurkunden vgl. R.B. Leon, Studies in Old Assyrian Loan Contracts, Ann Arbor 1977. Zur Reli= gion vgl. H. Hirsch, Untersuchungn zur altassyrischen Religion, AfO Beiheft 13/14, Graz 1961.

§ 2. Entsprechend dem Charakter des Materials aus den Handelskolonien, das ja in er= ster Linie aus Rechts- und Wirtschaftsurkunden sowie aus Briefen einschlägigen Inhaltes besteht, beziehen sich die meisten Auskünfte über altkleinasiatische Verhältnisse freilich vorwiegend auf die soziale und wirtschaftliche Struktur des Landes sowie auf juristische Probleme. Gerade hier liegen denn auch vor dem Forscher noch zahlreiche reizvolle Aufgaben, deren Bewältigung im einzelnen frei= lich mühsame Kleinarbeit zur Voraussetzung hat. Die Resultate werden im Detail vielleicht oft enttäuschend lückenhaft bleiben, doch winkt als Lohn ein Ergebnis, das wenigstens in Umrissen ein Bild der altanatolischen Kultur vermittelt. Zu diesem Ziel wollen die folgenden Ausführungen, die detaillierte Analyse der alt= assyrischen Kaufurkunden, ebenfalls beitragen.

§ 3. Schon die geringe Zahl der Texte zu unserem Thema ist überraschend: Hunderte von Briefen berichten von den geschäftlichen Transaktionen der Schreiber und ihrer Korrespondenzpartner; tausende von privaten Geschäftsnotizen und Abrechnungen so= wie von Rechtsurkunden - darunter besonders die Schuldscheine und Quittungen, die Verwahrungs- und Transportverträge, die Gerichtsprotokolle und die Rechtssprüche der Behörden - zeichnen die Verhältnisse im Leben der assyrischen Kaufleute: Die Texte führen uns die Abwicklung der Handelsgeschäfte vom Ankauf der Ware über ihren Transport und ihre Belastung durch Abgaben und Steuern bis zu ihrem Weiter= vertrieb vor Augen; sie berichten über die Zusammensetzung der Karawanen, die Transitgebühren und die Benutzung der Lagerhäuser; sie zeigen die Kreditierung von Ware oder Preis, die Verschuldung der Kaufleute, die Begleichung der Verbind= lichkeiten oder das prozessuale Vorgehen bei Nichterfüllung. Kurzum, die Texte berühren fast jede denkbare Frage, die sich aus dem Daseinsgrund der assyrischen Kaufleute in Kleinasien, dem internationalen Handel, ergibt.

§ 4. Das speziell auf den Handel gerichtete Interesse der Assyrer erklärt wenigstens teilweise, warum für bestimmte, in Babylonien gut bezeugte Rechtsgebiete das uns überkommene Material aus Kleinasien schweigt. Zwar hat bei Darlehensgeschäften zwischen assyrischen Gläubigern und kappadokischen Schuldnern die Rückzahlung häufig genug in landwirtschaftlichen Produkten zu erfolgen, oder es wird als Fälligkeitstermin die Erntezeit vereinbart (3), doch sonst fehlen gerade sol= che Rechtsmaterien, die sich aus einer primär agrarwirtschaftlichen Gesellschafts= form ergeben, wie z.B. Pacht, Miete von Vieh, Dienstverträge mit Erntearbeitern, Hüteaufträge und Ähnliches. Ebenso ist wohl das weitgehende Fehlen von familien=

(3) Vgl. etwa die Terminangaben ḫarpū "Herbst", "Erntezeit", ina qitip karānim "zur Weinlese" und ina (ṣibit) niqallim "bei(m Schnitt) der Sichel"; zur Zu= rückzahlung von Silberdarlehen und zur Zinsleistung in Naturalien vgl. etwa die Phrase mišlam še'am mišlam aršātim "zur Hälfte Weizen, zur Hälfte Ger= ste". Für Belege s. die Wörterbücher.

rechtlichen Urkunden zum Ehe- und Erbrecht aus der Situation der assyrischen Kaufleute zu deuten: Man wird annehmen müssen, dass Eheschliessungen, Scheidun= gen, Adoptionen, Verfügungen für den Todesfall oder Erbteilungen in der Regel in Assur selbst vorgenommen wurden; die wenigen einschlägigen Kontrakte aus Klein= asien und die Tatsache, dass Assyrer verschiedentlich einheimische Frauen heira= teten, widersprechen einer solchen Auffassung nicht im Grundsätzlichen **(4)**.

§ 5. Als ausgesprochen merkwürdig aber muss es erscheinen, dass in einer Kolonie von Kaufleuten gerade diejenige Urkundengattung, die man hier in grösserer Zahl er= wartet, nur in wenigen Exemplaren vertreten ist: die Kaufverträge. Freilich spie= len die wichtigsten Handelsgüter der altassyrischen Niederlassungen, Metalle und Stoffe, auch in den gleichzeitigen Kaufurkunden Babyloniens kaum eine Rolle. Denn ähnlich dem Römischen Recht, das nur für res mancipi (Grundstücke, Sklaven und Zug- bzw. Lasttiere) einen Formalakt, die mancipatio, kannte, so bestand auch nach altorientalischer Auffassung nur für den Erwerb bestimmter Grossgüter die Verpflichtung zum Abschluss eines schriftlichen Kaufvertrages. Demnach sollten aber wenigstens die am häufigsten bezeugten Kaufobjekte babylonischer Kontrakte auch in den altassyrischen Texten hundertfach als Gegenstand käuflichen Erwerbes auftreten: Sklaven und Grundstücke, wobei für letztere aus den besonderen Um= ständen heraus allenfalls eine Beschränkung auf Hausgrundstücke vertretbar wäre **(5)**.

§ 6. Die äussert geringe Zahl der Sklaven- und besonders der Hauskaufverträge sowie die vergleichsweise äusserst sparsamen Hinweise auf derartige Transaktionen in der Masse des übrigen Materials werfen zahlreiche interessante Probleme über die Stellung der assyrischen Kolonisten im Verhältnis zur einheimischen Bevölkerung und Staatsmacht auf. Um nur ein Beispiel zu nennen: Hat etwa das Fehlen von Ur= kunden über den Erwerb von Feldgrundstücken (und von Häusern im weiteren Umfang) in Kleinasien durch Assyrer staatsrechtliche Hintergründe? Gewiss wird man nicht den Schluss wagen dürfen, wie in anderen Rechtsprovinzen des Alten Orient sei auch hier der Grund und Boden ausschliesslich oder doch überwiegend Eigentum der öffentlichen Hand, des Palastes oder des Tempels, gewesen. Denn die einzige Quel= le zur Sozialstruktur Altkleinasiens sind ja gerade die Texte der altassyrischen Handelskolonien, die sich naturgemäss fast ausschliesslich mit den Verhältnissen

(4) Für die wenigen Urkunden zum Familienrecht vgl. die Darstellung von E. Bil= giç, Die originellen Seiten im Eherecht der vorhethitischen Bevölkerung Ana= toliens, AÜDTCFD 9/3,1951,239-250; ferner L. Matouš, Beiträge zum Eherecht der anatolischen Bevölkerung im 2. Jhts. v.u.Z., ArOr 41, 1973,309-318.

(5) Die häufigsten Kaufobjekte der aB Kaufverträge sind nach Ausweis der Urkun= den Felder, Gärten und Hausgrundstücke, Sklaven, seltener auch Tiere und an= Mobilien sowie Tempelpfründe; vgl. dazu M. San Nicolò, Schlussklauseln 11-14.

unter den Assyrern befassen. Für die prinzipiell schriftlose Gesellschaft Anato= liens dagegen müssen wir mit mündlich tradierten Rechtsnormen und verbalen Ver= tragsformen rechnen, denen zufolge auch privates Grundeigentum und dessen Ver= äusserung möglich gewesen sein mag; das weitgehende Fehlen von einschlägigen Ur= kunden kann deshalb unter **keinen** Umständen als argumentum e silentio herangezogen werden.

§ 7. Für die assyrische Seite dagegen können wir an Hand des weitgehenden Fehlens von Grundkaufverträgen bestimmte Vermutungen äussern. In dem nahezu anderthalb Jahr= hunderte währenden Bestehen der Handelskolonien müssten die Assyrer **in erheblichem** Umfang ihren Hausbesitz durch den Erwerb von Nachbargrundstücken vergrössert oder durch Abgeben einzelner Parzellen verkleinert haben; sie müssten neue Anwesen er= worben und alte aufgegeben haben. Darüber hinaus wäre auch ausserhalb des eigent= lichen Wohngebietes mit Bodenspekulationen zu rechnen: Wir denken hier nicht nur - in Anlehnung an die Verhältnisse Babyloniens - an ein wenigstens gelegentliches geschäftliches Interesse der Assyrer an der Agrarwirtschaft Anatoliens, sondern besonders auch an deren zwangsläufig zu erwartendes Streben nach Kontrolle der Minen wie der Verhüttungs- und Verarbeitungsbetriebe der kleinasiatischen Metall= industrie. Und nachdem die Assyrer einmal in Kleinasien Fuss gefasst haben, wären dies alles wohlgemerkt rechtsgeschäftliche Vorgänge, die sich in rein assyri= schen Milieu abspielen könnten und die deswegen auch in dem uns vorliegenden Ma= terial ihren deutlichen Niederschlag finden müssten. Wenn nun zu alle dem unsere Quellen nahezu völlig schweigen, so kann dies nur eine Ursache haben: Die Assy= rer durften offenbar - mit Ausnahme vielleicht von Hausgrundstücken - kein Eigen= tum an Grund und Boden in Kleinasien erwerben.-- In ähnlicher Weise scheint sich auch ein Verbot für die Assyrer abzuzeichnen, freie anatolische Bürger zu ver= sklaven: Sklaven der assyrischen Kaufherren werden in der grossen Masse der Tex= te erstaunlich selten erwähnt, und wo einer von ihnen namentlich genannt wird, trägt er fast nie einen "kappadokischen" Eigennamen **(6)**.

§ 8. Bei den aus dem generellen Fehlen von einschlägigen Kaufurkunden erschlossenen rechtlichen Beschränkungen der assyrischen Kaufleute in Kleinasien handelt es sich vermutlich um Vorschriften, die in internationalen Abmachungen festgelegt waren. Wie wir aus der Briefliteratur wissen, wurden solche Vereinbarungen zwi= schen der Zentrale der Kolonisten, dem kārum Kaniš, und den lokalen Fürsten ge= troffen, wobei dafür die termini mamītum "Eid" und šikittum, pl. šiknātum "Sat= zung" gebraucht wurden **(7)**. Über den Inhalt dieser Staatsverträge sind wir aus

(6) Vgl. zu den Kaufobjekten in den aAss Kaufurkunden unten § 29-33 und zu den Kaufpreisen § 34; vgl. ausserdem die Exkurse 1-3.

(7) Zu den Hinweisen auf die Staatsverträge und zu den genannten termini vgl. P. Garelli, Les Assyriens 329ff., und L.L. Orlin Assyrian Colonies 114-138.

Mangel an Originaldokumenten nicht informiert. Wir werden aber nicht fehl gehen in der Annahme, dass sie das Niederlassungsrecht, die Handelsfreiheit und die Rechtsautonomie der assyrischen Kolonien ebenso regelten wie die Beziehungen der Kaufleute zur einheimischen Bevölkerung auf öffentlich-rechtlicher und privater Basis. Das Verbot für die Assyrer, Grundeigentum (ausser vielleicht Hauseigentum) in Kleinasien und Kappadokier als Sklaven zu erwerben, mag ein Punkt in diesen internationalen Verträgen gewesen sein. Dabei mag dann auf Seiten der einheimi= schen Fürsten das Bestreben im Vordergrund gestanden haben, eine Überfremdung der anatolischen Staatsgebiete durch die finanzkräftigen assyrischen Händler zu ver= hindern.

§ 9. Unter den gegebenen Verhältnissen ist es also dringend geboten, auch das Onoma= stikon der Kaufurkunden einer Analyse zu unterziehen; das Ergebnis scheint unsere oben geäusserten Vermutungen zu unterstreichen: Nur in wenigen Verträgen sind al= le Personen Assyrer, und zwar nicht nur die Kontrahenten des Geschäftes und die Zeugen, sondern besonders auch die als Kaufobjekte genannten Sklaven. In den üb= rigen Kontrakten finden wir eine starke Beteiligung der Kappadokier, wenn das Geschäft nicht sogar nur in einheimischen Milieu abgeschlossen wurde. Wo aber bei= de Bevölkerungsgruppen auftreten, wird die assyrische Partei überwiegend durch die anatolische Ehefrau eines Kolonisten vertreten und auffälligerweise ist gerade in diesen Verträgen die Zeugenliste immer annähernd paritätisch mit Assyrern und "Kappadokiern" besetzt **(8)**.

§ 10. Das unverhältnismässig starke Hervortreten des "kappadokischen" Elementes in den Kaufurkunden hat seine Spuren in der sprachlichen und formalen Ausgestaltung der Verträge hinterlassen. Ist schon die hohe Zahl an Kontrakten mit ausschliesslich einheimischen Namen erstaunlich, so fallen gerade in diesen Texten die zahlrei= chen Fehlleistungen in Orthographie und Grammatik, in der Morphologie wie in der Syntax, ins Auge. Die Abweichungen von der Norm sind dabei in quantitativer wie qualitativer Hinsicht derart ungewöhnlich, dass man aus ihnen auf nicht-assyri= sche Schreiber schliessen muss. Das aber bedeutet: Auch im vorhethitischen Klein= asien wurden die Möglichkeiten der Verschriftung nicht nur für den diplomatischen Verkehr der anatolischen Fürsten untereinander und der Lokalherren mit den In= stanzen der assyrischen Kolonisten nutzbar gemacht; auch die einheimische Verwal= tung hat offenbar die assyrische Schrift und Sprache in gewissem Umfang für in= terne Zwecke verwendet. Freilich können wir über das Ausmass der Schriftnutzung durch die "kappadokische" Verwaltung kaum etwas aussagen, da ja der weitaus gröss= te Teil der bisher bekannt gewordenen Texte aus dem Quartier der Kaufleute aus=

---

(8) Zum Onomastikon unserer Urkunden vgl. unten § 18-25 und zur Verteilung von Assyrern und "Kappadokiern" in der Zeugenliste besonders § 23.

serhalb der Mauern von Kaniš stammt.

§ 11. Die Existenz "kappadokischer" Schreiber ergibt sich für unsere Kaufurkunden aber nicht nur aus den genannten Fehlleistungen orthographisch-grammatikalischer Art. Nur ein Teil der Kontrakte nämlich zeigt die von mesopotamischen Verträgen her vertrauten Züge im Formular; der grössere Rest dagegen weist ein völlig anderes, fremdartiges Gepräge auf. Die zu beobachtenden Abweichungen der letzteren Gruppe stellen dabei nicht einfach eine gesonderte Ausdrucksweise dar, sondern sie wur= zeln ganz offenbar in Gedankengängen, die vom Stand der rechtsgeschichtlichen Entwicklung in Mesopotamien erheblich abweichen. Die Analyse der verschiedenarti= gen Kaufformulare und der in den Verträgen auftretenden Schlussklauseln verspricht unter diesen Umständen interessante Aufschlüsse: Dabei ist einmal die Stellung der "altassyrischen" Kontrakte im Vergleich zu den mesopotamischen Urkunden zu untersuchen und insbesondere das Verhältnis zu den neusumerischen und altbabylo= nischen Gegebenheiten darzustellen; damit ist dann schliesslich auch die Möglich= keit geboten, die Frage der Kontinuität der assyrischen Rechtsentwicklung auf dem Gebiet des Kaufrechtes anzuschneiden. Zum anderen aber gestatten uns die "kappa= dokischen" Kontrakte mit ihrer eigenwilligen Ausprägung weitreichende Einblicke in den Stand der Jurisprudenz des vorhethitischen Kleinasien und liefern somit einen wertvollen kulturhistorischen Beitrag.

§ 12. Die rechts- wie kulturgeschichtlichen Einblicke, die uns die Analyse der hier be= handelten Kaufverträge gestattet, werden ergänzt durch Beobachtungen, wie wir sie bei der Untersuchung des altassyrischen Vertragspfandrechtes anstellen konnten. Dessen Bearbeitung **(9)** hat bereits in der Terminologie eine Sonderstellung erge= ben insofern, als - im Gegensatz zum babylonischen und jüngeren assyrischen Recht - eine Vielfalt von Pfandarten miteinander konkurriert. Bei dem Versuch, deren Eigenheiten gegeneinander abzugrenzen, war auch dort das speziefische Problem der kappadokischen Urkunden zu berücksichtigen, das Ethnikon der am jeweiligen Rechtsgeschäft beteiligten Personen: Nur die unter Assyrern abgeschlossenen Kon= trakte lassen sich unschwer in die Rechtsgeschichte Mesopotamiens eingliedern und weisen einwandfreien Gebrauch der altassyrischen Sprache auf; Personen- und Hauspfänder sind nur selten bezeugt. Im Gegensatz dazu zeigen Verträge nur unter Kappadokiern (oder mit gemischten Kontrahenten) oft abweichende rechtliche Vor= stellungen und sprachliche Anomalien; Personen- und Hauspfänder überwiegen hier. Im Einzelnen gilt:

§ 13. Zwei Pfandarten sind terminologisch festgelegt:

---

(9) Vgl. B. Kienast, Bemerkungen zum altassyrischen Pfandrecht, Festschrift H. Petschow, WO 8,1976,218-227.

(a) Die erubbâtum bezeichnet ein Pfand an Immobilien und/oder Personen; in den wenigen Belegen tragen alle Beteiligten, einschliesslich der verpfändeten Sklaven, assyrische Namen.

(b) Die šapartum ist von Haus aus ein reines Fahrnispfand, ihre Gewährung und Entgegennahme geschah unter Assyrern in aller Regel ohne Schriftform, wie auch die Objekte der šapartum (Gefässe, Geräte, Gold und Silber) beim Kauf keines schriftlichen Vertrages bedurften. Abweichend davon steht die šapar= tum aber in rein kappadokischem Milieu für Personen- und Hauspfänder anstelle der assyrischen erubbâtum.

Unterminologisch ist insbesondere das Eigentumspfand, das zumeist in dem Kauf nachgeformten Verträgen (vgl. unten § 16) bezeugt ist; doch gehören hierher auch eine weitere Urkunde, deren Geschäftsvermerk in einer einfachen Eigentumserklä= rung besteht (TCL 21 255) und die Belege für das dagālum-Pfand (EL 14 und 92). Pfandobjekte sind neben Personen auch Häuser. Die am Geschäft beteiligten Perso= nen sind fast ausschliesslich Kappadokier, und die Vermutung liegt nahe, dass es sich beim Eigentumspfand um eine Pfandform kappadokischen Rechtes handelt.

§ 14. Die oben angedeuteten Probleme und Erkenntnisse, die sich aus dem Studium der kaufrechtlichen Urkunden abzeichnen, haben also offenbar allgemeineren Charakter. Gerade diese Einsicht aber mag es in besonderem Masse gerechtfertigt erscheinen lassen, die folgenden Seiten einer erneuten, ausführlichen Untersuchung der For= mulare und Klauseln in den kaufrechtlichen Urkunden aus der Zeit der altassyri= schen Handelskolonien in Kleinasien zu widmen.

II. ALLGEMEINES.

1. Das Material.

§ 15. Die hier bearbeiteten 40 Urkunden sind alle mehr oder minder kaufrechtlich rele= vant, aber nur ein Teil davon sind auch formal Kaufverträge im engeren Sinn. Im Einzelnen sind folgende Textgruppen zu unterscheiden:

(a) Die Kaufverträge No. 1-23: Der Kaufvermerk dieser Kontrakte ist ausseror= dentlich vielfältig konzipiert; neben einseitig ex latere venditoris bzw. empto= ris stilisierten Verträgen stehen solche mit unterschiedlichen zweiseitigen For= mulierungen. Wie die genaue Analyse ergeben wird, sind zu differenzieren:

1. Der assyrische Kaufvermerk ex latere venditoris: No. 1- 2.
2. Der assyrische Kaufvermerk ex latere emptoris .: No. 3- 9.
3. Das zweiseitige babylonische Kaufformular .....: No. 10-12.
4. Das zweiseitige assyrische Kaufformular ....: No. 13-14.
5. Das zweiseitige kappadokische Kaufformular ....: No. 15-22.

Hinzu kommt der Hauskauf No.23, der auf der Hülle und auf der Innentafel den mög= licherweise verkürzten Geschäftsvermerk in der ša-Klausel (vgl. § 36,5) bietet. Hervorzuheben ist ferner schon hier die Grundkaufurkunde No. 1: Sie ist die ein= zige ihrer Art, jünger als die Masse der altassyrischen Texte aus Kleinasien und stammt aus dem assyrischen Raum, vielleicht sogar aus Assur selbst.

(b) Die Kaufpreisquittungen No. 24-31: Auch diese Urkundengruppe ist nicht einheitlich stilisiert; es sind zu differenzieren:

1. Das šabbu-Formular, Stichwort šabbu "er ist befriedigt": No. 24-25.
2. Das išqul-Formular, Stichwort išqul "er hat bezahlt" ..: No. 26-31.

Das besondere Interesse hat den Schlussklauseln der Kaufpreisquittungen zu gel= ten, die sich ähnlich auch in den echten Kaufverträgen finden: Denn diese Bestim= mungen weisen deutlich darauf hin, dass durch die Leistung Eigentumsrechte be= gründet werden; die Kaufpreisquittungen sind demnach konstitutiv für das Kauf= geschäft und sie registrieren nicht die Bezahlung eines gestundeten Kaufpreises auf schuldrechtlicher Basis: Wir werden also auch für das älteste assyrische Recht noch mit einer Zerlegung des zweiseitigen Kaufgeschäftes in Kauf- und Preis= zahlungsurkunde rechnen müssen.

(c) Sonstige Urkunden No. 32-40: Die folgenden Kontrakte gehören nicht unmit= telbar zum Kaufvertragsrecht im engeren Sinne; sie wurden vielmehr zur Abrundung und zu Illustrationszwecken mit aufgenommen.

No. 32: Bestellung eines Eigentumspfandes. Der Geschäftsvermerk ist dem assyri= schen Kaufvermerk ex latere venditoris nachgeformt; vgl. auch den termi= nus šīmum "Kaufpreis" in Z. 23.

No. 33: Verpflichtungsschein über eine Kaufpreisschuld in Silber. Zugrunde liegt also eine Kaufpreisstundung.

No. 34: Verpflichtungsschein über eine Weizenschuld. Die Klausel še-am a-KÙ.BAB= BAR iš-a-am "Den Weizen hat er für Silber gekauft" (Z. 11f.) erweist das Geschäft als Pränummerations- oder Lieferungskauf.

No. 35: Quittung nach dem šabbu-Formular über die Bezahlung von zwei Minen Silber vom Kaufpreis für Esel und Stoffe (ša šīm O).

No. 36: Quittung nach dem šabbu-Formular über die Bezahlung einer Kaufpreisschuld für Esel auf Grund eines Verpflichtungsscheines mit Inhaberklausel.

No. 37: Schuldentilgung mit Pfandlösung durch Dritte in Gestalt des išqul-Formu= lars. Die Urkunde regelt das Zugriffsrecht des Käufer-Gläubigers auf das Pfandobjekt. Vgl. den terminus šīm O "Kaufpreis für das Objekt O" in Z. 6f.

No. 38: Gerichtsprotokoll betreffend die Stundung eines Teilbetrages vom Kaufpreis für einen Sklaven.

No. 39: Quittung (Hülle nach dem išqul-Formular, Tafel mit dem Stichwort taddin) über die Erstattung des Kaufpreises für Häuser seitens der Erwerberin an ihre Agentin.

No. 40: Quittung nach dem ilqē-Formular über die Bezahlung des Kaufpreises für einen Sklaven; eigentliche causa der Urkunde ist aber vermutlich die Ein= räumung einer Eviktionsgarantie des Veräusserers.

Es sei angemerkt, dass das Gros der altassyrischen Texte aus Kleinasien noch man= ches enthält, was für eine erschöpfende Behandlung des altassyrischen Kaufrechtes von Wichtigkeit wäre **(10)**; unsere Untersuchung, die sich ja auf die Analyse der Formulare und der Schlussklauseln der Kaufverträge konzentriert, muss jedoch auf diese Hinweise weitgehend verzichten.

NB: Bei der Behandlung speziell kaufvertragsrechtlicher Probleme wurden daher im Folgenden die Urkunden No. 33-40 ausgeklammert.

§ 16. Vorstehend haben wir das Material auf Grund der äusseren Merkmale ohne Rücksicht auf den Inhalt der Kontrakte angeordnet. Aber auch materiellrechtlich bilden die hier behandelten Verträge keine Einheit: Neben den echten Kaufurkunden sind schon die No. 9 und 12 Sonderfälle insofern, als es sich um Retraktkäufe mit dem Stich= wort ipṭur "er hat ausgelöst" handelt. Von daher besonders interessant sind die Sklavenkaufurkunden No. 4 mit dem assyrischen Kaufvermerk ex latere emptoris, No.

(10) Vgl. besonders noch die in Exkurs 1-3 mitgeteilten Stellen.

10 und 11 mit dem zweiseitigen babylonischen Kaufformular und endlich die nach dem išqul-Formular stilisierten Kaufpreisquittungen No. 26 und 27, bei denen es sich offenbar nur um bedingte Verkäufe handelt: Besondere Klauseln regeln das Re=traktrecht des Verkäufers, wie auch andere Absprachen anzeigen, dass der Käufer kein Volleigentum erwirbt (vgl. § 95-98): Es liegen also ganz deutlich dem Kauf nachgeformte Rechtsgeschäfte vor, die im Kern die Bestellung eines Lösungspfandes beinhalten. Die Verquickung von Kauf und Pfandbestellung haben wir schon oben § 15c für die No. 32 und 37 feststellen können.

2. Das allgemeine Kaufformular.

§ 17. Das allgemeine Kaufformular der altassyrischen Kaufverträge und Kaufpreisquittun=gen No. 1-31 unter Einschluss von No. 32 besteht aus folgenden Elementen, über deren Häufigkeit und Verteilung auf die einzelnen Kontrakte Tabelle 1 (S. 13) Aufschluss gibt:

1. Geschäftsvermerk: Kauf- oder Quittungsvermerk.
2. Geschäftsabschlussvermerk: Perfizierungs- oder Eigentumsvermerk.
3. Verzichtklauseln ohne und mit Sanktion.
4. Eviktionsklauseln ohne und mit Abwehrpflicht bzw. Sanktion.
5. Retraktklauseln.
6. Klauseln zur Beschränkung des Eigentumserwerbes.
7. Haftungsklauseln: Bürgschaft, Pfand und Sonstiges.
8. Sonstiges.
9. Datum oder Inkraftsetzungsvermerk.
10. Zeugen.

Unter dieser Vielzahl möglicher Klauseln sind nur verpflichtend der Geschäfts=vermerk (No. 1) und die Zeugen (No. 10). Unter Sonstiges (No. 8) sind nur zu nen=nen Text No. 29, der in A:8b-12 = B:13b-18 Hintergrundinformationen vermittelt, und Text No. 1, der in A:35-37 die vorliegende Urkunde zum gültigen Ersatz eines älteren Dokumentes (Ersatzklausel) erklärt **(11)**; ebenfalls in Text No. 1A ist übrigens die Reihenfolge 9. Datum - 10. Zeugen umgekehrt.

3. Zum Ethnikon der Personen in den kaufrechtlichen Urkunden.

§ 18. Als auffälliges Faktum der altassyrischen kaufrechtlichen Urkunden ist zu ver=merken, dass nur vergleichsweise selten Assyrer als Vertragspartner, Zeugen oder

(11) Die Formel lautet: kīma ṭuppi dannati labirti annītu ṭuppu dannat "Anstelle der früher gültigen Urkunde ist diese Urkunde gültig" (1A:35-37, B om.). Da=für verwenden die aA Texte aus Kleinasien die Klausel: ṭuppum ša ēli'anni sār "Eine (andere) Urkunde, die auftaucht, ist ungültig", z.B. EL 191:10-12; vgl. auch in etwas erweiterter Form TuM 1 18c:8-12.

Tabelle 1.

Verteilung der Schlussklauseln auf die Urkunden.

Textnummer	1	2	3	4	5	6	7	8	9	10	11	12	13	14	15	16	17	18	19	20	21	22	23	24	25	26	27	28	29	30	31	32
Kaufvermerk	X	X	X	X	X	X	X	X	X	X	X	X	X	X	X	X	X	X	X	X	X	X	X									X
Quittungsvermerk																								X	X	X	X	X	X	X	X	
Perfizierungsvermerk			X			X																	X							X		
Eigentumsvermerk																											X	X				X
Verzicht einfach	X		X	X											X								X		X							
Verzicht mit Sanktion												X	X				X								X						X	
Eviktion einfach																			X									X	X			
Eviktion + Abwehrpflicht		[X]									X									X	X		X	[X]				(X)				
Eviktion mit Sanktion					X		X	X	X				X	X		X		X	X		X	X						(X)	X			
Retraktklauseln				X						X	X															X	X					X
Eigentumsbeschränkung										X																	X					X
Bürgschaftshaftung															X													X				
Pfandhaftung															X																	X
Sonstige Haftung										X	X				X						X						[X]					
Sonstiges	X																											X				
Datum/Inkraftsetzung	X								X																				X			
Zeugen	X	X	X	X	X	X	X	X	X	X	X	(X)	X	X	X	X	X	X	X	X	X	X	X	[X]	X	X	X	X	X	X	X	X

sogar Kaufobjekt gleichermassen auftreten; die einheimische Bevölkerung steht dem= gegenüber stark im Vordergrund, wobei wir zwischen den einzelnen ethnischen Grup= pen des antiken Anatolien **(12)** hier nicht zu differenzieren brauchen. Freilich stösst die Einordnung verschiedener Personen als "Assyrer" bzw. "Kappadokier" auf gewisse Schwierigkeiten, und zwar besonders:

1. Die sogenannten "banana-names" der Typen ta, ata und tata finden sich bei Assyrern und Kappadokiern **(13)**, was wohl auch für den Typus atata zutrifft **(14)**.

2. Das Onomastikon und die Angabe von Verwandtschaftsbezeichnungen lassen ge= legentlich eine ethnische Fusion von Assyrern und Kappadokiern erkennen, wobei nicht selten die Eheschliessung zwischen Kolonisten und Einheimischen hierfür den Grund bieten mag. In Folge davon ist einmal mit der Möglichkeit eines as= syrischen Heiratsnamens für die kappadokische Ehefrau eines Assyrers **(15)** und zum anderen mit der Verwendung eines gemischten Onomastikons für die Kinder aus einer solchen "Mischehe" **(16)** zu rechnen.

Für die Rechtsverhältnisse der kaufrechtlichen Urkunden wird sich insbesondere die ethnische Zugehörigkeit der Vertragspartner als bedeutsam erweisen; die of= fensichtlich erheblichen Unterschiede zwischen assyrischem und kappadokischen Recht geben aber andererseits in Zweifelsfällen wichtige Hinweise auf das Ethni= kon der am Geschäft beteiligten Personen. Unter diesen Gesichtspunkten ergibt die Verteilung von Assyrern und Kappadokiern in allen hier behandelten Urkunden nach dem äusseren Merkmal folgendes Bild:

§ 19. 1. Assyrer (9): Ausschliesslich Assyrer begegnen natürlich in der aus dem assy= rischen Raum stammenden Grundkaufurkunde No. 1 mit dem assyrischen Kaufvermerk ex latere venditoris; ferner in der Kaufurkunde No. 3 mit dem assyrischen Kauf= vermerk ex latere emptoris; in den Kaufpreisquittungen No. 24 mit dem šabbu-For= mular und No. 30 mit dem išqul-Formular; in dem Verpflichtungsschein über eine Kaufpreisschuld No. 33; in den Quittungen über die Bezahlung einer Kaufpreis= schuld No. 35 und 36; in dem Gerichtsprotokoll No. 38; und endlich in der Urkun= de No. 40. Vgl. im Einzelnen:

---

(12) Vgl. zuletzt die ausführliche Diskussion speziell des kleinasiatischen Ono= mastikons durch P. Garelli, Les Assyriens 128-168.

(13) Vgl. P. Garelli, Les Assyriens 128-133.

(14) So gegen P. Garelli, Les Assyriens 128f., der den Typus atata auf das assy= rische Onomastikon beschränken möchte; in unseren Urkunden sind aber sicher als Kappadokier anzusehen: A-ba-ba, die Ehefrau des Zu-wa (No. 22, vgl. § 20); Ga-du-du-ú als Zeuge (No. 29, vgl. § 20); Ku-zi-zi als Verkäufer(in) nach Du-du genannt (No. 27, vgl. § 23).

(15) Zum Problem der Umnennung von Personen vgl. J. J. Stamm, Namengebung 11-14.

(16) Zur ethnischen Mischung in den aA Texten aus Kleinasien auf Grund des Ono= mastikons vgl. ausführlich P. Garelli, Les Assyriens 161-168.

No. 1: Kaufobjekt: unbebautes Hausgrundstück. Käufer: Šamaštaklāku DUMU Warad=šeru'a. Verkäufer: Iddinaššur DUMU Šamašmušēlī und Maṣi'ilī DUMU Šamašmu=šēlī. Voreigentümer des Grundstückes: Galzi DUMU Ajjiqudādī. Nachbarn: Martija DUMU Iddinaššur, Šumulibši DUMU Dada, Ikūnāja DUMU Kūbija, Ababa DUMU Iddinaššur. Zeugen: Dādija DUMU Akuza, Rēšija DUMU Nimāja, Bagāja DUMU Pūḫija, Adadasûm DUMU Āmurabūssa, Zabûqarrād DUMU Ilumrabi, Anušar=ilī DUMU [....] und Nabûqarrād DUB.SAR. līmum Qīšamurrum DUMU Ababa.

No. 3: Kaufobjekt: Die Sklaven Mannukī'abīja und Wērbāni. Käufer: Āmuršamaš. Ver=käufer: Uṣurānum DUMU Kutāja. Zeugen: Ṣilūlu und Puzuršadû.

No. 24: Kaufobjekt: Die Sklavin Šātaššur. Käufer: Lamaša DUMU Alili. Verkäufer: Šū'anum DUMU Innasu'in. Zeugen: Nicht erhalten.

No. 30: Kaufobjekt: der Sklave Albēlī. Käufer: Idāja DUMU Adadbāni. Verkäufer: Mannukī'aššur DUMU Šūbēlim. Zeugen: Šī'ā'um DUMU Amurrumbāni und Ilī'aš=rannī DUMU Ilšurabi. līmum Buzuzu.

No. 33: Kaufobjekt: Stoffe. Käufer-Gläubiger: Ikūnum. Verkäufer-Schuldner: Puzur=amurrum. Zeugen: Puzurti'āmtim und Šūbēlum. ḫamuštum: Idī'aššur.

No. 35: Kaufobjekt: Esel und Stoffe. Käufer: Puzurilī. Verkäufer: Aššurmālik. Zeugen: Nabsu'in und Aššuršamšī.

No. 36: Kaufobjekt: Esel. Käufer: Adadbāni. Verkäufer: Ilumrēṣûm DUMU Kununu. Zeugen: Nābsu'in DUMU Puzureštar, Ennamaššur DUMU Uzu'a und Aḫšalim DUMU Buzutāja.

No. 38: Kaufobjekt: ṣuḫārum Ṣabrum gallābum. Käufer-Kläger: Aššurmālik DUMU Āmur=aššur. Verkäufer-Beklagter: Su'inbēlī DUMU Muš-⌈ḫa⌉-NI. līmum Kurkudānum. Protokollführer: Pilaḫsu'in DUMU Aššurenna.

No. 40: Kaufobjekt: ṣuḫārum. Käufer: Wērbāni. Veräusserer: Amurrumbāni. Voreigen=tümer (?): Ennumaššur. Zeugen: Itūrilum und Āmurilum.

Für das Kaufvertragsrecht der altassyrischen Urkunden aus Kleinasien sind von die=sen neun Kontrakten die Grundkaufurkunde aus dem assyrischen Raum No. 1, der Ver=pflichtungsschein über eine Kaufpreisschuld No. 33, die Quittungen über die Be=zahlung einer Kaufpreisschuld No. 35 und 36, das Gerichtsprotokoll No. 38 und die Urkunde No. 40 weitgehend irrelevant; es verbleiben somit nur drei Verträge über Sklavenkauf, die No. 3, 24 und 30. Die Parteien und die Zeugen sind in allen neun Kontrakten ausschliesslich Männer. Die Sprache der Texte ist korrektes alt=assyrisch. Die Formulare aller Urkunden zeigen keinerlei Hinweise auf kappadoki=sche Einflüsse.

§ 20. 2. Kappadokier (22): In den hier genannten Urkunden sind wohl alle Kontrahenten Kappadokier; im Einzelnen ist zu differenzieren:

(a) Ausschliesslich Kappadokier (15) finden sich in den echten Kaufurkunden

No. 8 und 9 mit dem assyrischen Kaufvermerk ex latere emptoris, in No. 12 mit dem zweiseitigen babylonischen Kaufformular und in den No. 15-20 sowie 22 mit dem zweiseitigen kappadokischen Kaufformular; ferner in den Kaufpreisquittungen nach dem išqul-Formular No. 29 und 31; sowie endlich in dem bedingten Verkauf No. 4 mit dem assyrischen Kaufvermerk ex latere emptoris und in der als "Eigentumspfand als Kaufgeschäft" bezeichneten Urkunde No. 32. Die oben genannten No. 9 und 12 sind übrigens Retraktkäufe mit dem Stichwort ipṭur "er hat ausgelöst". Vgl. im Einzelnen:

No. 4: Kaufobjekt: Tochter der Verkäuferin. Käuferin: Zaza. Verkäuferin: Niwaḫšušar. Zeugen: Šanabu, Pati'a und Ḫištaḫšušar.

No. 8: Kaufobjekt: Der Sklave Tamuri'a. Käufer: Lakan. Verkäufer: Kabsi'ašwe. Zeugen: Ḫapu'ašu, Kalilawitra, Anaḫluka, Supa, Šupunaḫšu und Ašu'an.

No. 9: Kaufobjekt: Der Sklave [....-t]a-kán. Käufer: Kikaršan GÚDA ša Ḫigiša. Verkäufer: Taršipe. Zeugen: Nicht erhalten. rubā'um Ḫarpatiwa.

No. 12: Kaufobjekt: Selbstauslösung. Käufer: Ku-ur-du-ma. Verkäufer: upatinnum, darunter Zaparašna und Urduba. Keine Zeugen.

No. 15: Kaufobjekt: Der Sklave Šuppi'aḫšu. Käufer: Šakri'uman. Verkäufer: Nakkilit. Anspruchsberechtigter: Tamuri'a. Bürge: Tarikuta (Ehefrau des Nakkilit ?). Zeugen: Wašḫupa GAL maḫīrim, Alari'a, Ḫanuwa und Šadaḫšu.

No. 16: Kaufobjekt: Haus. Käufer: Nicht erhalten. Verkäufer: Nicht erhalten. Zeugen: Luḫraḫšu, Dunumna, Wališit, Aluthuḫarša GAL ezzī, Babala, Šuli'a GAL paššūre und Kulakula GAL alpātim. Vgl. die Vorbemerkung zum Text.

No. 17: Kaufobjekt: Der Sklave Suli. Käufer Šalu'atta. Verkäuferin: Šuppi'anika. Zeugen: Ušunaman DUMU ...., Ḫamara, Abalala DUMU Abi'at und Tatkapu (Var. Tatkipuš) DUMU .....

No. 18: Kaufobjekt: Die Sklavin Zibezibe und deren Tochter Tepikuni'an. Käufer: Šaptamanika. Verkäufer: Tarḫu'an, Labadanika, die Ehefrau des Peruwa, und ihre beiden Söhne Peruwaḫšu und Šarpa. Zeugen: GA$^{?}$-lá-zi, Peruwa DUMU Inar und Peruwa DUMU Napari. rubā'um Warpa; GAL simmiltim Ḫalki'ašu.

No. 19: Kaufobjekt: Der Sklave Ḫapi'a. Käufer: Ḫaḫḫu'a. Verkäufer: Ḫapi'a, Barmela, Kuššara und Kaksi'a. Zeugen: Kakari'a, Maḫira und Labarša.

No. 20: Kaufobjekt: Die Sklavin Kattida. Käufer: Kakari'a. Verkäufer: Ḫaḫḫu'a. Zeugen: Kuku, Malawaḫši und Katarzi'a.

No. 22: Kaufobjekt: Haus. Käufer: Zuwa und seine Ehefrau Ababa. Verkäufer: Nicht erhalten. Zeugen: Ḫanu, Kuku, Wašinuman und Niwaḫšu.

No. 25: Kaufobjekt: Schweine. Käufer: Enišru. Verkäufer: Perwa und seine Ehefrau Mula. Zeugen: Kula, Šalku'atta, Wašḫupa GAL maḫīrim, Manuka und Dudu.

No. 29: Kaufobjekt: Der Sklave Šuppi'aḫšu. Käufer: Šakri'uman. Verkäufer: Šezur, Tamuri'a und Wašḫupa GAL maḫīrim. Zeugen: Tarikuta, Enišru und Gadudu.

No. 31: Kaufobjekt: Haus. Käufer Kikaršan. Verkäufer Ata. Zeugen: Peru'a, Harza, ⌜X⌝-na-na-lá, Kanunu und Ilali. Vgl. zum Text.

No. 32: Kaufobjekt: Die Sklavin Ḫuzura. Käufer: Enišru. Verkäufer: Niwaḫšušar, Ḫapi'a und Peruwa. Pfandperson: Der genannte Ḫapi'a. Zeugen: Appezzi'ašu DUMU Ḫalki'ašu, Tarḫu'ala DUMU Talwana und Šuppi'anika DUMU.SAL Kurukuru.

Neben elf Sklavenkaufverträgen begegnen dreimal ein Haus (No. 16, 22 und 31) und einmal Schweine (No. 25) als Kaufobjekt. Als Parteien treten neben Männern auch Frauen (Käuferin: No. 4; Verkäuferin: No. 4 und 17), Ehepaare (Käufer: No. 22; Verkäufer: No. 25) und Personengruppen (Verkäufer: No. 18, 19, 29 und 32), dar= unter das upatinnum (Verkäufer: No. 12), auf; auch als Zeuge ist einmal eine Frau belegt (No. 32). Bemerkenswert sind auch die mehrfach genannten kappadoki= schen Funktionäre, darunter ein GÚDA-Priester (Käufer: No. 9), der "Marktaufse= her" (GAL maḫīrim als Mitverkäufer: No. 29; Zeuge: No. 15 und 25), sowie andere (Zeugen: No. 16, vgl. § 28). Zweimal wird nach dem einheimischen Fürsten (rubā= 'um) datiert (No. 9 und 18), davon einmal zugleich unter Nennung des "Erbprinzen" in der Funktion des GAL simmiltim (No. 18). Auf die Retraktkäufe (No. 9 und 12) und die Verbindungen zum Pfandrecht (No. 4) wurde bereits verwiesen (vgl. § 16). Auffällig ist ferner die Sicherung des Kaufobjektes gegen Drittansprüche durch Bürgschaft und Pfandbestellung (No. 15). Die Orthographie der Texte ist oft un= gewöhnlich, die Sprache teilweise korruptes altassyrisch (vgl. § 37-43). Die For= mulare und die Schlussklauseln sind mehrheitlich stark kappadokisch beeinflusst.

§ 21. <u>(b) Kappadokier mit Ausnahme eines jeweils anderen assyrischen Zeugen (4)</u> be= gegnen in den Kaufurkunden No. 5 mit dem assyrischen Kaufvermerk ex latere emp= toris, No. 11 mit dem zweiseitigen babylonischen Kaufformular und No. 21 mit dem zweiseitigen kappadokischen Kaufformular, sowie in dem Verpflichtungsschein über Weizen (Lieferungskauf) No. 34. Vgl. im Einzelnen:

No. 5: Kaufobjekt: Die Sklavin Balḫuši'a (Var. Balḫazi'a). Käufer: Anaš und Ša= li'atta (Var. Šaluwanta). Verkäufer: Šiwašmi und Kukran. Zeugen: Tibula und Ennumaššur DUMU Ḫapa. Der letztgenannte Zeuge ist möglicherweise der Sohn eines Kappadokiers **(17)**.

No. 11: Kaufobjekt: Der Sklave Alu'azi. Käufer: Tamuri'a. Verkäuferin: Kikarnaḫ= šu (Var. Kikaršan). Garanten (Bürgen): Šula und Katukatu, die Söhne des Alu'azi. Zeugen: Aššurmālik, Niwašu und Šadaḫšu. Vgl. die Vorbemerkung zum Text.

---

(17) Zu Ennumaššur DUMU Ḫapa vgl. P. Garelli, Les Assyriens 130; zur Möglichkeit eines "Assyrers" als Sohn eines "Kappadokiers" vgl. ibid. 161-163. Den Namen Ḫa-pá fasse ich als Hypochoristikon des Typus ata zu Bildungen wie Ḫa-pá-ta-li (vgl. EL 8:1, passim) und Ḫa-pa-LÚ; zu beiden vgl. E. Laroche, Les noms des Hittites 59, und s. ibid. 286f. zu dem Suffix talla/talli.

No. 21: Kaufobjekt: Die Sklavin Appituri, die Tochter des Šallenni **(18)**. Käufer: Tuḫušipḫa. Verkäufer: Terikuta und seine Ehefrau Ḫašaḫšušar. Zeugen: Ša= zu'a, Anula uns Šātanna. Der Name der letztgenannten Zeugin ist offenkun= dig hybrid: er enthält neben dem akkadischen Determinativpronomen ein theophores Element kleinasiatischer Herkunft; möglicherweise handelt es sich um eine (Halb-)Kappadokierin **(19)**.

No. 34: Kaufobjekt: Weizen. Käufer-Gläubiger: Enišru. Verkäufer-Schuldner: Kasu, Wališra, Ḫazamil und Nakkilit. Zeugen: Šasu und Šūbēlum.

Abgesehen von dem Lieferungskauf No. 34 begegnen in dieser Gruppe nur drei Skla= venkäufe (No. 5, 11 und 21). Als Parteien treten Ehepaare (so ausdrücklich als Verkäufer No. 21, aber wohl auch No. 5 als Käufer und Verkäufer) und Personen= gruppen (Verkäufer-Schuldner: No. 34), sowie einmal ein Frau (Verkäuferin: No. 11) auf. Auch als Zeugin fungiert einmal (No. 21) eine Frau. Bemerkenswert sind die Verwendung des kappadokischen Kaufformulars (No. 21), die Einräumung des Re= traktrechtes mit Garantie (Fremdbürgschaft) für die Retraktsumme (No. 11), sowie generell kappadokische Einflüsse in den Schlussklauseln. Die Orthographie der Texte weist gelegentlich Unregelmässigkeiten auf, die Sprache ist teilweise kor= ruptes altassyrisch (vgl. § 37-43).

§ 22. (c) "Archiv" der Aḫattum (3): Hierher gehören der nach dem zweiseitigen baby= lonischen Kaufformular stilisierte Kaufvertrag No. 10, die Kaufpreisquittung nach dem išqul-Formular No. 26 und der Vertrag über Schuldentilgung durch Dritte No. 37. Vgl. im Einzelnen:

No. 10: Kaufobjekt: Tochter der Verkäuferin. Käuferin: Aḫattum. Verkäuferin: Ḫa= na. Zeugen: Talaša und Periwa (Var. Peru'a) DUMU Ḫamuri'a.

No. 26: Kaufobjekt: Die Sklavin Šamnanika. Käuferin: Aḫattum. Verkäuferin: Kunani= 'a und Nakištu'ar. Zeugen: Liḫšuman und Ḫuza.

No. 37: Kaufobjekt: Der Sklave Šimnuman mit Frau und fünf Söhnen. Käufer-Gläubi= ger: Šule. Verkäuferin: Aḫattum. Schuldner des Käufer-Gläubigers: Išpu= numan und seine Ehefrau Asuwilka. Zeugen: Kura GAL nappāḫī, Tarḫu'ala aḫu GAL simmilti, Ḫištaḫšu und Lulu.

Bemerkenswert ist neben dem Auftreten der Aḫattum selbst eine Frau (No. 10) bzw. ein Ehepaar (No. 26) als Verkäufer und das Ehepaar als Schuldner (No. 37). Auf=

(18) Der Name A-BE-DU-ri wird zumeist als Abīdūrī "Mein Vater ist meine Festung" verstanden (vgl. zuletzt K. Hecker, OrNS 47,1978,411 No. 37). Vgl. aber I.J. Gelb u.a. , NPN 201 sub ap und 269 sub tur, wonach eine Interpretation des Namens aus api+tur möglich erscheint.-- Für Šallenni vgl. ibid. 250 sub šall und 209f. sub en, wonach eine Interpretation des Namens aus šall+en möglich erscheint.

(19) Zu Šātanna vgl. H. Hirsch, Religion 27; dort auch zu anderen aA Personenna= men mit A-na als theophoren Element.

fällig ist der starke kappadokische Einschlag in den Schlussklauseln, denen zufolge die No. 10 und 26 als bedingte Verkäufe zu gelten haben. Weiterhin zu beachten ist die Nennung einheimischer Funktionäre und die Terminangabe ana ša Anna "bis zum Anna-Fest" in No. 37, einer Urkunde, die offensichtlich vor dem Hintergrund eines Retraktkaufes spielt. Formal verstösst die Nennung der Siegelnden nach dem Vertragstext in No. 10B gegen die Regeln der Urkundenlehre. Orthographie und Sprache der Texte weisen zahlreiche Verstösse gegen die Norm des Altassyrischen auf (vgl. § 37-43). Alle drei Urkunden sind jedenfalls nach kappadokischem Recht von Nichtassyrern aufgesetzt; sie spielen in rein kappadokischem Milieu, wenn es gestattet ist, Aḫattum trotz ihres Namens als Kappadokierin zu betrachten: Eine solche Annahme wird offenbar gestützt durch weitere Urkunden aus dem "Archiv" dieser Dame **(20)**.

§ 23. 3. Assyrer/Kappadokier (9): Im Gegensatz zu den eben behandelten Textgruppen sind in den hier genannten Kontrakten eindeutig Assyrer und Kappadokier beteiligt. Das gilt für die Kaufurkunde No. 2 mit dem assyrischen Kaufvermerk ex latere venditoris, sowie die No. 6 und 7 mit dem assyrischen Kaufvermerk ex latere emptoris; ferner für die No. 13 und 14 mit dem zweiseitigen assyrischen Kaufformular; weiter für die Kaufurkunde No. 23, die den Vertragsinhalt mit der ša-Klausel gibt, und endlich für die Kaufpreisquittungen No. 27 und 28 mit dem išqul-Formular. Vgl. im Einzelnen:

No. 2: Kaufobjekt: Arala DUMU.SAL Šalmaššur DUMU Aššurmālik. Käuferin: Waliwali DAM Lāqēp DUMU Aššurmālik. Verkäufer: Lāqēp DUMU Aššurrabi. Zeugen: Nicht erhalten, doch ist nach der Siegellegende A einer von ihnen GAL ḫaṭṭim "Legat", also Kappadokier.

No. 6: Kaufobjekt: Haus. Käuferin: Um-mi-na-ra. Verkäufer: Peru'a DUMU Walaḫšina. Voreigentümer: Ikūnum DUMU Amāja. Zeugen: Puzurenna DUMU Elija, Idīsu'in DUMU Idī[....], Talaš DUMU Ḫamara und Šuppi'uman DUMU Ḫamuri'a.

No. 7: Kaufobjekt: Haus. Käufer: Sí-re-me-ni (Var. Sí-ra-me-ni) DUMU Ba-la-nim. Verkäufer: Nicht erhalten. Zeugen: Fragmentarisch erhalten. Vgl. zum Text.

(20) Zu Aḫattum vgl. zusammenfassend K. Hecker, OrNS 47,1978,414 No. 43 s.v. Aḫātum. Es ist aber zu differenzieren:
1. A-ḫa-tum, die Ehefrau (aššatum) des A-ḫu-ni DUMU Šu-eštar, als Mitschuldnerin ihres Ehemannes in dem Verpflichtungsschein TCL 14 67 (= EL 205):9.
2. A-ḫa-tum, gubabtum-Priesterin, die nach ICK 1 12:9.25 und 32 von ihrem Vater Ili$_5$-ba-ni testamentarisch bedacht wird.
3. Aḫattum, die als Geschäftsfrau ausser in den im Text genannten Urkunden noch mehrfach begegnet, so als Gläubigerin BIN 4 153 (Schuldner Šūkūbum, Zeugen: Lulu und Arnabšu) und KTS 45b (= EL 58) (Schuldner Mannumkī'abīja, Zeugen A-bu-zi-a-[x] und Ḫu-ta-tim). Ob hierher auch A-ḫa-tim (Gen.), neben Ma-nu-ki-e-ni-⌈a⌉ Empfängerin des Briefes CCT 4 15a gehört, ist zweifelhaft; vgl. aber ibid. Z. 5: um-mì a-tí be-el-⌈tí⌉ a-tí "Meine Mutter bist du, meine Herrin bist du".

No. 13: Kaufobjekt: Die Sklavin Wašitini. Käuferin: Nakilwišwe DAM Aššurmuttabbil. Verkäuferin: Niwalka. Zeugen: Asu, Peruwaḫšu, Walaḫšu und Alîlum.

No. 14: Kaufobjekt: Der Sklave Tuzanani. Käufer: Kukkulānum. Verkäufer: Karunuwa DUMU Kurzana. Voreigentümer: Ikuppija. Zeugen: Bāzija DUMU Ilamkurub und Ḫappu'ašu nappāḫum.

No. 23: Kaufobjekt: Häuser. Käufer: Buzazu DUMU Pūšukēn. Verkäufer: Aši'et ala=ḫinnum, Ḫištaḫšu GAL ṣābim, Ušḫata, Asu, Kulakula, Ḫašu'i und Ḫappu'ala kīma upatinnim. Zeugen: Isalija, Ḫanu, Ḫanunu, Peru'a, Tarḫu'ala und Kam=malija; einer davon hat nach der Hülle die Funktion eines rādi'um ša ru=bā'im "Gefolgsmann des Fürsten".

No. 27: Kaufobjekt: Die Sklavin I-..... Käuferin: Eštarbāštī. Verkäufer: Dudu und Kuzizi. Zeugen: Nicht erhalten. Vgl. zum Text.

No. 28: Kaufobjekt: Die Sklavin Šuppi'anika. Käuferin: Walawala. Verkäufer: Ḫap=pu'ala, der Ehemann der Šuppi'anika. Bürgen: Talḫama und ihr Sohn Ḫiš=taḫšu. Zeugen: Maṣi'ilī DUMU Buzzuzum, Butāja DUMU Idī'aššur, Tamuri'a DUMU Ḫappu'ašu und Šakri'uman DUMU Alari'a.

No. 39: Kaufobjekt: Häuser. Käuferin: Um-mì-na-ra DAM Ennamaššur; ihre Agentin und Kontrahentin: Šu'iškuna. Verkäufer: Ikūnum. Zeugen: Ābšalim, Šuppi='aḫšu und Šezur.

Aus assyrischer Sicht ungewöhnlich ist in dieser Gruppe der hohe Anteil von Frau=en als Käuferin (No. 2, 6, 13, 27, 28 und 39), von denen zwei Damen mit kappado=kischen Namen ausdrücklich als Ehefrauen von Assyrern bezeichnet werden (Waliwali in No. 2 und Nakilwišwe in No. 13) **(21)**. Weiter waren mindestens zwei Frauen mit dem Namen Walawala (No. 28) mit Assyrern verheiratet **(22)**, eine davon mag hier gemeint sein. Um-mì-na-ra (No. 6) ist sicher identisch mit der gleichnamigen Ehe=frau des Ennamaššur (No. 39); sie ist vielleicht trotz ihres Namens eine Kappa=dokierin **(23)**.In Anbetracht aller Umstände hat es den Anschein, als seien alle eben genannten Damen ausnahmslos als kappadokische Ehefrauen von Assyrern anzu=sehen, die nach kappadokischem Recht auf eigene Faust Geschäfte tätigen. Nahezu

(21) Zu Waliwali als Ehefrau des Lāqēp DUMU Aššurmālik vgl. K. Hecker, OrNS 47, 1978, 410 No. 30; dort Anm. 44 auch zu einer Waliwali, Ehefrau des Taḫa'a DUMU Ḫazamil (vgl. kt e/k 159, mitgeteilt von K. Balkan, Festschrift Güter=bock 41).-- Zu Nakilwišwe, Ehefrau (aššatum) des Aššurmuttabbil, vgl. K. Hecker, OrNS 47,1978, 410 No. 25.

(22) Neben der Walawala in unserer Urkunde No. 28 vgl. noch Walawala als Frau (amtum) des DINGIR-ma-lik DUMU Sú-in-SIPA in OIP 27 59:22-30; ferner berich=tet die Urkunde ICK 1 32 von der Ehescheidung der Walawala, der Frau (amtum) des Pí-la-aḫ-eštar, von ihrem Manne.

(23) Es handelt sich bei Um-mì-na-ra mit aller Wahrscheinlichkeit um einen Hei=ratsnamen, wenn nicht eine Deutung aus einer kleinasiatischen Sprache in Er=wägung gezogen werden darf. Im letzteren Falle denkt man an eine hybride Na=mensform zusammengesetzt mit Innara, der Tochter der ḫattischen Wettergottes, vgl. dazu E. von Schuler, Wörterbuch der Mythologie Bd. 1 1960/65,178f.

umgekehrt könnte der Fall bei Eštarbāštī (No. 27) liegen, falls diese als die as= syrische Ehefrau eines Kappadokiers anzusehen ist **(24)**; da wohl Dudu und Kuzizi, ihre Kontrahenten ebenfalls Einheimische sind (vgl. Anm. 14), würde das Geschäft freilich in rein kappadokischem Milieu spielen. Als Käufer sind ferner dreimal as= syrische Männer belegt (No. 7,14 und 23). Verkäuferin ist einmal (No. 13) eine einheimische Frau. Sonst begegnen als Verkäufer Assyrer (No. 2, vgl. No. 39) und Kappadokier (No. 6, 14 und 28), eine (Ehe)paar (No. 27) und das upatinnum (No. 28). Soweit die Zeugenliste erhalten ist (also ausser den No. 2, 7 und 27) finden sich in allen Urkunden dieser Gruppe Assyrer und Kappadokier deutlich nebeneinan= der, wobei in drei Fällen (No. 6, 14 und 28) das Verhältnis der beiden ethnischen Gruppen zueinander paritätisch ist **(25)**. Als Kaufobjekt begegnen neben Sklaven (No. 2, 13, 14, 27 und 28) auch Häuser (No. 6, 7 und 23; vgl. No. 39). Die Ortho= graphie der Texte weist mehrfach Besonderheiten auf, ihre Sprache ist teilweise korruptes altassyrisch. Im Formular der Urkunden und in den Schlussklauseln sind starke kappadokische Einflüsse zu bemerken. Materiellrechtlich interessant ist der bedingte Verkauf (No. 27) und die Fremdbürgschaft gegen Drittansprüche (No. 28).

§ 24. Bei der Nennung insbesondere der Kontrahenten und Zeugen fällt ein grundsätzlicher Unterschied in der Behandlung von Assyrern und Kappadokiern ins Auge:

1. Die Assyrer werden in über 70 % der Fälle mit Filiation nach dem Schema PN DUMU PN_2 vorgestellt; sichere Ausnahmen von dieser Regel sind nur:

(a) Die Käufer Adadbāni (No. 36), Puzuramurrum (No. 33), Puzuilī (No. 35) und Wērbāni (No. 40) in § 19; Kukkulānum (No. 14) in § 23.

(b) Die Verkäufer Amurrumbāni (No. 40), Aššurmālik (No. 35) und Ikūnum No. 33) in § 19.

(c) Die Zeugen Āmurilum (No. 40), Aššuršamšī (No. 35), Itūrilum (No. 40), Nābsu= 'in (No. 35), Puzuršadû (No. 3), Puzurti'āmtim (No. 33), Ṣilūlu (No. 3) und Šūbēlum (No. 33) in § 19; ferner Aššurmālik (No. 4), Šātanna (No. 21, vgl. Anm. 19) und Šūbēlum (No. 34) in § 21; endlich Alîlum (No. 13) und Ābšalim

(24) Zu Eštarbāštī der Tochter des Imdîlum und Schwester des Puzureštar, in er= ster Ehe verheiratet mit dem Assyrer Ālṭāb, in zweiter mit dem Einheimischen (nu'ā'um) Anuwa vgl. K. Hecker, OrNS 47,1978,415.

(25) Die im Text vertretene Auffassung bedarf dringend weiterer Untersuchungen: sie erhält allerdings eine weitgehende Bestätigung durch den Befund in den Schuldurkunden nach P. Garelli, Les Assyriens 260 mit Anm. 2 und den Tabel= len ibid. 379-390. Dabei fällt auf, dass bei Darlehensgeschäften zwischen Assyrern fast ausschliesslich nur Assyrer als Zeugen auftreten, während bei ethnisch gemischten Kontrahenten zumeist Assyrer und Kappadokier gemeinsam als Zeugen genannt werden. Die Angaben der Liste bedürfen freilich in Ein= zelfällen einer Überprüfung: So ist etwa bei EL 58 mit gemischter Zeugenli= ste zu beachten, dass zwar der Schuldner der Assyrer Mannumkī'abīja ist, die Gläubigerin aber Aḫattum (vgl. dazu oben § 12 mit Anm. 20).

(No. 39) in § 23.

(d) Der Voreigentümer Ikūnum (No. 6 und 39) in § 23.

2. Die Kappadokier werden im Gegensatz dazu grundsätzlich ohne Filiation angeführt; Ausnahmen von dieser Regel finden sich in weniger als 10 % der Fälle, und zwar sind es:

(a) Die Verkäufer Karunuwa DUMU Kurzana (No. 14) und Peru'a DUMU Walahšina (No. 6) in § 23.

(b) Die Zeugen Abalala DUMU Abi'at (No. 17), Appezzi'ašu DUMU Ḫalki'ašu (No. 32), Peruwa DUMU Inar (No. 18), Peruwa DUMU Napari (No. 18), Šuppi'anika DUMU.SAL Kurukuru (No. 32), Tarḫu'ala DUMU Talwana (No. 32) und Ušunaman DUMU .... (No. 17) in § 20; ferner Periwa (Var. Peru'a) DUMU Ḫamuri'a (No. 10 in § 22); endlich Šakri'uman DUMU Alari'a (No. 28) und Tamuri'a DUMU Ḫapu'ašu (No. 28) in § 23.

Die Angabe oder Nichtangabe der Filiation kann unter den gegebenen Umständen zur Bestimmung der ethnischen Zugehörigkeit eines Namensträgers in Zweifelsfällen nur begrenzt herangezogen werden. Für die kappadokische Seite ist die Bstimmung eines Namensträgers als Frau mit Sicherheit nur dort möglich, wo andere Angaben wie DAM PN "Ehefrau des PN" bei den Käuferinnen in No. 2 und 13 (vgl. § 23) oder PN u PN_2 ašassu "PN und PN_2, seine Ehefrau" bei den Verkäufern in No. 21 (§ 21) und 25 (§ 20), interne Indizien wie bei der Bürgin in No. 15 (§ 20) oder die grammatische Analyse wie bei den Kontrahenten in No. 4 (§ 20) dies deutlich machen. Daraus folgt, dass der Anteil der Frauen an den Geschäften grösser sein kann, als es hier den Anschein hat.

§ 25. Die Untersuchung des Onomastikons der altassyrischen kaufrechtlichen Urkunden hat bei aller Problematik einige wichtige Erkenntnisse gebracht. Es sind zunächst im Wesentlichen drei Textgruppen zu unterscheiden:

(a) Verträge nur unter Assyrern mit nur assyrischen Zeugen (§ 19).

(b) Verträge nur unter Kappadokiern mit nur kappadokischen (§ 20 und 22), gelegentlich auch mit (einem) assyrischen Zeugen (§ 21).

(c) Verträge zwischen Assyrern und Kappadokiern, wobei die assyrische Seite häufig durch die kappadokische Ehefrau eines Assyrers vertreten wird, mit grundsätzlich gemischter Zeugenliste (§ 23).

In der Gruppe (a) "Verträge nur unter Assyrern" sind weder orthographische oder sprachliche Unregelmässigkeiten zu beobachten, noch auch formularmässige oder materiellrechtliche Einflüsse von kappadokischer Seite zu bemerken. Diese Gruppe ist auf drei Kaufurkunden aus Kleinasien und eine aus dem assyrischen Raum beschränkt. Die beiden Gruppen (b) "Verträge nur unter Kappadokiern" und (c) "Ver=

träge zwischen Assyrern und Kappadokiern" gehören eng zusammen: Sie sind beide ausgezeichnet durch orthographische und sprachliche Unregelmässigkeiten und durch starke formale wie inhaltliche Einflüsse seitens kappadokischer Rechtsvorstellun= gen; beide Gruppen sind gegenüber der Gruppe (a) recht zahlreich vertreten: Die Gruppe (b) mit 20 und die Gruppe (c) mit acht Kaufverträgen. Kontrakte, in denen auch nur eine der Parteien von Kappadokiern gestellt wurde, sind demnach offen= sichtlich grundsätzlich nach kappadokischem Recht abgeschlossen worden.

4. Die Kontrahenten.

§ 26. Eine ausführliche Differenzierung der Kontrahenten nach den beiden ethnischen Gruppen, den Assyrern und den Kappadokiern, wurde oben (§ 18-24) vorgenommen. Hier sollen daher nur einige formale Gesichtspunkte erörtert werden:

1. Die Käufer: Käufermehrheit ist nur zweimal bezeugt; dabei handelt es sich in No. 22 (vgl. § 20) mit Sicherheit und in No. 5 (vgl. § 21) mit grosser Wahr= scheinlichkeit um ein Ehepaar. Auffallend häufig begegnen Frauen als Käuferin, so generell in den No. 2, 6 (vgl. § 39, 13, 27 und 28 (vgl. § 23) und speziell Aḫattum in No. 10 und 26 (vgl. § 22). Weiter ist der Käufer Kikaršan in No. 9 als Priester (GÚDA) des Gottes Ḫigiša ausgewiesen (vgl. § 20), während in No. 16 wohl ein staatlicher Funktionär (GAL [....]) ein Haus erworben hat (vgl. § 20). Bemer= kenswert sind endlich auch Enišru in No. 25 und 32 (vgl. § 20) sowie in No. 34 (vgl. § 21) und Tamuri'a in No. 11 (vgl. § 21).

§ 27. 2. Die Verkäufer: Verkäufermehrheit begegnet in Urkunden unter Assyrern nur einmal in No. 1: Zwei Brüder verkaufen ein ererbtes Grundstück, das ihr Grossva= ter käuflich erworben hatte. Demgegenüber ist bei rein kappadokischen oder ge= mischten Kontrahenten Verkäufermehrheit ausserordentlich häufig bezeugt. Mehr= fach begegnen in dieser Funktion Ehepaare, so expressis verbis in No. 21 (vgl. § 21) und No. 25 (vgl. § 20), aber wohl auch in No. 5 (vgl. § 21), 26 (vgl. § 22) und No. 27 (vgl. § 23), sowie Familien wie in No. 32 (vgl. § 20), aber vielleicht auch in No. 19 (vgl. § 20) und 34 (vgl. § 21). Der Verkauf durch eine "Güterge= meinschaft" (upatinnum) liegt vor in No. 12 (vgl. § 20) und No. 23 (vgl. § 23), wo der federführende Aši'et als alaḫinnum und ein weiterer Verkäufer als GAL ṣā= bim bezeichnet werden. Die Zusammensetzung der Personengruppen in No. 18 und 29 (vgl. § 20) ist nicht ganz klar. Bemerkenswert sind schliesslich Frauen als Ver= käuferin in No. 4 und 17 (vgl. § 20), in No. 10 (vgl. § 22), in No. 11 (vgl. § 21), sowie in No. 13 (vgl. § 23) und endlich Aḫattum in No. 37 (vgl. § 22). In No. 28 (vgl. § 23) ist der Verkäufer der Ehemann der verkauften Sklavin. Nicht erhalten ist der Verkäufer in den No. 7 (vgl. § 23), 16 und 22 (vgl. § 20).

5. Die Zeugen.

§ 28. Zur ethnischen Zuordnung der Zeugen vgl. die § 18-25, zum Problem der gemischten Zeugenliste vgl. besonders § 23 mit Anm. 25 und zur Angabe bzw. Nichtangabe der Filiation mit dem Problem der Geschlechtsbestimmung vgl. § 24. Weiterhin ist zu bemerken: Die Zeugen sind im allgemeinen Männer; sichere Ausnahmen sind nur Šāt=anna in No. 21 (vgl. § 21), Šuppi'anika DUMU.SAL Kurukuru in No. 32 (vgl. § 20) und vielleicht Tarikuta in No. 29 (vgl. § 20 und zum Text). Berufsangaben sind vergleichsweise selten: In der Grundkaufurkunde aus dem assyrischen Raum begeg=net Nabûqarrād DUB.SAR "N., der Schreiber"; sonst finden sich nur kappadokische Funktionäre und Handwerker, und zwar: Wašḫupa GAL maḫīrim "W., der Marktvorste=her" in den No. 15 und 25 (vgl. § 20), ferner [....] rādi'um ša rubā'im "NN, der Gefolgsmann des Fürsten" in No. 23 (vgl. § 23) und [....] GAL ḫaṭṭim "NN, der Le=gat" in No. 2, Siegel (vgl. § 23); weiterhin Kulakula GAL alpātim "K., der 'Ober=rinderhirt'", Aluthuḫarša GAL ezzī "A., der 'Oberziegenhirt'" und Šula GAL paššū=re "Š., der Truchsess" alle in No. 16 (vgl. § 20); endlich Ḫappu'ašu nappāḫum "Ḫ., der Schmied" in No. 14 (vgl. § 23). Ausserhalb der eigentlichen Kaufurkunden wäre noch zu nennen Kura GAL nappāḫī "K., der Oberschmied" und Tarḫu'ala aḫu GAL sim=miltim "T., der Bruder des Gardeobersten" in No. 37 (vgl. § 22). Die Zahl der Zeugen endlich schwankt unabhängig von der ethnischen Zugehörigkeit der Kontra=henten zwischen zwei und sieben; vgl. im Einzelnen dazu Tabelle 2. Bemerkenswert ist No. 12, ein Text, der am Ende keine Zeugenliste aufweist; der Anfang der Ur=kunde ist weggebrochen.

Tabelle 2.

Zahl der Zeugen.

2 Zeugen ....:	No. 2, 3, 5, 10, 14, 26 und 30	= 7 Urkunden
3 Zeugen ....:	No. 4, 11, 18, 19, 20, 21 und 29	= 7 Urkunden
4 Zeugen ....:	No. 6, 13, 15, 17, 22, 27 und 28	= 7 Urkunden
5 Zeugen ....:	No. 25 und 31	= 2 Urkunden
6 Zeugen ....:	No. 8 und 23	= 2 Urkunden
7 Zeugen ....:	No. 1 und 16	= 2 Urkunden
unklar/nicht erhalten .:	No. 7, 9 und 24	= 3 Urkunden

6. Das Kaufobjekt.

§ 29. Nicht zuletzt auch im Hinblick auf eine sorgfältige Differenzierung der beiden ethnischen Gruppen, der Assyrer und der Kappadokier, verdienen die Kaufobjekte der eigentlichen Kaufverträge No. 1-31, sowie der No. 39-40 besonderes Interesse; sie sind in Tabelle 3 aufgeführt, gegliedert nach dem Ethnikon der Kontrahenten.

Tabelle 3.

Die Kaufobjekte.

Kaufobjekt:	Nur Assyrer:	Nur Kappadokier:	Gemischt:
Personen:			
Sklaven ..:	No. 3,30,(40)	No. 8, 9,11,12,15,17,19,29	No. 14
Sklavinnen:	No. 24	No. 4, 5,10,20,21,26,32	No. 2,13,27,28
Familien .:	-.-	No. 18 (vgl. No. 37)	-.-
Immobilien:			
Grundstück:	No. 1	-.-	-.-
Häuser ...:	-.-	No. 16,22,31	No. 6, 7,23,(39)
Sonstiges :			
Schweine .:	-.-	No. 25	-.-

Daraus lassen sich zunächst einmal ähnliche Verhältnisse ableiten wie im gleichzeitigen Babylonien, wo die Mehrzahl der Kaufverträge als Kaufobjekte ebenfalls Sklaven und Grundstücke nennt **(26)**; der Umsatz von Stoffen und Metallen sowie der übrigen Handelsgüter der assyrischen Händler unterlag also offenbar nicht der Verpflichtung zur Errichtung eines formalen Kaufvertrages. Weiterhin ist in der Liste - abgesehen von der aus dem assyrischen Raum stammenden Urkunde No. 1 - das gänzliche Fehlen von Feldgrundstücken und das starke Zurücktreten der Hausgrundstücke gegenüber dem viel häufigeren Vorkommen der Sklaven zu beachten. Von den sechs Hauskaufverträgen sind drei (No. 16, 22 und 31) in rein kappadokischem Milieu angesiedelt; bei den vier Fällen mit ethnisch gemischten Kontrahenten begegnet die wohl kappadokische Ehefrau eines Assyrers (Um-mì-na-ra in No. 6 und 39, vgl. § 23) zweimal als Käuferin von Häusern, die früher einem Assyrer gehört hatten; nur zweimal treten Assyrer als Hauskäufer auf, wobei einmal als Verkäufer die Gütergemeinschaft (upatinnum, No. 23) erscheint, während im anderen Falle (No. 7) der Verkäufer nicht erhalten ist. Zu diesem Befund passt die Tatsache, dass auch sonst in den altassyrischen Texten aus Kleinasien nur sehr selten Assyrer als Eigentümer von Häusern erwähnt werden **(27)**. Vermutungen, die sich aus diesen Gegebenheiten aufdrängen, haben wir bereits oben in der Einleitung (§ 5-8) vorgetragen.

§ 30. Die verkauften Sklaven tragen in den drei Urkunden mit nur assyrischen Kontrahenten (No. 3, 24 und 30, vgl. § 19) bezeichnenderweise ebenfalls assyrische Na=

(26) Vgl. oben in der Einleitung § 5 mit Anm. 5.

(27) Für Hinweise auf Hauskäufe in den aA Texten ausserhalb der kaufrechtlichen Urkunden vgl. ausser No. 39 die in Exkurs 1 genannten Texte.

men. In der überwiegenden Mehrzahl der Sklavenkaufurkunden aber sind die Sklaven wie die Kontrahenten Kappadokier. Bei den gemischten Verträgen haben wir bereits die Rolle der kappadokischen Ehefrauen assyrischer Kaufleute betont (so für No. 13, 27 und 28, vgl. § 23). Nur in zwei Urkunden erscheinen Assyrer als Eigentümer von Sklaven mit nichtassyrischen Namen, und zwar:

1. In No. 2 ist Verkäufer der Assyrer Lāqēp DUMU Aššurrabi. Von ihm kauft Waliwa=li DAM Lāqēp DUMU Aššurmālik, also die kappadokische Ehefrau eines Assyrers, ihre Nichte Arala DUMU.SAL Šalmaššur DUMU Aššurmālik, wegen ihres Namens wohl die Tochter des Assyrers und einer Kappadokierin. Da kaum anzunehmen ist, dass die Familie des Aššurmālik zur Zeit des Vertragsabschlusses ohne männliche Mitglieder war, nimmt hier Waliwali wohl in erster Linie die Interessen der kappadokischen Mutter der Arala wahr.
2. In No. 14 kauft der Assyrer Kukkulānum den Sklaven Tuzanani von dem Kappado=kier Karunuwa DUMU Kurzana. Als Voreigentümer des Sklaven wird aber ausdrück=lich der Assyrer Ikuppi'a genannt, sodass der Sklave durch das vorliegende Ge=schäft wieder in assyrische Gewalt kommt. Dies ist vielleicht kein Zufall **(28)**.

Die Tatsache, dass Assyrer praktisch nicht als Käufer von kappadokischen Sklaven in Erscheinung treten, erscheint aufschlussreich. Vermutungen, die sich aus die=sem Befund aufdrängen, haben wir bereits oben in der Einleitung (§ 5-8) vorge=tragen **(29)**.

§ 31. Der Verkauf von Familienangehörigen, wohl aus wirtschaftlicher Not, ist für die anatolischen Verhältnisse durch mehrere Beispiele bezeugt: In den Kaufurkunden No. 4, 10 und 17 begegnet Kindsverkauf durch die Mutter; in No. 32 verkaufen die Eltern und der Bruder ein Mädchen, wobei der Bruder gleichzeitig als hypotheka=risches Pfand dem Käufer Sicherheit gegen Verlust des Mädchens bietet. Der Ver=kauf eines Mannes vermutlich durch seine Ehefrau ist No. 11 bezeugt (vgl. zum Text). In No. 28 endlich ist der Verkauf einer Frau durch ihren Ehemann bekundet. Die wirtschaftlichen Hintergründe all dieser Geschäfte erhellen aus der Tatsache, dass in der Hälfte der Fälle keine echten Kaufverträge vorliegen: In den No. 4, 10 und 11 wird dem Verkäufer ausdrücklich ein Retraktrecht zugestanden, sodass materiellrechtlich praktisch die Bestellung von Ersatzpfändern vorliegt. Zu ver=gleichen sind in diesem Zusammenhang daher auch die Retraktkäufe No. 9 und be=sonders No. 12, wo Selbstfreikauf vorliegt. Für den assyrischen Bereich sind der=artige Verhältnisse nicht nachweisbar (vgl. aber zu No. 40).

---

(28) Darf man mit der Möglichkeit rechnen, dass der Sklave Tuzanani unbeschadet seines Namens aus Assyrien stammt?

(29) Zu den Sklaven in den aA Texten vgl. P. Garelli, Les Assyriens 165ff. und 166 Anm. 1, sowie 315f. (Für ṣubrum "Gesinde" vgl. P. Garelli, RA 60,1966, 135-138). S. ferner für Sklaven Exkurs 2 und für Sklavinnen Exkurs 3.

§ 32. Bei den Immobilien wird besonders ausführlich das unbebaute Grundstück (qaqquru paṣi'ūtum) in der aus dem assyrischen Raum stammenden Urkunde No. 1 beschrieben: Es gehört zu den käuflichen Erwerbungen des Grossvaters der Verkäufer (ina libbi ši'āmāt PN abī abīšunu in A:2-4, in B om.) und ist infolgedessen deren Erbteil (zi-tí V ù V_2 in A:14-16 und ḪA.LÁ V ù V_2 in B:9-11); ausserdem findet sich in Form eines nominalen Relativsatzes eine umfangreiche Lagebeschreibung nach den Nachbargrundstücken (qaqquru "Grundstück", É "Hausgrundstück" und rebētum "Platz" in A:5-13 und B:11-17), jeweils mit ṭé-ḫi "neben". Soweit Objektbeschreibungen in den kleinasiatischen Hauskaufurkunden erhalten und bekannt sind, findet sich ein= mal (No. 23) eine Lageangabe in gleicher Form nach der Angabe des Voreigentümers: bētu ša assinnim ša ṭeḫi bēt PN "Die Häuser des a., die neben dem Haus des PN (liegen)". Demgegenüber war das Haus in No. 6 vom Verkäufer früher selbst käuf= lich erworben worden, was durch ein Zitat aus der entsprechenden Urkunde dargetan wird. In No. 31 findet sich keine nähere Objektbeschreibung, in den No. 7, 16 und 22 ist der Textanfang mit der Nennung des Kaufobjektes und gegebenenfalls nä= heren Angaben dazu weggebrochen.

§ 33. Beim Sklavenkauf genügt in den meisten Fällen der Name des Sklaven bzw. der Skla= vin zur Identifizierung (No. 3, 9, 11, 15, 17, 26, 27, 28, 29, 30 und 32), selte= ner erscheint der Name als Apposition zu den Appellativen amtum (No. 2, 5, 18, 20 und 24) und GÉME (No. 21) "Sklavin" bzw. IR (No. 14) "Sklave"; vgl. auch PN ÌR-sú "PN, sein Sklave" (No. 8). In der Gerichtsurkunde No. 38 wird der namentlich ge= nannte Sklave, ein Barbier (gallābum), als ṣuḫārum bezeichnet. Nur einmal findet sich eine nähere Angabe nach dem Voreigentümer in der Form IR PN ša PN_2 "Der Skla= ve PN des PN_2" (vgl. zum Text). Besonders auffällig ist die Angabe der Filiation nach den Namen der Sklavin in No. 2 und 21, wobei sich die Notwendigkeit dazu we= nigstens in No. 2 aus den verwandtschaftlichen Beziehungen der Käuferin zu der Sklavin ergibt. Gegenüber der üblichen Betonung der Sklavennamen sind die anonymen Angaben des Kaufobjektes in No. 4 durch ṣuḫartum "Sklavin", in No. 13 durch amtum "Sklavin" (der Name wird hier später nachgeholt) und in No. 10 durch DUMU.SAL V "Tochter der V" zu beachten. Terminologisch fällt neben dem Oppositionspaar amtum (GÉME) "Sklavin" : wardum (IR/ÌR) "Sklave" die Verwendung von ṣuḫartum : ṣuḫārum auf; während aber in No. 4 mit ṣuḫartum immerhin ein "junges Mädchen" (hier die Tochter der Verkäuferin) gemeint sein kann, gilt eine ähnliche Interpretation kaum für den ṣuḫārum PN gallābum "den Sklaven PN, den Barbier" in dem Gerichts= protokoll No. 38: ṣuḫārum muss hier etwa synonym zu wardum "Sklave" sein.

7. Der Kaufpreis.

§ 34. In den eigentlichen Kaufurkunden No. 1-31 und 32 wird der Kaufpreis immer in Sil=

ber berechnet: weitere Zuwendungen oder Geschenke des Käufers an den Verkäufer sind nicht bezeugt **(30)**. Dreimal begegnen besondere Qualitätsangaben; und zwar: KÙ.BABBAR ṭí-ri "Silber mit Prägung" in der aus dem assyrischen Raum stammenden Grundkaufurkunde No. 1, KÙ.BABBAR li-tí ".... Silber" in No. 28 (so auch No. 9 in der Eviktionsgarantie) und KÙ.BABBAR ṣarrupum "geläutertes Silber" in No. 27. In den Sklavenkaufverträgen No. 9 (Retrakt), 17 und 21, in dem Hauskaufvertrag No. 23 und in der Kaufpreisquittung für Schweine No. 25 wird die Höhe des Kaufpreises nicht angegeben; in den beiden Hauskaufverträgen No. 7 und 16 ist die Kaufsumme nicht erhalten. Die Höhedes Kaufpreises variiert besonders bei den Sklaven erheblich, was sicher auch mit uns natürlich unbekannten Qualitätsunterschieden zusammenhängt **(31)**; vgl. im Einzelnen die Tabelle 4.

Tabelle 4.

Die Kaufpreise.

No.:	Objekt:	GÍN KÙ.BABBAR:	No.:	Objekt:	GÍN KÙ.BABBAR:
8	ÌR	6	15	PN	13 1/2
14	ÌR	30	19	PN	13 1/2
10	DUMU.SAL V	31 1/2	28	PN	20 1/4 K.B. li-tí
4	ṣuḫartum	15	26	PN	22 1/2
20	amtum	5	30	PN	25
5	amtum	6	11	PN	30
2	amtum	14	29	PN	30
13	amtum	17	32	PN	45
24	amtum	20	27	PN	30 [+x] K.B. ṣarrupum
18	amtum PN u PN_2 DUMU.SAL-sú				37 1/2

No. 1: 5/6 šubat qaqqurū paṣi'ūtum ....: 3 MA.NA KÙ.BABBAR ṭí-ri

No. 31: bētum: 18 GÍN; No. 22: bētum: 21 GÍN; No. 6: bētum: 33 3/4 GÍN

(30) Für Kaufpreise, auch anderer Art, s. die Exkurse 1-3 am Ende. In den dort genannten Texten handelt es sich freilich nicht um Kaufverträge, weshalb im Einzelfall die näheren Umstände erhellt werden müssen.-- Weitere Zuwendungen des Käufers an den Verkäufer sind mehrfach im Keilschriftrecht zu beobachten; vgl. für die Fara-Urkunden J. Krecher, RlA 5,1980,491-493: für das aB und nB Recht aus Babylonien vgl. M. San Nicolò, OrNS 16,1947,273ff. und H. Petschow, Die neubabylonischen Kaufformulare 25-28; für die Urkunden aus Alalaḫ vgl. B. Kienast, RlA 5,1980,530 (aB) und 539 (mB). Neusumerisch und in der assyrischen Rechtsentwicklung sind zusätzliche Zuwendungen des Käufers an den Verkäufer offenbar nicht zu belegen.

(31) Abgesehen von Qualitätsunterschieden (z.B. Alter, Geschlecht und Fähigkeiten bei Sklaven; Lage und Grösse bei Grundstücken) ist die Höhe des Kaufpreises natürlich auch abhängig von der allgemeinen und individuellen wirtschaftlichen Situation (Hinweise darauf sind die Retraktkäufe No. 9 und 12 und die bedingten Verkäufe No. 4, 10, 11, 26, 27 und 32 (vgl. dazu § 95-98).

8. Das Datum.

§ 35. Die hier behandelten Urkunden No. 1-31 und 32 sind in der überwiegenden Mehrzahl nicht datiert. Eine Ausnahme von dieser Regel bildet die aus dem assyrischen Raum stammende Grundkaufurkunde No. 1 mit einer Datierung nach Monat und Eponym, wie in assyrischen Urkunden üblich **(32)**:

ITU ᵈNIN.É.GAL li-mu-um ᴵQí-iš-ᵈMAR.TU DUMU A-ba-ba "Monat Bēlet-ekallim, Eponym Qīšamurrim, der Sohn des Ababa" (1A:45-48, B:33-35).

Weiter sind zu nennen die Datierungen nach den einheimischen Fürsten in den No. 9 und 18, zwei Urkunden die in rein kappadokischen Milieu spielen (vgl. § 20) **(33)**:

No. 9: i-qá-tí ⌜Ḫa-ar⌝-pá-tí-wa "Unter der Herrschaft des Ḫarpatiwa".
No. 18: i-qá-tí Wa-ar-pá! ru-ba-im Ḫal-kí-a-šu GAL sí-mi-il$_5$-tim "Unter der Herrschaft des Fürsten Warpa und des 'Gardeobersten' Ḫalki'ašu".

Eine interssante Angabe findet sich endlich in der Kaufpreisquittung nach dem išqul-Formular No. 30, in der alle Beteiligten Assyrer sind; hier heisst es:

iš-tù ITU!.KAM a-lá-na-tim li-mu-um Bu-za-zu "Vom Monat Allānātum, Eponym Buzazu an".

Es handelt sich bei dieser Formulierung nicht um ein absolutes Datum, sondern um einen Inkraftsetzungsvermerk **(34)**.

9. Zur Urkundenlehre.

§ 36. In der äusseren Form stimmen die Kaufurkunden No. 1-31 und 32 mit der Masse der altassyrischen Verträge aus Kleinasien überein. Die Regeln, die G. Eisser zu Urkundenlehre aufgestellt hat **(35)**, brauchen demnach hier nicht wiederholt zu werden. Dennoch sei auf einige allgemeingültige Punkte verwiesen, die für das Verständnis der Einzelinterpretation wichtig erscheinen:

1. Die Form der Kaufverträge und der Kaufpreisquittungen ist die der sogenannten Doppelurkunde, die aus Innentafel und Hülle besteht; beide zusammen sind nicht immer erhalten, so begegnen:

Nur Tafeln .....: No. 4,7,8,9,12,16,18,19,20,21,22,24,26,27,30 und 31.
Nur Hüllen .....: No. 14,15,25 und 32.
Tafeln mit Hülle: No. 1,2,3,5,6,10,11,13,17,23,28 und 29.

(32) Zur assyrischen Datierung vgl. P. Garelli, Les Assyriens 34 und 201.

(33) Zu kappadokischen Datierung vgl. P. Garelli, Les Assyriens 61f.

(34) Vgl. zum Instandsetzungsvermerk der Form ištu ūmim annîm "von diesem Tage an" in den mB Urkunden aus Ugarit B. Kienast, RlA 5,1980,533 § 14.

(35) Vgl. G. Eisser, Zur Urkundenlehre der altassyrischen Rechtsurkunden vom Kültepe, Festschrift Paul Koschaker, Weimar 1939, 3. Bd. 94-126.

2. Die Hülle wird, mit Ausnahme vielleicht von No. 25 (= CCT 5 26a), wo in der Publikation die entsprechenden Angaben fehlen, grundsätzlich durch Siegelabrollungen vor unbefugten Öffnen geschützt. Die Namen der Siegelnden werden, No. 10B ausgenommen, generell dem Vertragstext auf der Hülle mit der Phrase KIŠIB PN "Siegel des PN" vorangestellt, wobei eine genaue Reihenfolge eingehalten wird: An erster Stelle werden die Zeugen genannt, auf deren nochmalige Nennung am Ende des Hüllentextes dann verzichtet wird; es folgt die veräussernde Partei, die sich des Rechtes an dem Kaufobjekt begibt. Nur in dem genannten Text No. 10B sind die Namen am Ende des Textes und in umgekehrter Reihenfolge angeführt (also Veräusserer ~ Zeugen); umgekehrte Reihenfolge, aber am Textanfang liegt auch vor in No. 13B. In No. 28B werden endlich die Namen der Bürgen nach den Zeugen, aber vor den Veräusserern eingefügt.

3. Die Siegel sind nur in seltenen Fällen identifizierbar, und zwar in den No. 1SA.B, 2SA, 3SA.B, 10SA, 14SA und 28SE. In drei Fällen begegnet Fremdverwendung des Siegels (No. 1SA, 3SB und No. 28SE), davon je einmal das Narāmsînsiegel (No. 1SA) und das Siegel des Stadtfürsten Ṣilūlu von Assur **(36)**: ferner verwendet in No. 11B offenbar die Ehefrau das Siegel ihres Ehemannes (vgl. zum Text). Statt einer Siegelabrollung finden sich in No. 23B drei Ringabdrücke und in No. 32 der Abdruck eines Gewandsaumes.

4. In einigen Fällen haben offensichtlich mehrere Personen sich eines einzigen Siegels bedient, da die Zahl der Siegelabrollungen geringer ist, als die Zahl der als Siegelnde benannten Personen; dies gilt für:

No. 5:	Drei Siegel (A~C): Zwei Zeugen, zwei Verkäufer	= 4 Personen
No. 17:	Vier Siegel (A~D): Vier Zeugen, ein Verkäufer	= 5 Personen
No. 28:	Sechs Siegel (A~F): Vier Zeugen, ein Verkäufer, zwei Bürgen	= 7 Personen
No. 29:	Drei Siegel (A~C) erhalten, zwei nicht erhalten; der Text nennt drei Zeugen und drei Personen auf der Verkäuferseite	= 6 Personen
No. 15:	Drei Siegel (A~C): vier Zeugen, ein Verkäufer; ausserdem sollte Tarikuta, wohl die Ehefrau des Verkäufers, ebenfalls gesiegelt haben, da sie im Vertrag bestimmt Verpflichtungen eingeht	= 6 Personen
No. 23:	Zwei Siegel (A~B) und zusätzlich drei gleichförmige Ringabdrücke. Verkäufer ist eine aus sieben Personen bestehende Gütergemeinschaft, für die ein gewisser Aši'et federführend ist; die Tafel nennt ausserdem sechs Zeugen, von denen aber nur fünf auch als Siegelnde auf der Hülle genannt werden. Vgl. zur Problematik die Anm. zu No. 23B:1~4.	= x Personen

(36) Zum Siegel des Ṣilūlu vgl. P. Garelli, Les Assyriens 33~37. -- Zum Siegel des Narāmsîn vgl. I.J. Gelb ~ E. Sollberger, JNES 16,1957,163 und 175.

No. 32: Vier Siegelabrollungen (A–D) und dem Abdruck eines Gewandsaumes entsprechen hier drei Zeugen und drei Verkäufer, allerdings ein Ehepaar mit Sohn, der von seinen Eltern als hypothekarisches Pfand bestellt wird.

5. Mehr oder minder geringfügige Abweichungen zwischen Tafel und Hülle sind im Wortlaut gelegentlich festzustellen, so eine veränderte Wortstellung im Kaufvermerk (No. 2,5 und 6) und in der Eviktionsklausel (No. 5), der Zusatz ana šīmim "zum Kaufpreis" bei der Kaufsumme (No. 5B), vertauschte Reihenfolge von Kauf- und Preiszahlungsvermerk (No. 17) sowie endlich andere Reihenfolge der Schlussklauseln (No. 10). Besonders zu notieren ist das Fehlen der Ersatzklausel (No. 1B, vgl. § 17), sowie des Kaufvermerkes (No. 3B und 11A) und das Hinzutreten der Verzichtklausel (No. 3B). Für die abweichenden Schlussklauseln in No. 13 vgl. zum Text. Weiterhin ist gerade für unsere formengeschichtlichen Untersuchungen bedeutsam: zweimal (No. 3 und 28) wird der Vertragstext auf der Hülle nicht im Wortlaut wiederholt, sondern in einer Art Inhaltsangabe nach dem Schema ša ... "(Betreffend,) dass ..." zusammengefasst; die Schlussklauseln sind dabei teilweise in den Relativsatz mit einbezogen. Auffällig ist in dieser Hinsicht besonders noch No. 23: Hier werden auf Tafel und Hülle zuerst das Kaufobjekt und die Verkäufer in satzloser Konstruktion genannt; dann folgen die ša-Klausel mit dem Vertragsinhalt und selbständige Schlussklauseln: Die Urkunde dürfte somit als Abschrift einer Hülle zu verstehen sein.

10. Zu Orthographie und Sprache der Urkunden.

§ 37. Wie eine Durchsicht des Materials zeigt, stimmen von den hier behandelten kaufrechtlichen Urkunden (No. 1–31 und 32) nur wenige in orthographischer und grammatikalischer Hinsicht mit der Masse der altassyrischen Texte aus Kleinasien überein. In dieser Beziehung korrekt sind bezeichnenderweise alle Kontrakte, in denen sämtliche Beteiligte Assyrer sind (No. 1, 3, 24 und 30; vgl. § 19). Unter den 20 Urkunden mit kappadokischen Kontrahenten (vgl. § 20–22) und den acht Urkunden mit gemischten Vertragspartnern (vgl. § 23) ist jeweils nur **eine** (No. 6 bzw. No. 19) ohne entsprechende Fehlleistungen; alle anderen Kontrakte weisen mehr oder minder schwere Verstösse gegen die Norm der altassyrischen Schrift und Sprache auf, was gewiss kein Zufall ist. Ein Teil der unten genannten Anomalitäten kommt, wenn auch selten, gelegentlich sonst in den altassyrischen Texten vor; auffällig aber bleibt ihre Häufigkeit in den Texten aus kappadokischem Milieu. Andere Fehlleistungen sind derart ungewöhnlich, dass wir aus ihnen zwingend auf die nichtassyrische Herkunft der Schreiber schliessen müssen: Die fraglichen Verträge sind also in einer kappadokischen Kanzlei geschrieben worden; der sprachliche Befund tritt so neben die Beobachtung, dass die gleichen Urkundengruppen von kappadokischen Rechtsvorstellungen durchdrungen sind (vgl. § 25).

§ 38. Häufig belegte Abweichungen von der Norm sind in der Orthographie:

1. Vertauschung von KV- und VK-Zeichen (vgl. GKT § 46c):

(a) KV- statt VK-Zeichen: šu-ma ... té-pá-ša "wenn sie macht" 10A:13, B:10 für teppaš; i-ša-qá-lá "sie wird bezahlen" 13A:10 für tašaqqal; ta-ša-qú-ul "sie hat bezahlt" 10A:3 für ta-áš-qú-ul 10B:3; A-ḫa-TÍ-tum$_8$ 10A:1.10.14, B:11.15 für A-ḫa-at-tum$_8$ 10B:1 und A-ḫa-tum 26:4 sowie A-ḫa-tim (Gen.) 37:9; Tá-lá-ša 10A:17 für Tá-lá-áš 6A:12, B:4.

(b) VK- statt KV-Zeichen: ta-ta-UR "sie wird wegführen" 10A:7 und ta-ta-ar(Text: RI)-UR 10B:8, beide für tatarru; Ḫa-ma-ar-a 17B:2 für Ḫa-ma-ra-a 17B:11.

2. Gebrochene Schreibungen (GKT § 19a):

iḫ-pí-ar "er war entflohen (?)" 29A:9, B:5.

3. Pleneschreibung von Vokalen (GKT § 7d, 42e, 47c-d und 49d):

(a) Kurze Vokale: am-té-e "der Sklavin" (Gen. sg.) 13A:2; pá-šu-re-e "des Tisches" (Gen. sg.) 16:20'; ṭé-ḫi-i "neben" 23A:2 für ṭé-ḫi 23B:10; um-mu-šu-ú "seine Mutter" 17A:4, B:6; i-dí-šu-ú "sie hat ihn gegeben" 17A:6, B:8 für tadiššu; ša i-tù-ru-ú-šu-ni "wer gegen ihn Ansprüche erhebt" (Subj. sg.) 17A:7 für ša i-tù-ru-šu-ni 17B:10; ša i-ša-qú-lu-ú "wer bezahlt" (Subj. sg.) 26:11 für ša išaqqulu; ta-ta-ru-ú "sie wird wegführen" 4:9 für tatarru.

(b) Lange Vokale: bé-té-e "der Häuser" (Gen. pl.) 23A:16 (vgl. GKT § 58b); ša-bu-ú "sie sind befriedigt" (Pl.) 25:12; ša ... ša-bu-ú "dass sie befriedigt sind" (Subj. pl.) 23A:15, B:17; ša ... ša-bu-ú-ma "dass er befriedigt ist und ..." 3B:7 (nur Assyrer!!); ú-lu i-tù-ru-ú "sie werden Ansprüche nicht erheben" (Prs. pl.) 23A:17, B:18; i-ta-ru-ú "sie werden wegführen" (Prs. pl.) 28A:21, B:25; i-ta-ru-ú-ši "sie werden sie wegführen" (Prs. pl.) 32:24; Tal-ḫa-dí-e (Nisbe, Gen. pl.) 32:26.

(c) In kappadokischen Eigennamen: A-ba-lá-lá 17A:12 für [A-ba-lá-l]á 17B:3; A-sú-ú 23B:7 für A-sú 23A:6; A-ší-e-et 23A:3.9.13.19 für A-ší-et 23B:[5].11.15.20; A-ta-a 31:4; Ba-ba-lá-a 16:18; E-ni-iš-ru-ú 29A:23, B:1 für E-ni-iš-ru 32:10.16; 34:9 und E-ni-íš-ru 25:8.15.18; Ga-du-du-ú 29A:24, B:2; Ḫu-za-a 26:14; Ku-ku-ú 20:12; Ḫa-ma-ra-a 17A:11 neben Ḫa-ma-ar-a 17B:2; Ma-nu-kà-a 25:3; Sí-lu-ú-na (ON) 29A:11, B:14; Sú-li-i 17A:2, B:6; Ša-lu-a-ta-a 17B:9 für Ša-lu-a-ta 17A:1; Ša-na-bu-ú 4:10; Ší-wa-áš-mì-i 5A:2.15, B:3.8.19; Ta-at-ká-pu-ú 17A:13 neben [Ta-a]t-ki-pu-uš 17B:4; Wa-áš-ḫu-ú-pá 29A:5.10, B:[9].17 für Wa-áš-ḫu-pá 14:1 und 25:2; Za-za-a 4:1.

4. Schreibung sonst assimilierter Konsonanten (GKT § 36c und 41c):

i-dí-in-ší "er hat sie gegeben" 2A:11', B:12 für idišši; šu-ma ma-ma-an i-ṣa-ba-at-sí "wenn jemand sie 'packt'" 10A:9, B:14 für iṣabbassī o.ä. (vgl. § 41.2b).

§ 39. In der Lautlehre sind folgende Anomalitäten festzuhalten:

1. Spirantisierung von Verschlusslauten:

[lá t]ù-ḫa-lá-aḫ-ší "sie (K) darf sie (O) nicht abhanden kommen lassen" 27:12 für lā tuḫallaqši.

2. Mimationsschwund (GKT § 35c, 61a):

am-té-e "der Sklavin" (Gen. sg.) 13A:2; GAL ma-ḫi-ri "Marktvorsteher" 25:2; GAL pá-šu-re-e "Truchsess" ("Oberster des Tisches") 16:20'. i-ša-qú-lu-šu "sie werden ihm bezahlen" 12:13 für išaqqulūšum (möglich ist hier auch eine Ver=wechselung von dativischem und akkusativischem Personalsuffix; vgl. auch § 40.3.

§ 40. In der Morphologie sind nachstehende Unregelmässigkeiten belegt:

1. Verwechselung von Singular und Plural/Dual:

bé-tim "der Häuser" (Gen. pl.) 23A:13, vgl. bé-tù ibid. A:1, bé-té-e ibid. A: 16, É^{tí} ibid. B:9.18.25 und É$^{bé-tí}$ ibid. B:17; ší-mì-šu "seinen Kaufpreis" (Akk. sg.) 14:8; ší-mì-ša "ihren Kaufpreis" (Akk. sg.); aber ší-im PN "den Kaufpreis für PN" (bei Duplum) 26:9. ana ... ší-mì-šu "für deren Kaufpreis" 25:13 für ana ... šīmišunu; i-dí-šu-nu "er hat ihn gegeben" 14:7 für iddiššu. i-ša-qú-lu "sie wird bezahlen" 13A:17 für tašaqqal; iš-ú-mu-šu-nu "sie haben es (das Haus) gekauft" 22:7 für iš'umūšu; i-ša-qal "sie werden bezahlen" 21:5 (vgl. auch 34:14) für išaqqulū.

2. Verwechselung von Maskulinum und Femininum:

DUMU.SAL-sú "ihre Tochter" 18:3 für mer'essa; DUMU.SAL-šu "ihrer Tochter" für mer'itiša (Gen.) 18:14. ša i-tù-⌜ru-šu-ni⌝ "(Was anlangt,) dass sie (V) gegen sie (K) Ansprüche erhebt" 13A:8 für ša iturrušini. Das Verbalpräfix i- statt ta- etc. ist mehrfach bezeugt: 10A:11; 11A:8, B:11: 13A:7.8.10.17, B:10'; 15: 18.19.

3. Verwechselung genitivischer und akkusativischer Personalsuffixe:

a-šar li-bi-ší "nach ihrem Belieben" 10A:14 für a-šar li-bi-ša 10B:11; ta-da-ša "sie (K) wird sie (O) geben" 10A:16, B:12 für tadašši.

§ 41. Der Tempusgebrauch in den Bedingungssätzen **(37)** ist merkwürdig uneinheitlich und lässt sich auf Grund der Orthographie, die in der Regel keine Konsonantendoppe=lung wiedergibt, nicht in allen Fällen eindeutig bestimmen. Wir müssen unter=scheiden:

1. Sicher bestimmbare Tempora:

(a) Stativ: [šu-ma] ḫa-lu-q[á-at] "wenn sie (die Sklavin) hat abhanden kommen las=

(37) Vgl. dazu im Allgemeinen GKT § 137-138.

sen" 27:18f.

(b) Präteritum: šu-ma lá ub-lu-nim "wenn sie nicht bringen" 32:25

(c) Perfekt: šu-ma ... i-tab-lu-nim "wenn sie bringen" 32:21-23; šu-ma e-ta-ma-ar "wenn er reklamiert wird" 15:14f.; šu-ma ... lá ú-ta-bi-bu-ší-im "wenn sie ihr nicht 'reinigen'" 28A:16f., B:19f.

(d) Präsens: šu-ma ... ta-ba-at "wenn sie entflieht" 32:18; šu-ma ... té-pá-ša "wenn sie macht" 10A:12f., B:9f.: šu-ma ... i-pá-ṭá-ar-ší "wenn er sie aus= löst" 21:12f., vgl. šu-ma ... i-pá-ṭù-ru-ší 27:12-14; šu-ma lá i-ša-qal "wenn sie nicht bezahlt" 15:19; [šu-ma] ... i-ba-qá(Text TA)-ar "wenn er vindiziert" 13B:7'.

2. Nicht sicher bestimmbare Tempora:

(a) Präteritum, Perfekt oder Präsens: šu-ma ... i-tù-ra-am "wenn er Ansprüche er= hebt" 13A:11-13; šu-ma i-tù-ru "wenn sie Ansprüche erheben" 25:16, ähnlich 12:12. Die Formen sind als Präterita itūram/itūrū, als Perfekte ittūram/it= tūrū oder als Präsentien iturram/iturrū interpretierbar.

(b) Perfekt oder Präsens: šu-ma ... i-tù-wa-ar "wenn er Ansprüche erhebt" 2A:12'-13', B:13-16; 5A:7-13, B:11-17; 20:6-9; 14:8-11; ähnlich šu-ma ... i-tù-a-ar 8:6-9; 11A:6-7, B:9-10; 23A:17f.; 28A:10-12; 29A:19, B:24f.; šu-ma ... ⌜i-tù-[a-ar] 9:5-10; šu-ma i-tù-ar 7:4'-13'; 21:7-10; 23B:19f.; šu-ma i-t[ù-ar] 24:5-9. Vgl. ähnlich: šu-ma ta-tù-ar-ší-im 4:5; šu-ma ... i-tù-a-ar-šu-um 32:11-14; šu-ma ... i-tù-a-ar-ší-im 28B:13-15. šu-ma ... ta-ṣa-ba-at "wenn sie 'packt'" 10A:4f., B:4f.; šu-ma ... i-ṣa-ba-at-sí 10A:9f., B:13f. Die Formen können als Perfekte ittūwar etc. bzw. iṣṣabat etc. oder als Präsentien itūwar etc. bzw. iṣabbat etc. interpretiert werden.

§ 42. Bei dem Versuch, die Funktion der Tempora zu bestimmen, denkt man zunächst an die von der akkadischen Grammatik her geläufigen Kategorien. So möchte man das Per= fekt in šu-ma lá ú-ta-bi-bu-ší-im "wenn sie ihr nicht 'reinigen' (sollten)" (28A: 16f., B:19f.) als Ausdruck eines hypothetischen Bedingungssatzes werten und das Präsens in šu-ma lá i-ša-qal "wenn sie nicht bezahlt(/bezahlen will)" (15:19) mo= dal interpretieren **(38)**. Einer solchen Auffassung widerspricht aber nicht nur die allgemeine Regel, dass die juristische Terminologie nur reale Tatbestände er= fasst: In No. 32:21-28 liegen zwei parallele Klauseln mit Bestimmungen über den Fall der Leistung bzw. Nichtleistung vor: šu-ma ... i-tab-lu-nim ... šu-ma lá ub-lu-nim "wenn sie (das Silber) bringen, ..., wenn sie das Silber nicht bringen". Dass hier gerade der als normal vorauszusetzende Fall der Leistung in hypotheti= sche Form gekleidet sein sollte, nicht aber die weniger wahrscheinliche Alterna=

---

(38) Vgl. für das Perfekt GAG § 161i: "Das Pf. ... bezeichnet ... aB und aA die Bedingung als potential oder hypothetisch"; vgl. für das Präsens als Aus= druck des Wollens oder Könnens GAG § 161f und GKT § 137e.

tive, entbehrt jeder Logik. Der eben genannten Stelle voraus gehen zwei weitere Bedingungssätze: šu-ma ... i-tù-ar-šu-um "wenn (jemand) gegen ihn Ansprüche er= hebt" (32:11-14) und šu-ma PN ta-ba-at "wenn PN entflieht" (32:17). Hier ist die Annahme einer modalen Nuance im Sinne eines "Tun-Wollens" oder "Tun-Sollens" für das Präsens aus sachlichen Gründen nicht vertretbar; nur die vollendete Tatsache unterliegt der jeweiligen Sanktion, nicht aber die geheimen oder laut geäusser= ten Wünsche und Absichten. Die Interpretation von i-tù-ar-šu-um als Präsens ist No. 32:14 übrigens naheliegend, da auch sonst nicht eindeutig bestimmbare Formen (ta-ṣa-ba-at No. 10A:5, B:5; i-ṣa-ba-at-sí No. 10A:9, B:14; i-tù-ar No. 21:10) neben eindeutigen Präsentien (té-pá-ša No. 10A:13, B:10 und i-pá-ṭá-ar-ší No. 21: 12f.) im Bedingungssatz stehen. Die deutlich hervortretende Präferenz für das Präsens mag, da alle genannten Texte kappadokischem Milieu entstammen, auf den Einfluss der Muttersprache der Schreiber zurück zu führen sein.

§ 43. Während also Formen wie i-tù-ar in Texten aus kappadokischem Milieu ohne Weiteres nach den genannten Parallelen als Präsens gedeutet werden können, muss in šu-ma ... i-tù-ar "wenn er Ansprüche erhebt" (No. 35:7-10 und 36:9-12) die Verbalform Perfekt sein, denn in beiden Texten sind alle Beteiligten Assyrer. Das Perfekt hat in diesen und vergleichbaren Fällen allerdings die Funktion eines futurum exactum, wofür das Altassyrische genügend Beispiele bietet **(39)**. Die in § 41.1c genannten Beispiele für eindeutiges Perfekt aus Texten in rein kappadokischem Mi= lieu entsprechen somit dem normalen altassyrischen Sprachgebrauch.

---

(39) Vgl. GKT § 137f mit p. 234 Anm. 1: "Pf. hier Tempus der Vorzeitigkeit in der Zukunft".

III. DER GESCHÄFTSVERMERK.

1. Allgemeine Vorbemerkungen zum Geschäftsvermerk.

§ 44. Die strenge Formgebundenheit der altorientalischen Rechtspraxis hat zur Folge, dass für die einzelnen, voll ausgeprägten Rechtsgeschäfte verbindliche Formulare mit nur geringfügiger Variationsbreite im Ausdruck - etwa in der Stellung der einzelnen Klauseln - gegeben waren. Gegenüber der dadurch bedingten Einförmigkeit der Urkunden aus Babylonien ist die vielfältige Darstellungsmöglichkeit gerade des Kaufgeschäftes in den Kaufurkunden aus Kleinasien überraschend. Freilich beruht die starke Abwechselung hier sicher nicht in einer Durchbrechung des Formalprin= zips, sondern ist einerseits historisch, andererseits offenbar aber auch in einem Zwiespalt der Schreiber begründet: Neben einigen Urkunden, deren Stilisierung mehr oder minder deutlich auf mesopotamische Vorbilder zurück geht, steht eine recht grosse zweite Gruppe, deren fremdartige Züge mit grosser Sicherheit in ein= heimisch-kappadokischen Rechtsvorstellungen wurzeln. Diese Unterschiede herauszu= arbeiten, wird zu einer unserer Hauptaufgaben gehören.

§ 45. Bevor wir uns aber mit den verschiedenen Formulartypen im Einzelnen befassen, sind einige einleitende Vorbemerkungen notwendig: Seiner Natur nach ist der Kauf ein vollkommen zweiseitiges Rechtsgeschäft, das einen Austausch von Ware und Zah= lungsmittel, von Leistung und Gegenleistung voraussetzt. Der Kauf begründet also Rechte und Pflichten gleichermassen für beide Parteien, im Gegensatz etwa zum Dar= lehensvertrag, der dem Schuldner die Zahlungspflicht auferlegt, dem Gläubiger aber ein Forderungsrecht einräumt. Innerhalb der altorientalischen Rechtsentwick= lung hat die Gegenseitigkeit beim Kaufgeschäft offenbar lange Zeit erhebliche Schwierigkeiten bereitet. Denn das an Schuldverhältnissen orientierte Recht ist auf einseitige Verträge ausgerichtet, die im Allgemeinen von Seiten des Empfän= gers aus stilisiert sind. Demzufolge wurde bis in die neusumerische Zeit hinein auch das Kaufgeschäft in seine beiden Bestandteile, den Kauf selbst und die Kauf= preisleistung, zerlegt; in der Praxis wurden daher zwei Urkunden aufgesetzt, der Kaufvertrag und die Kaufpreisquittung, die beide - wohl entsprechend der Eigen= art des Kaufgeschäftes - sowohl ex latere venditoris wie ex latere emptoris sti= lisiert werden konnten. Diese Zweigliedrigkeit der Darstellung fand erst in der altbabylonischen Zeit ein Ende, als die beiden Elemente endgültig in einem ein= heitlichen Schema zusammengefasst wurden. Die überlieferte Trennung der beiden Parteienaktionen wirkt aber selbst in diesem Formular noch nach insofern, als die Stellung des Preiszahlungsvermerkes variabel ist: Er steht normalerweise im Anschluss an den Kaufvermerk, kann aber in diesen schon nach der Nennung des

des Kaufobjektes oder nach dem Namen des Verkäufers parenthetisch eingeschoben werden **(40)**. Hier das allgemeine Schema:

0	0	"Das Objekt 0 hat
ki V(-ta)	ittī V	vom Verkäufer V
K	K	der Käufer K
in-ši-sa$_{10}$	išām	gekauft.
šám-til-la-ni-šè	ana šīmišu gamrim	Zum vollen Kaufpreis dafür
x kù-babbar	x kaspam	hat er (K) x Silber
in-na-lá	išqul	(ihm = V) bezahlt".

§ 46. Diese formulargeschichtliche Entwicklung Babyloniens findet nur bedingt Nieder= schlag in den altassyrischen Kaufurkunden. Hier herrscht zumeist noch die ältere Zweiteilung des Kaufgeschäftes mit der genannten Vielfalt der Darstellung, und wir müssen daher die echten Kaufverträge von den Kaufpreisquittungen formal tren= nen. Unter Berücksichtigung auch des assyrisch-kappadokischen Gegensatzes in der Gestaltung der Kontrakte ergibt sich die bereits oben (§ 15) vorgenommene Glie= derung der kaufrechtlichen Urkunden nach äusseren Kriterien, die hier noch ein= mal wiederholt werden soll:

(a) Kaufverträge mit unterschiedlich stilisiertem Kaufvermerk:

1. Der assyrische Kaufvermerk ex latere venditoris: No. 1- 2, § 47-49.
2. Der assyrische Kaufvermerk ex latere emptoris .: No. 3- 9, § 50-53.
3. Das zweiseitige babylonische Kaufformular .....: No. 10-12, § 61.
4. Das zweiseitige assyrische Kaufformular ....: No. 13-14, § 62.
5. Das zweiseitige kappadokische Kaufformular ....: No. 15-22, § 65-67.

(b) Kaufpreisquittungen:

1. Das šabbu-Formular ....: No. 24-25, § 54, 56f.
2. Das išqul-Formular ....: No. 26-31, § 55-57.

Nicht berücksichtigt sind auch hier die nur im weiteren Sinne kaufrechtlichen Urkunden No. 32-40 (vgl. § 15c), deren Formular aber von Fall zu Fall bei unse= ren Überlegungen berücksichtigt werden soll.

2. Der assyrische Kaufvermerk ex latere venditoris.

§ 47. Der ex latere venditoris stilisierte Kaufvermerk muss auf Grund seines Vorkommens in der aus dem assyrischen Raum stammenden Grundkaufurkunde No. 1 der assyrischen

(40) Zum aB Kaufformular vgl. M. San Nicolò, Schlussklauseln 14ff. und F.R. Kraus, JCS 3,1951,89-109.-- Zum nSum. Kaufformular vgl. A. Falkenstein, NG 1 121-124 und F.R. Kraus, JCS 3,1951,99ff. Die Dissertation von P. Steinkeller, Chicago 1976, ist mir unzugänglich. Vgl. ferner für das nSum Cl. Wilcke, RlA 5,1980,498-512 und für die älteren Texte mit Einschluss der Akkade-Zeit J. Krecher, ibid. 490-498 mit Literatur.

Rechtspraxis zugeordnet werden; wir verwenden zur Kennzeichnung daher das Sigel Av/. Das gleiche Formular begegnet ausserdem nur noch einmal in der Sklavenkauf= urkunde No. 2 und dient damit sowohl dem Mobiliar- wie dem Immobiliarkauf; es ist zugleich auch bezeugt sowohl in rein assyrischem Milieu (No. 1) wie bei ethnisch gemischten Kontrahenten (No. 2). In leicht abgewandelter Form - vgl. für den Kauf= preis No. 32 den Vermerk kīma x KÙ.BABBAR "statt x Silber" - dient das Formular endlich der Bestellung eines Eigentumspfandes in Gestalt eines dem Kauf nachge= formten Rechtsgeschäftes **(41)** In schematischer Darstellung, unter Ausserachtlas= sung abweichender grammatischer Bildungen (Genus, Numerus etc.) oder sachlicher Zusätze (Eigentumsnachweis, Objektbeschreibung etc.) ergeben sich die in Tabelle 5 genannten Typen. An Einzelheiten ist in No. 1 auf die ausführliche Beschreibung

Tabelle 5.

Der assyrische Kaufvermerk ex latere venditoris Av/.

Av/1; No. 1A, B:	Av/2: No. 2A, B:	Av/3: No. 32:
O	O	V
ana šīmim	ana x KÙ.BABBAR	kīma x KÙ.BABBAR
ana x KÙ.BABBAR	V	O
V	ana šīmim	ana K
ana K	ana K	iddinšu
iddin-ma	iddinšu	
ušabbišu		

des verkauften Grundstückes mit Eigentumsnachweis (Erbschaft) und Lageangabe zu verweisen. In No. 2 wird die vorausgestellte Apposition in der Phrase [amtam] PN zu behandeln sein (vgl. § 52,4), wie bereits hier die Wiederaufnahme des Objektes durch das Suffix in iddin-šu (so auch Av/3, No. 32) zu notieren ist (vgl. § 52,4); das Fehlen des Verbums ušabbišu "er hat ihn befriedigt" (vgl. dazu § 49) in einer Urkunde mit gemischten Kontrahenten (so auch Av/3, No. 32) ist für die assyri= sche Rechtsentwicklung nicht von Bedeutung. Vgl. auch in der ša-Klausel No. 23.

§ 48. Rechtshistorisch ist unser Kaufvermerk an, wenn auch nur selten bezeugte, neusu= merische Vorbilder anzuschliessen. Ein besonders typisches Beispiel ist YOS 4 2:

I ^{d}Šara-ì-ša$_{6}$	"Šara'iša haben
x gín kù-babbar-šè	für x Seqel Silber
Ma-ma ù Da-da dumu-ni	Mama und Dada, sein Sohn,
A-tu-ra in-na-sum$^{!}$	dem Atu gegeben (= verkauft).
inim-bi ì-til	Diese Rechtssache ist abgeschlossen".

(41) Vgl. unten § 103 und ferner zu den auflösend bedingten Verkäufen unten § 95ff.

Es folgen Zeugen und Datum **(42)**. Die Reihenfolge der einzelnen Bestandteile die= ser Urkunde stimmt mit der unserer Typen Av/1 und Av/2 vollkommen überein, wenn wir von der variablen Stellung der Angabe ana šīmim "zum Kaufpreis" absehen. In= teressant ist freilich in der altassyrischen Urkunde No. 1 (Typ Av/1) der Ersatz des bekannten Perfizierungsvermerkes inim-bi ì-til "diese Rechtssache ist abge= schlossen" **(43)** von YOS 4 2 durch die auch inhaltlich abweichende Klausel ušab= bi'ūšu "sie haben ihn befriedigt".

§ 49. Weiterhin findet unser Kaufvermerk vom Typus Av/. seine Fortsetzung in dem mit= telassyrischen, ex latere venditoris stilisierten Kaufvermerk, der freilich um einen Quittungsvermerk zu einem zweiseitigen Kaufformular erweitert wurde **(44)**; vgl. das allgemeine Schema:

O	"Das Objekt O hat
V	der Verkäufer V
ana šīm gamer	zum vollen Kaufpreis
ana x AN.NA	für x Zinn
ana K	dem Käufer K
iddin-ma	gegeben (= verkauft) und
ušabbi ...	(ihn) befriedigt. ...
šīm O	Den Kaufpreis für das Objekt O hat
V	der Verkäufer V
maḫir apil zakku	erhalten; er ist bezahlt, quitt".

Die nahezu völlige Übereinstimmung im Formular unserer Urkunde No. 1 (Typ Av/1) mit dem mittelassyrischen Kaufvermerk zeigt nicht nur dessen Herkunft aus der altassyrischen Rechtspraxis, sondern erlaubt auch eine abschliessende Klärung der Klausel iddin-ma ušabbi "er hat (das Objekt O) gegeben und (den K) befrie= digt". Denn in unserer No. 1 ist das Kaufobjekt qaqqurū paṣi'ūtum "unbebautes Grundstück" grammatischer Plural und somit kann sich das Suffix in ušabbi'ūšu "sie (die V) haben ihn befriedigt" nur auf den Käufer beziehen, dessen Einver= ständnis mit der äusserlich erkennbaren Beschaffenheit des Kaufobjektes, unab= hängig von etwaigen verborgenen Mängeln, und mit der Höhe des Kaufpreises da= mit notiert wird **(45)**.

---

(42) Vgl. Cl. Wilcke, RlA 5,1980,501, § 4, zitiert als "Umma 1".

(43) Zum Perfizierungsvermerk der nSum und aB Urkunden vgl. unten § 59 mit A. 55.

(44) Zum mA Kaufformular vgl. P. Koschaker, NKRU 27-30, und G. Cardascia, RlA 5, 1980,516-520.

(45) I.J. Gelb - E. Sollberger übersetzen unseren Text korrekt "(they) satisfied him", ohne allerdings den Sinn der Aussage näher zu erläutern. In den mA Ur= kunden hat P. Koschaker, NKRU 29, ušappi "er hat übereignet" gelesen, worin ihm G. Cardascia, RlA 5,1980,516, mit der Übersetzung "(il a) transféré"

3. Der assyrische Kaufvermerk ex latere emptoris.

§ 50. Der ex latere emptoris stilisierte Kaufvermerk muss auf Grund seines Vorkommens in der Sklavenkaufurkunde No. 3, in der alle Beteiligten (Kontrahenten, Kaufobjek= te und Zeugen) eindeutig Assyrer sind, und wegen einiger Besonderheiten im Formu= lar (vgl. § 52,1-3) aus der mesopotamischen Rechtspraxis abgeleitet werden; wir verwenden daher das Sigel Ae/. Das gleiche Formular begegnet auch in den Sklaven= kaufurkunden No. 4-5 und 8-9, sowie in den Hauskaufurkunden No. 6-7; es wird also ebenfalls für den Mobiliar- wie für den Immobiliarkauf verwendet. Mit Ausnahme von No. 3 treffen wir in den übrigen Urkunden entweder nur kappadokische Vertrags= partner (No. 4-5, 8 und 9; vgl. § 20f.) oder ethnisch gemischte Kontrahenten (No. 6 und 7, vgl. § 23). In der Tabelle 6 sind, wieder ohne Rücksicht auf abweichende grammatikalische Bildungen oder sachliche Zusätze, die einzelnen Typen dieses Kaufvermerkes dargestellt.

Tabelle 6.

Der assyrische Kaufvermerk ex latere emptoris Ae/.

Ae/1: No. 3A:	Ae/2: No. 4:	Ae/3: No. 5A; 6A: (vgl. No. 7)	Ae/4: No. 6A.B:
0	K	0	(0) ša
KI V	0	išti V	išti V-TA (B om.)
K	iš'amšu	ana x KÙ.BABBAR	K
iš'am		K	ana x KÙ.BABBAR
		iš'amšu	iš'umu

Ae/5: No. 5B:	Ae/6: No. 6B:	Ae/7: No. 8:	Ae/8: No. 9:
0	0 ...	K	0
ana šīmim	ana x (KÙ.BABBAR)	0	K
ana x KÙ.BABBAR	0	išti V	išti V
išti V	išti V	ana x KÙ.BABBAR	ipṭur
K	K	iš'amšu	
iš'amšu	iš'amšu		

§ 51. Das allgemeine Schema des assyrischen Kaufvermerkes ex latere emptoris lautet also:

0 ana x KÙ.BABBAR	"Das Objekt 0 hat für x Silber
išti V K iš'am	vom Verkäufer V der Käufer K gekauft".

(Anm. 45, Fortsetzung) folgt; vgl. auch AHw 1207b sub šebû I "voll überge= ben?".-- Vgl. auch zur selbständigen Kaufpreisquittung ex latere venditoris § 54 und 56f. und zum unselbständigen Quittungsformular § 58f., die beide das sogenannte šabbu-Formular verwenden.

Mit Ausnahme vom Typ Ae/2 (No. 4) wird der Verkäufer überall expressis verbis ge= nannt. Die Reihenfolge der einzelnen Elemente der Klausel ist im Wesentlichen fest; nur zweimal begegnet die Vorausstellung des Käufers vor das Kaufobjekt, in den Typen Ae/2 (No. 4) und Ae/7 (No.8), sowie einmal die Vertauschung von Käufer und Verkäufer im Typ Ae/8 (No. 9): In allen eben genannten Texten begegnen nur Kappadokier als Kontrahenten (vgl. § 20); das Gleiche gilt auch für No. 5 (Typen Ae/3 und Ae/5), während in No. 3 (Typ Ae/1) nur Assyrer (vgl. § 19) und in No. 6 (Typen Ae/3, Ae/4 und Ae/6) gemischte Vertragspartner (vgl. § 23) begegnen. Bemer= kenswert schwankend ist die Stellung der Preisangabe, die bald nach dem Kaufob= jekt (Typ Ae/5-6, No. 5B und 6B), bald nach dem Verkäufer (Typ Ae/3, No. 5A und 6A), oder gar nach dem Käufer (Typ Ae/4, No. 6A.B im Relativsatz) stehen kann. Besonders wichtig ist endlich das Fehlen jeglicher Preisangabe in den Typen Ae/2 (No. 4) und Ae/8 (No. 9), sowie vor allem im Type Ae/1 (No. 3A, nur Assyrer!), woraus folgt: Die Preisangabe ist nicht notwendig erforderlicher Bestandteil des Kaufvermerkes, sondern eine sekundäre Erweiterung.

§ 52. Es sind hier noch einige Beobachtungen anzuführen, die zu einem Teil aus der Ei= genart unseres Materials herrühren, zum anderen aber geeignet erscheinen, inter= essante Streiflichter auf die Geschichte des assyrischen Kaufvermerkes ex latere emptoris zu werfen:

1. Die Einführung des Kaufobjektes in No. 5 (Typen Ae/3 und Ae/5) mit der Phrase amtam PN "Die Sklavin PN" zeigt die syntaktisch schwierige Voranstellung der Apposition **(46)**; zu vergleichen ist daher die schon in den neusumerischen Ur= kunden geläufige Formel 1 sag géme PN mu-ni-im "1 Sklavin namens PN". Die gleiche Konstruktion begegnet auch in den Kaufverträgen No. 2 mit dem assyri= schen Kaufvermerk ex latere venditoris (vgl. § 47), in No. 18 und 21 (GÉME PN) mit dem zweiseitigen kappadokischen Kaufvermerk (vgl. § 65), sowie in der Kauf= preisquittung No. 24 nach dem šabbu-Formular (nur Assyrer; vgl. § 54).
2. In No. 3A (Typ Ae/1, nur Assyrer) begegnet das seltene Logogramm KI für die sonst syllabisch geschriebene Präposition iš-tí "von". Dies erinnert an die sumerische Phrase ki-PN-ta "von PN", die ihren Niederschlag anscheinend auch in der Angabe iš-tí **Y**-TA in No. 6A (Typ Ae/4), einer Urkunde mit gemischten Kontrahenten, gefunden hat.
3. Die Kaufpreisangabe in No. 5B (Typ Ae/5) zeigt die erweiterte Form ana šīmim ana x KÙ.BABBAR "zum Kaufpreis für x Silber". Der in unseren Urkunden unge= wöhnliche Zusatz ist vielleicht als Reflex der Phrase šám-til-la-ni-šè = ana šīmišu gamrim "zum vollen Kaufpreis dafür" zu betrachten.
4. Auffällig ist die häufige Wiederaufnahme des Kaufobjektes durch das akkusati=

(46) Zur üblichen Nachstellung der Apposition im Akkadischen vgl. allgemein GAG § 134a und für das aA besonders GKT § 117b.

vische Personalsuffix am Stichwort iš'am "er hat gekauft", die nur in den Ty= pen Ae/4 (No. 6A.B im Relativsatz), Ae/8 (No. 9, Retraktkauf mit ipṭur "er hat ausgelöst") und bezeichnenderweise Ae/1 (No. 3A, nur Assyrer!) fehlt. Da bei allen Vorkommen des Suffixes entweder nur kappadokische Vertragspartner (No. 4, 5 und 8) oder gemischte Kontrahenten (No. 6 und 7) begegnen, liegt es nahe, diese Eigenheit kappadokischen Einflüssen zuzuschreiben **(47)**.

5. Die Wiederholung des Kaufobjektes nach der Preisklausel im Typ Ae/6 (No. 6B) ist für die Formulargeschichte irrelevant; sie erklärt sich aus dem in Form eines Relativsatzes gekleideten Eigentumsnachweises nach der ersten, korrekt zu Beginn der Urkunde stehenden Nennung des Kaufobjektes. Verkäufer ist hier ein Kappadokier, Käuferin wohl die einheimische Ehefrau eines Assyrers (vgl. § 23).

§ 53. Gerade die eben unter Punkt 1-3 angeführten Besonderheiten weisen deutlich auf die Herkunft des assyrischen Kaufvermerkes ex latere emptoris aus mesopotamischen Vorbildern hin. Vgl. dazu zunächst das Schema der einschlägigen neusumerischen Kaufverträge **(48)**:

O	"Das Objekt O hat
x kù-babbar-šè	für x Silber
V-šè/ki-V-ta	vom Verkäufer V
K	der Käufer K
in-ši-sa_{10}	gekauft".

Sehen wir von der schwankenden Rektion des Verbums sa_{10} "kaufen" ab **(49)**, so ist neben der formularmässigen Übereinstimmung besonders entscheidend die einseitige Darstellung des Geschäftes sowohl in den Urkunden aus der Zeit der Dritten Dyna= stie von Ur wie in den Kontrakten aus den altassyrischen Handelskolonien. Dort wie hier berichten die Verträge grundsätzlich nur die Erwerbsaktion des Käufers; dort wie hier schweigen sie über den Leistungsempfang durch den Verkäufer. Dies wird extrem deutlich in unseren Typen Ae/1 (No. 3A), Ae/2 (No.4) und Ae/8 (No. 9), bei denen der Kaufpreis mit keinem Wort erwähnt wird. Ähnlich einseitig hat ja auch der assyrische Kaufvermerk ex latere venditoris (vgl. § 47-49), wenn auch mit durchgängiger Angabe des Kaufpreises, nur die Veräusserung des Objektes durch den Verkäufer notiert, nicht aber die Bezahlung der Kaufsumme durch den Käufer registriert. Die beiden assyrischen Kaufvermerke stehen damit ausserhalb der Ent=

(47) Vgl. ausserdem in § 47 die Typen Av/2 (No. 2) und Av/3 (No. 32), in § 62 den Typ Az/1 (No. 14) und in § 65 die Typen K/1 (No. 17B), K/4 (No. 19, 20 und 22) und K/6 (No. 17A). Davon begegnen in No. 2 und 14 gemischte Kontrahenten, sonst, in No. 17, 19, 20, 22 und 32 nur Kappadokier (vgl. § 23 bzw. 20.

(48) Vgl. Cl. Wilcke, RlA 5,1980,500: "Formular A".

(49) Zur Rektion von sa_{10} "kaufen" vgl. A. Falkenstein, NG 1 121f. und Cl. Wilcke, RlA 5,1980,506.

wicklung Babyloniens, die durch die zusammenfassende Beurkundung von käuflichem Erwerb und Bezahlung des Kaufpreises charakterisiert ist. Entsprechend den neu= sumerischen Verhältnissen ist demnach auch für das altassyrische Recht als kor= relat zur selbständigen Kaufurkunde eine selbständige Kaufpreisquittung zu er= warten **(50)**.

4. Die Kaufpreisquittungen.

§ 54. In der Tat begegnen neben den Kaufurkunden, wie schon oben § 15b angemerkt, im Altassyrischen mehrfach auch Kaufpreisquittungen mit Formulierungen aus unter= schiedlicher Sicht:

1. Die Kaufpreisquittung ex latere venditoris verwendet das sogenannte šabbu-Formular mit dem Sigel Š/., über dessen Varianten die Tabelle 7 Auskunft gibt.

Tabelle 7.

Quittungen nach dem šabbu-Formular Š/.

Š/1: No. 24:	Š/2: No. 25:
x KÙ.BABBAR	0
šīm 0	ša V ana K iddinu
V	KÙ.BABBAR
šabbu	šīm 0
	V
	šabbu

Das allgemeine Schema wird repräsentiert durch den Typ Š/1: "Mit x Silber, dem Kaufpreis für das Objekt 0, ist der Verkäufer V befriedigt"; hier, in No. 24 sind alle Beteiligten Assyrer. In No. 25 (Typ Š/2) sind umgekehrt alle Mitwirkenden Kappadokier, was die eigenartige Vorausstellung des Kaufobjektes mit dem Hinweis auf den Verkauf rechtfertigen mag (vgl. dazu das zweiseitige kappadokische Kauf= formular § 65-68). Stichwort des Formulars ist der Stativ des Verbums šabbu'um "satt machen", "(Ansprüche) befriedigen", das auch im allgemeinen altassyrischen Quittungsformular häufig Verwendung findet und vor allem auch im Perfizierungs= vermerk der Kaufurkunden selbst wie sogar in einer Kaufpreisquittung nach dem išqul-Formular (vgl. § 58) vorkommt. Das šabbu-Formular ist offenkundig eine as= syrische Eigenheit; jedenfalls sind direkte sumerische Vorläufer oder babyloni= sche Entsprechungen dazu nicht bekannt **(51)**.

(50) Vgl. auch die Literatur in Anm. 40.

(51) Vgl. zu dem unselbständigen aA Quittungsvermerk, der inhaltlich etwa dem nSum und aB Perfizierungsvermerk entspricht und ebenfalls mit dem šabbu-Formular gebildet wird, unten § 58-60.-- Von der im Text besprochenen Kauf=

§ 55. 2. Die Kaufpreisquittung ex latere emptoris verwendet das sogenannte išqul-Formular mit dem Sigel I/., über dessen Varianten die Tabelle 8 Auskunft gibt.

Tabelle 8.

Quittungen nach dem išqul-Formular I/.

I/1: No. 26; 28A(.B); No. 29A.B; 30; 31 :	I/2: No. 11A; 27:
x KÙ.BABBAR	x KÙ.BABBAR
šīm O	šīm O
K	ana V
ana V	K
išqul	išqul

Das allgemeine Schema wird repräsentiert durch den Typ I/1: "x Silber, den Kaufpreis für das Objekt O, hat der Käufer K dem Verkäufer V bezahlt". Der Typ I/2 (No. 11A und 27) weicht nur durch die Umstellung von Käufer und Verkäufer ab. In No. 30 (Typ I/1) sind alle Beteiligten Assyrer (vgl. § 19); sonst begegnen nur kappadokische Vertragspartner in No. 11A (Typ I/2, vgl. § 21), 26 (Aḫattum, vgl. § 22) und 29 (vgl. § 20) (Typ I/1), sowie gemischte Kontrahenten in No. 28 (Typ I/1) und 27 (Typ I/2). Stichwort des Formulars ist das Präteritum von šaqālum "bezahlen", das ebenfalls im allgemeinen altassyrischen Quittungsformular verwendet wird **(52)**. Die Formulierung erinnert ausserdem an den Preiszahlungsvermerk in-na-lá = išqul "er hat (ihm) bezahlt" der altbabylonischen Kaufurkunden; zu vergleichen ist ferner das Stichwort in-ši-lá "er hat bezahlt" in einer neusumerischen Kaufpreisquittung **(53)**, womit die Herkunft des Formulars aus mesopotamischen Vorbildern feststehen dürfte.

(Anmerkung 51, Fortsetzung) preisquittung sorgfältig zu unterscheiden ist das allgemeine, selbständige Quittungsformular, das zumeist als causa die Erfüllung einer bestehenden Schuldverpflichtung ausdrücklich nennt; die beiden wichtigsten Typen sind in schematischer Darstellung:

1. nach EL 191,193,197:	x KÙ.BABBAR ša G iṣṣēr S išû KÙ.BABBAR G šabbu	"(Betrifft) x Silber, das G zu Lasten des S gut hat: mit dem Silber ist G befriedigt".
2. nach EL 92 und 210 :	x KÙ.BABBAR ša S ana G iḫḫiblu KÙ.BABBAR G šabbu	"(Betrifft) x Silber, womit sich S dem G verschuldet hat: mit dem Silber ist G befriedigt".

Zur offenbar grundsätzlich unterschiedlich gestalteten Verzichtklausel dieser Schuldquittungen vgl. unten § 73.

(52) Für aA Quittungen nach dem išqul-Formular, deren causa die Rückzahlung einer Schuld ist, vgl. z.B. EL 201 und 206.

(53) Vgl. Cl. Wilcke, RlA 5,1980,502a § 5 sub (d). Für das aB vgl. die Literatur oben Anm. 40.

§ 56. Da beide Formulare auch in Quittungen allgemeinen Charakters Verwendung finden, wird die rechtliche Sonderstellung der Kaufpreisquittungen erst bei der Analyse der Schlussklauseln deutlich: In der Verzichtklausel der einfachen Schuldquit= tungen richtet sich der Verzicht des Gläubigers auf die nochmalige Inanspruchnahme des Schuldners; in den entsprechenden Bestimmungen (Verzicht- und Eviktionsklau= sel) der Kaufpreisquittungen dagegen wird zumeist ausdrücklich das Kaufobjekt vor erneuter Inanspruchnahme des Verkäufers bzw. vor Vindikation durch Dritte ge= schützt (vgl. unten § 72f.); man vergleiche nur die entsprechenden Bestimmungen in der Kaufpreisquittung No. 24 mit denen der Kaufpreisschuldquittungen No. 35 und 36, wobei anzumerken ist, dass in allen drei Urkunden nur Assyrer auftreten. Es steht also in den Kaufpreisquittungen deutlich genug die Bewahrung der durch die Leistung erworbenen Eigentumsrechte des Käufers, nicht aber dessen Leistung an den Verkäufer im Vordergrund. Die Verzicht- bzw. Eviktionsklausel in den Kauf= preisquittungen ist damit in direkte Parallele zu derjenigen der Kaufverträge zu setzen und daraus folgt: Die im Vertrag beurkundete Bezahlung des Kaufpreises be= wirkt erst die Eigentumsübertragung, die durch die Schlussklauseln geschützt wer= den soll; die Kaufpreisquittung ist somit konstitutiver Bestandteil des Kaufge= schäftes selbst und steht als solcher ergänzend neben dem Kaufvertrag.

§ 57. Die Kaufpreisquittung mit ihrer den Eigentumserwerb konstituierenden Wirkung wird man nicht als einen Beweis für die Möglichkeit des Kreditkaufes nach altassyri= schem Recht werten dürfen. Zwar liegt diese Problematik ausserhalb unseres Themas, doch zeigen die hier behandelten Urkunden deutlich den auch in Mesopotamien übli= chen Weg zur Kreditierung des Kaufpreises durch die Errichtung einer Schuldurkun= de: So liegt in No. 33 ein Verpflichtungsschein über eine Kaufpreisschuld vor, und so basiert die Kaufpreisschuldquittung No. 36 ausdrücklich auf einem Ver= pflichtungsschein, der auf den Inhaber (tamkārum) ausgestellt war. Diese Hinweise, deren Zahl sich aus der Masse der übrigen Texte zweifellos vermehren liesse, deu= ten an, dass auch im altassyrischen Recht das Prinzip des Barkaufes herrschte.

5. Der Quittungsvermerk.

§ 58. Der Quittungsvermerk **(54)** mit dem Sigel Q/. kommt in vier verschiedenen, nur ge= ring abweichenden Formulierungen vor, über die Tabelle 9 Auskunft gibt. Das all=

(54) Zur selbständigen Kaufpreisquittung ex latere venditoris nach dem šabbu-For= mular vgl. oben § 54 und 56f. mit Anm. 51 zu den selbständigen Schuldquittun= gen. Für Nichtselbständige Quittungsvermerke ausserhalb der Kaufurkunden vgl. etwa die Schuldquittung nach dem išqul-Formular EL 206 (schematisiert):

x KÙ.BABBAR	"(Betrifft) x Silber,
ša S ana G ḫabbuluni	welches S dem G schuldig ist:
KÙ.BABBAR S ana G išqul	das Silber hat S dem G bezahlt.
KÙ.BABBAR G šabbu	Mit dem Silber ist G befriedigt".

gemeine Schema wird repräsentiert durch den Typ Q/1 (No. 30): "Der Verkäufer V ist mit dem Kaufpreis für das Objekt O befriedigt"; in Q/4 (No. 6A.B) verweist KÙ.BABBAR "Silber" auf die im Kaufvermerk gebuchte Kaufsumme. In No. 3A (Typ Q/3) und No. 6A.B (Typ Q/4) verbindet sich der Quittungsvermerk mit dem assyrischen Kaufvermerk ex latere emptoris; er begegnet ausserdem in der ša-Klausel, und zwar allein in No. 3B (Typ Q/2) sowie neben einem Kaufvermerk ex latere venditoris in No. 23A.B (Typ Q/2), und endlich sogar in der Kaufpreisquittung nach dem išqul-Formular No. 30 (vgl. auch Anm. 54). In No. 3 (Typ Q/3) und No. 30 (Typ Q/1) sind alle Beteiligten Assyrer, in No. 6 (Typ Q/4) und No. 23 (Typ Q/2) begegnen dafür gemischte Kontrahenten (vgl. § 19 bzw. 23). Der Quittungsvermerk entspricht in seinen wesentlichen Bestandteilen voll dem Formular des selbständigen altassyri= schen Quittungsformulars mit dem Stichwort šabbu, bzw. der selbständigen Kauf= preisquittung ex latere venditoris (vgl. oben § 54).

Tabelle 9.

Der Quittungsvermerk Q/.

Q/1: No. 30:	Q/2: No. 3B; 23A.B:	Q/3: No. 3A:	Q/4: No. 6A.B:
V	ša	šīmšu	KÙ.BABBAR
šīm O	šīm O	V	šabbu
šabbu	V	šabbu	
	šabbū		

§ 59. Rechtsgeschichtlich lässt sich der altassyrische Quittungsvermerk zunächst an den zweiten Teil des Perfizierungsvermerkes der altbabylonischen Kaufurkunden an= schliessen; dieser lautet insgesamt:

inim-bi	awassu	"Diese(/seine) Rechtssache
al-til	gamrat	ist beendet
šà-ga-ni	libbašu	sein (des V) Herz
al-du_{10}	ṭāb	ist befriedigt".

Während der erste Teil der Klausel bereits in den neusumerischen Kaufurkunden be= gegnet, scheint der zweite Teil eine altbabylonische Neuprägung darzustellen **(55)**. Obwohl zwischen dieser und unserem Quittungsvermerk eine inhaltliche Übereinstim= mung ("ist befriedigt") besteht, sind die beiden Klauseln doch streng auseinan= der zu halten, denn nur der altassyrische Quittungsvermerk geht auf ein selbstän= diges Quittungsformular zurück.

(55) Vgl. für das nSum mit Belegen Cl. Wilcke, RlA 5,1980,510 und für das aB M. San Nicolò, Schlussklauseln 25 mit Anm. 45 und F.R. Kraus, JCS 3,1951,106. Zur abweichenden Funktion von aA/mA ušabbi "er hat (den K) befriedigt" vgl. oben § 49 mit Anm. 45.

§ 60. Durch die Vereinigung des assyrischen Kaufvermerkes ex latere emptoris mit der Kaufpreisquittung ex latere venditoris als Quittungsvermerk entsteht quasi ein neues, zweiseitiges Kaufformular des Typs:

O	"Das Objekt O hat
ana x KÙ.BABBAR	für x Silber
išti V	vom Verkäufer V
K	der Käufer K
iš'am	gekauft.
šīm O	Mit dem Kaufpreis für das Objekt O ist
V	der Verkäufer V
šabbu	befriedigt".

Belege finden sich No. 3A (Typ Ae/1 + Q/3), 6A (Typ Ae/3 + Q/4) und 6B (Typ Ae/6 + Q/4). Es bahnt sich also hier die gleiche formulargeschichtliche Entwicklung zu einer adäquaten Darstellung der Zweiseitigkeit des Kaufgeschäftes an, wie sie auch in Babylonien stattgefunden hat und dort allerdings schon vor Beginn der altbabylonischen Zeit zum Abschluss gekommen war. Zur Bedeutung der Verbindung von Kaufvermerk und Quittungsvermerk für die assyrische Rechtsgeschichte vgl. unten § 63.

6. Das zweiseitige babylonische Kaufformular.

§ 61. Die Typen des zweiseitigen babylonischen Kaufformulars mit dem Sigel B/. sind in Tabelle 10 dargestellt; in allen drei Belegen sind die Kontrahenten Kappadokier.

Tabelle 10.

Das zweiseitige babylonische Kaufformular B/.

B/1: No. 10A.B:	B/2: No. 12:	B/3: No. 11B:
O	....	x KÙ.BABBAR
K	K	šīm O
iš'am	ipṭur	K
x KÙ.BABBAR	x KÙ.BABBAR	ana V
išqul	šīmšu	išqul-ma
	ana V	O
	išqul	iš'am

Das allgemeine Formular lautet nach den Typen B/1 und B/2: "Das Objekt O hat der Käufer K gekauft. x Silber (den Kaufpreis dafür) hat er (dem Verkäufer V) bezahlt". In No. 12 (Typ B/2) liegt Retraktkauf mit dem Stichwort ipṭur "er hat ausgelöst" vor; in No. 11B (Typ B/3) sind die beiden Klauseln vertauscht (in No. 11A ist der

Kaufvermerk vielleicht versehentlich ausgelassen). Die Bezeichnung "babylonisch" ist wegen der verblüffenden äusseren Übereinstimmung mit dem altbabylonischen Kaufformular, das wir oben § 45 vorgestellt haben, gewählt worden. Rechtshisto=risch liegt aber wohl nur das Ergebnis einer Parallelentwicklung vor, denn die Entstehung des zweiseitigen babylonischen Kaufformulars ist im Zusammenhang mit den eben § 60 geschilderten Prozess als eine innerassyrische Bildung zu begrei=fen: Es handelt sich um die Zusammenlegung des assyrischen Kaufvermerkes ex la=tere emptoris mit der auch selbständig bezeugten Kaufpreisquittung ex latere emp=toris nach dem išqul-Formular (vgl. § 55).

7. Das zweiseitige assyrische Kaufformular.

§ 62. Die Typen des zweiseitigen assyrischen Kaufformulars mit dem Siegel Az/. sind in der Tabelle 11 dargestellt. In den beiden einzigen Belegen (No. 13A mit Typ Az/2,

Tabelle 11.

Das zweiseitige assyrische Kaufformular Az.

Az/1: No. 14:	Az/2: No. 13A:	Az/3: No. 13B:
x KÙ.BABBAR	x KÙ.BABBAR	[x KÙ.BABBAR]
šīm O	šīm O	šīm O
V	V	[V]
ana šīmim	ilqē	ilqē
ana K	K	[....]
iddinšu	iš'am	K
šīmšu		[iš'am]
ilqē		

13B mit Typ Az/3, No. 14 mit Typ Az/1) finden sich, wohl rein zufällig nur ge=mischte Kontrahenten. Wie im zweiseitigen babylonischen Kaufformular betreffen die Abweichungen die Stellung der beiden konstituierenden Klauseln. Dies ist in beiden Typen einmal ein ex latere venditoris stilisierter Quittungsvermerk mit dem Stichwort ilqē "er hat empfangen", der auch als selbständiges Quittungsfor=mular mehrfach in den altassyrischen Urkunden bezeugt ist und auf das bekannte neusumerische šu-ba-ti--Formular zurückgeht **(56)**. Dieser Quittungsvermerk wird im Typ Az/1 (No. 14) mit dem assyrischen Kaufvermerk ex latere venditoris (vgl. § 47-49) und in den Typen Az/2-3 (No. 13A.B) mit dem assyrischen Kaufvermerk ex

(56) Für aA Schuldquittungen nach dem ilqē-Formular vgl. das Schema (s. EL 199f.):

x KÙ.BABBAR	"(Betrifft) x Silber,
ša S ana G ḫabbuluni	welches S dem G schuldig ist,
KÙ.BABBAR G ilqē	das Silber hat G erhalten".

latere emptoris (vgl. § 50-53) kombiniert. Rechtshistorisch liegen dem Vorgang die gleichen Entwicklungstendenzen zu Grunde, wie wir sie bereits bei der Entstehung des zweiseitigen babylonischen Kauffomulars (vgl. § 61) konstatiert haben.

8. Zur Entwicklung des assyrischen Kaufformulars.

§ 63. Nach dem bisher Ausgeführten ist die Vielfalt der altassyrischen Geschäftsvermerke für den Kauf offenbar direkt aus neusumerischen Vorbildern zu erklären. Auch das altassyrische Recht kennt zunächst noch die Zerlegung des Kaufgeschäftes in zwei äusserlich unabhängige Vorgänge, den käuflichen Erwerb und die Bezahlung des Kaufpreises, für die jeweils besondere Verträge, die Kaufurkunde und die Kaufpreisquittung, beide ex latere venditoris bzw. emptoris stilisiert, aufgesetzt wurden. Die Kaufurkunden sind dabei deutlich Übersetzungen neusumerischer Vertragsformulare; bei den selbständigen Kaufpreisquittungen stehen dagegen zwei Schemata zur Verfügung, von denen nur das išqul-Formular auf ältere Vorbilder zurück geht, während das šabbu-Formular offensichtlich eine altassyrische Neuprägung darstellt. Ein drittes Quittungsformular, das vielleicht nur zufällig nicht auch als selbständige Kaufpreisquittung bezeugt ist, schliesst mit dem ilqē-Formular ebenfalls an neusumerische Vorgänger an. Daneben wird freilich bereits das Bemühen um eine Zusammenfassung der beiden Parteienaktionen in einem Urkundenformular deutlich erkennbar; so begegnen mehrfach Formulare, die den assyrischen Kaufvermerk ex latere emptoris (iš'am "er hat gekauft") mit verschieden stilisierten Quittungsvermerken kombinieren (vgl. § 60-62), während nur in einem einzigen Falle der assy=sche Kaufvermerk ex latere venditoris mit dem gleich stilisierten Quittungsvermerk nach dem ilqē-Formular verbunden wird (vgl. § 62).

§ 64. In der weiteren assyrischen Rechtsentwicklung wird die sich anbahnende, entscheidende altassyrische Neuerung, die Vereinigung von Kaufurkunde und Kaufpreisquittung in einem Formular, beibehalten. Bemerkenswert ist dabei aber einmal die Aufgabe des altassyrischen Kaufvermerkes ex latere emptoris zugunsten der nun allein gültigen Stilisierung ex latere venditoris, und zum anderen der Ersatz aller älteren Quittungsvermerke durch die stereotype Formel maḫir apil zakku "er (V) hat (den Kaufpreis) empfangen, ist bezahlt, quitt". Hier liegt in der Wortwahl zwar eine offenkundige Neuerung vor, die aber immerhin mit der eigenständigen altassyrischen Kaufpreisquittung und dem gleichlautenden Quittungsvermerk nach dem šabbu-Formular wenigstens die stativische Darstellungsweise gemein hat. Selbt die Präzisierung des Vorganges wahrt damit eine gewisse Kontinuität.

9. Das zweiseitige kappadokische Kaufformular.

§ 65. Das hier behandelte Kaufformular weicht in seiner Stilisierung und in seiner ju=

ristischen Konzeption sowohl von den bisher besprochenen altassyrischen Formularen wie von dessen neusumerischen Vorläufern und den altbabylonischen Parallelen erheblich ab. Seine Bezeichnung als "kappadokisch" ist schon von daher gegeben und wird durch die Beobachtung gestützt, dass in den acht Belegen die Kontrahenten überall Kappadokier sind (vgl. § 20f.). Das Formular wird zweimal (No. 16 und 22) für einen Hauskauf, sonst immer für Sklavenkäufe verwandt; es dient somit dem Mobiliar- wie dem Immobiliarkauf gleichermassen. In der Tabelle 12 haben wir, ohne Rücksicht auf abweichende grammatikalische Bildungen oder sachliche Zusätze,

Tabelle 12.

Das zweiseitige kappadokische Kaufformular K/.

K/1: No. 17B:	K/2: No. 21:	K/3: No. 16; 18:
O	V	O
V	O	V
ana šīmim	ana šīmim	ana šīmim
iddinšu	iddin-ma	iddin (18 add.-ma)
K	K	ana x KÙ.BABBAR
iš'amšu	iš'am	K
		iš'am

K/4: No. 19; 20; 22:	K/5: No. 15:	K/6: No. 17A:
V	O	K
O	ana šīmim	O
ana šīmim	V	iš'amšu
iddin-ma	iddin	V
ana x KÙ.BABBAR	ana x KÙ.BABBAR	ana šīmim
K	K	iddinšu
iš'amšu (19 om. -šu)	iš'am	

die Typen des kappadokischen Kaufformulars mit dem Sigel K/. dargestellt. Das allgemeine Formular lautet:

O	"Das Objekt O hat
V	der Verkäufer V
ana šīmim	gegen Kaufpreis
iddin	hingegeben.
ana x KÙ.BABBAR	Für x Silber hat
K	der Käufer K
iš'amšu	es gekauft".

Die Stellung der einzelnen Klauseln ist bemerkenswert fest; nur im Typ K/6 (No. 17A) liegt eine Umstellung vor. Innerhalb des Verkaufsvermerkes sind wiederholt Schwankungen in der Stellung der einzelnen Elemente zu beobachten, wie auch die Verwendung der Kopula -ma zwischen den beiden Klauseln und die Wiederaufnahme des Kaufobjektes durch das entsprechende verbale Pronominalsuffix offensichtlich fakultativ ist; der juristische Gehalt des Formulars bleibt von diesen gering= fügigen Unterschieden allerdings unberührt. Wichtiger hingegen mag die Unter= drückung des Kaufpreises in zwei Urkunden, in No. 17 (Typ K/1+6) und 21 (Typ K/2), zu beurteilen sein.

§ 66. Entsprechend der Gegenseitigkeit des Geschäftes zerfällt das kappadokische Kauf= formular in zwei Teile; seine beiden charakteristischen Aussagen sind die Beur= kundung des Verkaufes durch den Verkäufer und die Notierung des Kaufes durch den Käufer, wobei die dem Vorgang innewohnende logische Abfolge - erst Aufgabe der Eigentumsrechte durch den Veräusserer, dann Eigentumsergreifung durch den Erwer= ber - mit der Voranstellung des Verkaufsvermerkes fast durchweg zum Ausdruck kommt (die Reihenfolge der Klauseln in No. 17A, Typ K/6, ist wohl fehlerhaft; vgl. No. 17B, Typ K/1). Beide Klauseln sind objektiv stilisiert und beschreiben die jeweiligen Aktionen der Kontraktpartner, d.h. sie stellen die Hingabe des Kaufobjektes und den Eigentumserwerb in den Mittelpunkt; folgerichtig findet sich die Angabe über die Höhe des Kaufpreises, soweit überhaupt vorhanden, im Kauf= vermerk, da die Bezahlung eine Tätigkeit des Käufers voraussetzt. Weiter werden beide Aktionen Zug um Zug geschildert, sodass dem Formular das Prinzip des Bar= kaufes zu Grunde liegen muss.

§ 67. Mit dieser extrem zweiseitigen, die Parteienaktionen betonenden Darstellung des Kaufgeschäftes steht das kappadokische Kaufformular in einem deutlichen Gegensatz zu den aus mesopotamischen Vorbildern abgeleiteten Vertragstypen. Denn selbst die oben behandelten zweiseitigen Kaufformulare (vgl. § 61f.) sind letztlich einsei= tig fixiert, insofern als sie ganz ex latere emptoris (babylonisches Kaufformu= lar, § 61) oder venditoris (assyrisches Kaufformular Typ Az/2-3, § 62) abgefasst sind, bzw. nur den Kauf und die Bezahlung des Kaufpreises wie auch immer berück= sichtigen (assyrisches Kaufformular Typ Az/2-3, § 62, vgl. auch § 60). Die unab= dingbare Voraussetzung des Geschäftes aber, die Eigentumsaufgabe durch den Ver= käufer, wird mit keinem Wort erwähnt und ergibt sich nur aus dem Zusammenhang, oder vielleicht besser aus der Annahme des Kaufpreises. Das kappadokische For= mular dagegen berücksichtigt in logischer Folge die Aktionen der beiden Parteien, stellt aber die Entrichtung des Kaufpreises in den Hintergrund; die Preiszahlung ergibt sich dabei oft nur implicite aus der Wendung ana šīmim nadānum "gegen Kaufpreis hingeben", "verkaufen" und aus der freilich nur fakultativen Erwähnung der Kaufsumme im Kaufvermerk.

§ 68. Wenn wir auf Grund der geschilderten eigenständigen Art der Darstellung hier von einem kappadokischen Kaufformular sprechen, müssen wir uns freilich fragen, ob wir damit den genauen, seit alters gegebenen Wortlaut kleinasiatischer Kaufverträ=ge gewinnen konnten. Gewisse Zweifel werden nämlich durch die objektiv berichten=de Stilisierung geweckt. Denn die Rechtspraxis Kleinasiens in der Zeit der alt=assyrischen Handelskolonien ist ja einer schriftlosen Kultur entwachsen, und so müssen auch die einzelnen Rechtsgeschäfte vor Zeugen, gegebenenfalls vor einer Behörde, in mündlicher Form verhandelt worden sein. Statt des objektiven Berich=tes sind daher subjektiv gefasste Erklärungen der Kontrahenten zu erwarten, im Falle der Kaufverträge also etwa nach dem Schema:

V: "Das Objekt O verkaufe ich hiermit dem Käufer K".
K: "Das Objekt O kaufe ich hiermit (für x Silber) vom Verkäufer V".

Ein derartiges Parteiengespräch, das die Zustimmung der Kontraktpartner zu dem beabsichtigten Geschäft beinhaltet, ist auf Grund der Gegebenheiten zwangsläufig zu fordern. Die enge Beziehung zwischen der vermuteten Verbalstipulation und dem objektiv stilisierten kappadokischen Kaufformular liegt auf der Hand. Dabei ist freilich nicht zu entscheiden, ob die Umwandlung eines derartigen Zwiegespräches erst mit der Verschriftlichung erfolgt ist oder, was angesichts der durchgehend objektiven Darstellung wahrscheinlicher ist, schon in der Zeit der schriftlosen Rechtspraxis, etwa in einer publizitätswirksamen Erklärung der Behörde stattge=funden hat **(57)**.

10. Der Geschätsabschlussvermerk.

§ 69. In zwei Kaufpreisquittungen nach dem išqul-Formular mit gemischten Kontrahenten (No. 27 und 28, vgl. § 23) begegnet nach dem Geschäftsvermerk die Klausel:

GÉME/amtum amassa "die Sklavin (ist) ihre Sklavin",

wofür syndetisch mit der enklitischen Kopula -ma an den Geschäftsvermerk ange=schlossen in No. 32 (nur Kappadokier, vgl. § 20) der Einwortsatz amassu "seine Sklavin (ist sie)" erscheint. Bemerkenswert ist dabei das Auftreten der Klausel in dem bedingten Verkauf No. 27 und in der als "Eigentumspfand als Kaufgeschäft" charakterisierten Urkunde No. 32, wo zweimal die ähnliche Wendung u urassu "und sein Sklave (ist er)" im Zusammenhang mit der Gestellung eines Personenpfandes belegt ist. Demnach kann die Klausel nicht absolut die neuen Eigentumsverhält=nisse des Kaufobjektes feststellen, sondern nur bedingt im Rahmen der getätigten

(57) Vgl. zu der Vermutung einer Rechtsbelehrung durch die Behörde auch unten § 89.

Rechtsgeschäfte deren (vorläufigen) Abschluss notieren. Es handelt sich somit um einen Geschäftsabschlussvermerk, inhaltlich ähnlich dem Perfizierungsvermerk me= sopotamischer Kaufurkunden der neusumerischen und altbabylonischen Zeit **(58)**.

---

(58) Vgl. zum Perfizierungsvermerk der nSum und aB Urkunden oben § 59 mit Anm. 55.

IV. DIE SCHLUSSKLAUSELN.

1. Allgemeine Vorbemerkungen zu den Schlussklauseln.

§ 70. Unter dem Begriff Schlussklauseln **(59)** verstehen wir bei den altassyrischen Kauf=urkunden und Kaufpreisquittungen drei verschiedene Gruppen von Vertragsbestimmun=gen:

(a) Wie bei den altbabylonischen Kaufurkunden stehen im Vordergrund die Verzicht=klausel, die den Anspruchsverzicht **auf das Kaufobjekt** seitens des Verkäufers zum Inhalt hat (vgl. § 71-73), und die **Eviktionsgarantie**, die der Abwehr von Ansprüchen Dritter dient (vgl. § 74-82). Abweichend von der altbabylonischen Rechtspraxis begegnen in den altassyrischen Klauseln aber auch Geldbussen und, im Falle der Eviktionsgarantie, sogar die Androhung peinlicher Strafen (vgl. § 83-90).

(b) Eine kaufrechtliche Besonderheit unserer Urkundengruppe sind Vertragsabreden, die die Eigentumsrechte des Erwerbers einschränken oder gar dem Veräusserer ein Retraktrecht einräumen. Dadurch erhält das Geschäft den pfandähnlichen Charakter eines bedingten Verkaufes (vgl. § 95-98) **(59a)**.

(c) Ebenfalls als Eigenheit des altassyrischen Kaufvertragsrechtes zu betrachten ist die Verquickung mit bestimmten Haftungsformen wie besonders der Bürg=schaft und der Pfandbestellung, was nicht zuletzt aus der erwähnten Konstruk=tion des bedingten Verkaufes resultiert (vgl. § 99-103).

Wie schon die Formulare des Geschäftsvermerkes sind auch die Schlussklauseln in die assyrische Rechtsentwicklung einzuordnen, wobei unter Berücksichtigung des des ethnischen Gegensatzes Assyrer : Kappadokier auch hier mit dem Einfliessen kleinasiatischer Rechtsvorstellungen zu rechnen sein wird.

2. Die Verzichtklausel.

§ 71. Die einzelnen Typen der Verzichtklausel mit dem Sigel V/. sind in der Tabelle 13

---

(59) Zu dem Begriff "Schlussklauseln" vgl. die grundlegende Arbeit von M. San Ni=colò, Die Schlussklauseln der altbabylonischen Kauf- und Tauschverträge, München 1922; zweite Auflage, hrsg. von H. Petschow, München 1974. Vgl. dazu H. Waetzold, ZA 66,1976,140-143. Ausser den oben im Text genannten Schluss=klauseln des aA führt M. San Nicolò, Schlussklauseln 205-227 für das aB noch verschiedene andere Haftungsgründe an. Für das aA vgl. zur Sachmängelhaftung vielleicht oben § 49 und für eine Haftung für Fugitivität unten § 103.

(59a) Bedingte Verkäufe begegnen auch in neuassyrischen Kaufverträgen mit der sogenannten ušeṣṣa-Klausel (ušeṣṣa "er wird herausgehen lassen"); vgl. dazu H. Petschow, RlA 5,1980,525. Die damit gegebene Auflösungsbefugnis für die Verkäuferseite beruht, wie auch hier (vgl. § 31), auf den wirtschaftlichen Verhältnissen. Ein direkter Zusammenhang dieser nA Verträge mit den aA Be=legen aus Kleinasien scheint nicht gegeben.

in leicht schematisierter Form zusammengestellt. Die ausführlichste Fassung V/1 (No. 1) lautet: "Auf das Objekt O und x Silber werden der Verkäufer V und seine Söhne, irgendjemand (von ihnen), gegen den Käufer K Ansprüche nicht erheben". Die Verzichtklausel begegnet in dieser Fassung (No. 1) und einmal als Hüllenzusatz in möglicherweise verkürzter Form in der ša-Klausel (Typ V/6, No. 3B) in rein assyrischem Milieu, mehrfach bei nur kappadokischen Kontrahenten (No. 4: 12; 15: 17; 25 und 31) sowie zweimal bei gemischten Kontraktpartnern (No. 13 und 32). In=

Tabelle 13.

Die Verzichtklauseln.

V/1: No. 1A.B:	V/2: No. 25:13-15:	V/3: No. 15:
ana O	ana šumi O	V
u x KÙ.BABBAR	u šīmišu	ana K
šīmišu	V_1 u V_2 ašassu	lā itū'ar
V u DUMU.MEŠ-šu	ana K	
mamman	lā iturrū	
ana K		
ulā iturrū	(vor V/7)	

V/4: No. 4:	V/5: No. 23A.B:	V/6: No. 3B:
V	ana O	ša (... šabbūma)
lā itū'aršum	ana K	ana K
	ulā iturrū	lā iturrū
(vor R/1)	(cf. E/7 und E/10)	

V/7: No. 25:16-18:	V/8: No. 12:	V/9: No. 31:	V/10: No. 13A; 17A.B:
šumma	šumma	ša	ša iturrušunni
iturrū	ina upatinnim	ana O	x KÙ.BABBAR
x KÙ.BABBAR	lū V_1 lū V_2	iturru	išaqqal
ana K	ana O (= K)	x KÙ.BABBAR	
išaqqulū	iturru	išaqqal	
	x KÙ.BABBAR		(in No. 13A vor E/14)
(nach V/2)	išaqqulū		(für No.13B s. dort)

teressant ist die Verzichtklausel in No. 4 (Typ V/4), weil sich hier eine Retraktklausel (Typ R/1, vgl. § 96) anschliesst. In den meisten Fällen liegt eine einseitige, einfache Verzichterklärung ohne Sanktion seitens des Verkäufers gegenüber dem Käufer vor (vgl. die Typen V/1-V/6). Daneben begegnet in rein kappadokischem Milieu (No. 12, 17, 25 und 31; vgl. § 20) bzw. bei gemischten Kontrahenten (No.

13, vgl. § 23) eine Strafandrohung für den Fall des Vertragsbruches mit einer Sanktion in Silber (vgl. dazu § 83-90), sowohl in Form eines Konditionalgefüges (Typen V/7 und V/8) wie in Gestalt einer Relativsatzkonstruktion (Typen V/9 und V/10). Das Relativpronomen ša steht hier im Sinne von "was anlangt, dass"; die angenommene Inanspruchnahme richtet sich im Typ V/9 (No. 31) ausdrücklich gegen das Objekt, sodass in Verbindung mit ähnlich stilisierten Eviktionsklauseln (vgl. § 76 zu den Typen E/22-E/23) auch hier Subjekt der Verkäufer sein wird. Die an sich mögliche Annahme, dass in den Typen V/9 (No. 31) und V/10 (No. 13A) ša im Sinne von "wer immer" steht und sich sowohl auf den Verkäufer wie auf den Käufer (der dann etwa Mängelrügen geltend machen könnte) bezieht, ist wenig wahrscheinlich, weil eindeutige Belege für einen Käuferverzicht im Altassyrischen nicht vorliegen, während umgekehrt der Verkäufer in der Verzichterklärung mehrfach ausdrücklich genannt wird (so etwa V/1-V/4 und V/8). Weiter folgt in No. 13A auf die Klausel V/10 eine eindeutige Eviktionsgarantie (vgl. § 76 zum Typ E/14) mit der Generalklausel mamman "irgendjemand"; in beiden Klauseln ist die für den Fall der Zuwiderhandlung angedrohte Sanktion gleich hoch, woraus folgt, dass der Typ V/10 Verzichtklausel sein muss. Die gilt übrigens auch für den Typ V/1 (No. 1), wo die Generalklausel mamman "irgendjemand" eine auf den Käufer selbst und seine Söhne beschränkte Funktion hat. Eine Kombination der einfachen Verzichtklausel mit einer solchen mit Strafandrohung begegnet No. 25 (Typ V/2 mit V/7). Die daraus resultierenden Fragen liegen ähnlich wie bei den kombinierten Eviktionsklauseln; vgl. dazu unten § 74.

§ 72. Sicherlich nicht ohne Grund kennen die hier behandelten Urkunden nur den einseitigen Verzicht des Verkäufers. Dieser richtet sich in den beiden ausführlichen Fassungen V/1 (No. 1) und V/2 (No. 25) ausdrücklich auf das Kaufobjekt (so übrigens auch V/5, V/8 und V/9) und den Kaufpreis dafür. Der Verzicht betrifft also die spätere Geltendmachung widerrechtlicher Eigentumsansprüche auf das Kaufobjekt seitens des Verkäufers, etwa durch Vorlage nunmehr nicht mehr gültiger Beweise wie älterer Erwerbsdokumente, oder die Forderung auf Erhöhung oder nochmalige vollständige oder teilweise Bezahlung des Kaufpreises. Der Verzicht betrifft also ausdrücklich nicht den Vertrag, d.h. dessen etwa beabsichtigte Annullierung mit dem Ziel der Wiederherstellung des früheren Zustandes: Die Verzichtklauseln sind somit keine Nichtanfechtungsklauseln; sie sollen den Käufer vielmehr gegen materielle Verluste auf Grund von Forderungen des Verkäufers egal welcher Art absichern, ähnlich wie die Eviktionsgarantien den Käufer gegen Drittansprüche auf das Kaufobjekt schützen sollen. Die Verzichtklausel ist damit das Korrelat zu den Eviktionsklauseln, wofür auch die schon erwähnten Strafbestimmungen (vgl. dazu § 83-90) sprechen, deren juristischer Gehalt nur unter dem Gesichtspunkt der Eigentumsschädigung verständlich wird, und deren Sanktion in

Silber bei Verzicht wie bei Eviktionsgarantie gleich hoch **ist**.

§ 73. Auch ausserhalb der Kaufurkunden begegnet in verschiedenen Urkundengattungen, be= sonders in Ehescheidungen, Erbauseinandersetzungen und Schuldquittungen, seltener auch in Prozessurkunden, ein- und zweiseitiger Verzicht; sogar selbständige Ver= zichturkunden gleicher Formulierung sind bezeugt. Die einseitige Erklärung ent= spricht dabei dem allgemeinen Schema:

(ana O)	"(Auf das Objekt O) wird
A ana B	A gegen B
lā itūwar	Ansprüche nicht erheben" **(60)**.

Während in den Eigentumerwerbsdokumenten im weiteren Sinne zumeist ausdrücklich das Objekt genannt wird, unterbleibt ein solcher Hinweis generell in den Verzicht= klauseln der Schuldquittungen. Neben doppelten einseitigen Verzichterklärungen beider Parteien **(61)** kommt auch der zweiseitig formulierte Verzicht vor mit Nen= nung der Kontrahenten in der Formel:

aḫum ana aḫim	"Die eine Partei wird gegen die andere
lā itūwar	Ansprüche nicht erheben" **(62)**.

Bemerkenswert sind sowohl bei den einseitigen wie bei den zweiseitigen Verzicht= erklärungen auftretende Strafbestimmungen mit Androhung von Geldbussen und pein= lichen Sanktionen, die aber offenbar niemals in Texten aus rein assyrischem Mi= lieu auftreten **(63)**.

---

(60) Vgl. für die kurze Formulierung ohne Hinweis auf das Objekt z.B. die Quit= tungsurkunden EL 191, 192, 202, 206 und 212, sowie die Verzichturkunde EL 221 (überall nur Assyrer). Für eine erweiterte Klausel mit dem Zusatz ana mimma šumšu "auf irgendetwas" vgl. die Quittungsurkunden über die Bezahlung einer Schuld EL 193 und 194, beide mit gemischten Kontrahenten, sowie die Verzichturkunden EL 218, 220 und 222, in denen jeweils nur Assyrer begegnen; die genaue Funktion des Zusatzes bedarf näherer Untersuchung. Für die Nen= nung des Objektes vgl. nur die Erbrechtsurkunde EL 11:14b-18a: ana kaspim šu'āti mer'ū PN ... ana PN_2 ... ulā iturrū "Auf dieses Silber werden die Söhne des PN ... gegen PN_2 Ansprüche nicht erheben", sowie die Quittungsur= kunde EL 210:17-19: ana ṭuppī anni'ūtim PN ulā itū'aršunūti "Auf diese Ta= feln wird PN gegen sie Ansprüche nicht erheben".

(61) Vgl. z.B. die Eherechtsurkunde EL 9:6b-16 (nur Assyrer):

ana O A ulā itūwar u B ana O ulā itūwar "Auf das Objekt O wird A Ansprüche nicht erheben und B wird auf das Objekt O Ansprüche nicht erheben".

Vgl. auch die Scheidungsurkunde EL 4 (nur Kappadokier), zwar mit einfachem Verzicht der Ehefrau, aber anschliessenden Strafbestimmungen für den Fall des Vertragsbruches aus der Sicht beider Eheleute: Vgl. § 85 mit A.71.

(62) Vgl. z.B. die Scheidungsurkunde EL 3:3'-5' und den Verzicht auf Grund einer Erbschaft EL 10:5-7; beidemale nur Kappadokier.

(63) Vgl. z.B. die Ehescheidungsurkunden EL 3-5 und die Erbschaftsurkunde EL 10; überall nur Kappadokier. Zu den Strafbestimmungen vgl. § 83-90 und Anm. 71.

3. Die Eviktionsgarantie.

§ 74. Die Eviktionsgarantie erscheint in unseren Kaufurkunden in vielfältiger Form; wir haben das Material nach dem äusseren Merkmal der gegebenenfalls genannten Rechtsfolgen für den Verkäufer beim Auftreten von Drittansprüchen geordnet. Als Ausnahmefall ist dabei No. 28 (Typen E/ mit E/11 und E/25) zu notieren, weil hier für die Eviktionsgarantie Bürgen (qātātum, vgl. § 99) einzutreten haben (vgl. ausserdem No. 11, dazu unten § 100, und No. 15, dazu unten § 101). Generell ist die altassyrische Eviktionsgarantie mit dem Sigel E/. entwickelt worden aus der Verzichterklärung durch Ersatz des Käufernamens durch das verallgemeinernde Pronomen mamman "irgendjemand", das also eine Art Generalklausel darstellt, und das durch spezielle termini ersetzt bzw. erweitert werden kann (vgl. § 77-82). Daraus folgt die einfache Form der Eviktionsklausel ohne Sanktion, deren Formulare, die Typen E/1-E/3 in Tabelle 14 schematisch dargestellt sind. Die allgemeine Fassung

Tabelle 14.

Die einfachen Eviktionsklauseln E/1 - E/3.

E/1: No. 28A.B:	E/2: No. 19:	E/3: No. 29:
ana 0	tusinnum	lū tusinnum
mamman	ulā mamman šanī'um	lū bēl šīmišu
lā itū'aršum	ana K	lū mamman
	ulā itūwar	aššumi 0
		ana K
		lā itū'ar
(vgl. E/11 + E/25)	(vor E/23)	(vor E/24)

lautet in Übersetzung: "Irgendjemand wird auf das Objekt 0 gegen den Käufer K Ansprüche nicht erheben". In den No. 19 (Typ E/2) und 29 (Typ E/3) sind alle Beteiligten Kappadokier, in No. 28 (Typ E/1) begegnen gemischte Kontrahenten. Die einfache Eviktionsklausel ist also relativ selten bezeugt, und zwar nicht ohne Grund: Denn die Stilisierung bedingt eine inhaltliche Veränderung der als Vorbild dienenden Verzichtklausel, da der Verkäufer zwar in eigenem Namen eine Verzichterklärung abgeben, aber nicht für eventuelle Drittberechtigte einen Anspruchsverzicht leisten kann; und so übernimmt der Verkäufer hier vielmehr die Garantie, dass das Kaufobjekt von solchen Drittansprüchen gleich welcher Art frei ist. Andererseits steht für den Käufer im Vordergrund die Absicherung seines Erwerbstitels und gegebenenfalls genügender Ersatz für eventuelle Verluste. Und so ist es wohl auch kein Zufall, dass keine der drei Typen E/1 - E/3 absolut vorkommt, sondern dass sie alle nur in Verbindung mit anderen Formen der Eviktionsgarantie auftreten (vgl. Tabelle 14). Realiter bilden daher alle Kombinationen verschie=

dener Typen der Eviktionsgarantie eine sachliche Einheit, die hier nur deswegen rein äusserlich aufgegeben wurde in dem Versuch, die einzelnen Formulierungen der Teilklauseln in ihren jeweiligen Kontext zu stellen.

§ 75. Um das Interesse des Käufers an der Sicherung seines Erwerbstitels hervorzuheben, verzichten die Urkunden zumeist auf die einfache Eviktionsgarantie und bedienen sich statt dessen eines konditionalen Gefüges, dessen Nachsatz die Rechtsfolgen für den Garanten - nur in No. 28 (Typen E/11 und E/25) Bürgen, sonst immer die Verkäuferseite - angibt. In Tabelle 15 haben wir diejenigen Eviktionsklauseln zu= zammengestellt, denen zufolge dem Verkäufer (bzw. Bürgen) nur die Pflicht auferlegt wird, den Käufer von Ansprüchen des Vindikanten freizustellen. Für diese Aufgabe

Tabelle 15.

Die Eviktionsklauseln mit Abwehrpflicht E/4 - E/11.

E/4: No. 20:	E/5: No. 21:	E/6: No. 11A.B:	E/7: No. 23A:
šumma	šumma	šumma	šumma
mamman	mamman	mamman	mamman
ana K	ana O	aššumi O	itū'ar
itūwar	itūwar	itū'ar	V_1 - V_7
V	V u ašassu	V	ubbubūšu
ubbabšu	ušaḫḫutūšu	ubbabšu	
	(vor E/13)		

E/8: No. 24:	E/9: No. 2:	E/10: No. 23B:	E/11: No. 28A.B:
šumma	šumma	šumma	šumma
mamman	mamman	mamman	aššumi O
ana O	ana K	ana O	ana K
ana K aššumi O	aššumi O	ana K	mamman
it[ū'ar]	itūwar	itūwar	itū'ar (B add. -šum)
[V]	V	V_1 - V_7	B_1 u B_2
[ubbabšu]	[ubbabšu]	kīma upatinnim	O
		O	ana K
		ana K	ubbubūšum
		[ubbubūsum]	(vgl. E/1,vor E/25)

verwenden die Texte neben dem häufigen Verbum ubbubum "rein machen", "reinigen" auch das ungefähre Synonym šaḫḫutum "abwaschen" (vgl. Typ E/5, No. 21) **(64)**. Das

(64) Die Ableitung der Formen ú-ša-ḪA-at bzw. ú-ša-ḪU-tù etc. von šaḫatum "abwa= schen" (vgl. AHw 1130; s. auch šaḫātum "abreissen", auch von Schuld und Übel, allgemeine Schema lautet:

šumma mamman	"Wenn irgendjemand
ana O	auf das Objekt O
ana K	gegen den Käufer K
itūwar	Ansprüche erhebt, wird
V	der Verkäufer V
ubbabšu	ihn (K) freistellen".

Im Nachsatz begegnet zweimal, No. 28A.B (Typ E/11) und danach No. 23B (Typ E/10), die interessante Variante mit dem Schema:

V O	"Der Verkäufer V wird das Objekt O
ana K ubbabšum	dem Käufer K freistellen".

Nur in No. 24 (Typ E/8) sind alle Beteiligten Assyrer, in den No. 11 (Typ E/6), 20 (Typ E/4) und No. 21 (Typ E/5) treten nur Kappadokier auf und in den übrigen Fällen, in No. 2 (Typ E/9), 23 (Typ E/7 und E/10) und No. 28 (Typ E/11) begegnen gemischte Kontrahenten. Interessant ist vielleicht der direkte Hinweis auf das Kaufobjekt, der nur zweimal (No. 20, Typ E/4, und No. 23A, Typ E/7) unterbleibt. Von entscheidender Bedeutung aber ist der durchgehende Gebrauch der Generalklau= sel mamman "irgendjemand" und der Verzicht auf spezielle termini (vgl. dazu unten § 77-82). Die Ergänzung der Klausel in No. 2 (Typ E/9) geht davon aus, dass in Eviktionsklauseln mit Androhung einer Geldbusse der Nachsatz immer mit der Nennung der Strafsumme eingeleitet wird. In No. 24 (Typ E/8) sind alle Beteiligten Assy= rer und die Ergänzung der Klausel beruht auf der Erkenntnis, das Strafbestimmun= gen in Texten aus rein assyrischem Milieu nicht bezeugt sind.

§ 76. Mehr als die Häfte aller Eviktionsklauseln, die in der Tabelle 16 schematisch dargestellten Typen E/12-E/26, begnügen sich nicht damit, dem Garanten die Pflicht zur Freistellung des Käufers von Drittansprüchen aufzuerlegen, sondern sie unterstreichen diese Verpflichtung durch die Androhung von Geldbussen und zweimal sogar von peinlichen Strafen (No. 18, Typ E/12, und No. 9, Typ E/21).In fast allen Belegen sind die Vertragspartner Kappadokier; nur dreimal (No. 13, Typ E/14, No. 7, Typ E/20, und No. 28, Typ E/25) begegnen gemischte Kontrahen= ten. Für das Vorgehen des Drittberechtigten wird einmal (No. 13B, Typ E/26) statt des im Altassyrischen üblichen Verbums tu'ārum "zurückkehren", "Ansprüche erhe=

(Anmerkung 64, Fortsetzung) AHw 1131 sub G 4 und D 4) empfiehlt sich mit EL I p. 265a deswegen, weil das Verbum in unserer Klausel ein ungefähres Syno= nym von ubbubum "reinigen" sein muss. Eine Ableitung von na'ādum Š mit der Bedeutung "jmd. auf die Unzulässigkeit oder Ungehörigkeit eines Tuns verwei= sen" (so AHw 693) ergibt unter juristischen Gesichtspunkten keinen vernünf= tigen Sinn. Zu unserer Interpretation vgl. auch CAD N/1 6b mit Verweis auf šaḫātum und K. Hecker, WO 11,1980,69 Anm. 24.

Tabelle 16.

Die Eviktionsklauseln mit Sanktion E/12 - E/26.

E/12: No. 18:	E/13: No. 21:	E/14: No. 13A:	E/15: No. 8:	E/16: No. 14:
šumma	šumma	šumma	šumma	šumma
ammātīma	mamman	ša 0	mamman	mamman
aššumi 0	ipaṭṭaršu	mamman	aššumi 0	lū ina ālim
ša ana K	x KÙ.BABBAR	iturram	ana K	lū ina eqlim
iturru	išaqqal	x KÙ.BABBAR	itū'ar	ana K
x KÙ.BABBAR		ana K	x KÙ.BABBAR	itūwar
iddan		išaqqal	išaqqal	x KÙ.BABBAR
u idukkūšu				V
				ana K
	(nach E/5)			išaqqal

E/17: No. 22:	E/18: No. 5A:	E/19: No. 5B:	E/20: No. 7:	E/21: No. 9:
šumma	šumma	šumma	šumma	šumma e-dam
ammātīma	mamman	mamman	ammātīma	šumma i-[....]
aššumi 0	aššumi 0	lū tusinnum	ana 0	ammātīma
lū tusinnum	lū tusinnum	lū bēl ḫubullim	lū tusinnum	lū tusinnum
lū bēl ḫubullim	lū bēl ḫubullim	aššumi 0	lū tamkāršu	lū tamkāršu
lū mamman	ana K_1 u K_2	ana K_1 u K_2	lū bēlšu	itū'ar
ana K_1 u K_2	itūwar	itūwar	lū mamman	x KÙ.BABBAR
itū'ar	x KÙ.BABBAR	x KÙ.BABBAR	ana K	iddan
x KÙ.BABBAR	V_1 u V_2	V_1 u V_2	u mer'ēšu	u idukkūšu
išaqqalšunūti	išaqqulū	išaqqulū	itū'ar	
			x KÙ.BABBAR	
			išaqqal	

E/22: No. 16:	E/23: No. 19:	E/24: No. 29A.B:	E/25: No. 28A.B:	E/26: No. 13B:
lū bēl ḫubullim	ša iturrušunni	šumma	šumma 0	šumma
lū tusinnum	x KÙ.BABBAR	itū'ar	lā ūtabbibūšum	mamman
lū mamman šanī'um	V_1 - V_4	2 MA.NA	x KÙ.BABBAR	ibaqqar
[ša] ana 0	ana K	išaqqal	B_1 u B_2	x KÙ.BABBAR
iturruni	išaqqulū		ana K	ana K
x KÙ.BABBAR			išaqqulūšumma	V
išaqqal			0 itarrû	išaqqal
	(nach E/2)	(nach E/3)	(nach E/11)	(vgl. zum Text)

ben" der aus dem Babylonischen vertraute terminus technicus baqārum "vindizieren" gebraucht (vgl. dazu unten § 92f.); in dem genannten Text (No. 13) liegen ge= mischte Kontrahenten vor (vgl. § 23). Das allgemeine Schema der Eviktionsklauseln mit Strafandrohung lautet:

šumma mamman	"Wenn irgendjemand
ana O	auf das Objekt O
ana K	gegen den Käufer K
itūwar	Ansprüche erhebt, wird
x KÙ.BABBAR	x Silber
V	der Verkäufer V
išaqqal/iddan	bezahlen/geben
(ū idukkūšu)	(oder man wird ihn töten)".

Bemerkenswert an diesem Schema ist die Spezifizierung der Generalklausel mamman "irgendjemand" durch besondere termini technici (vgl. § 77-82), die sich teilwei= se schon in den einfachen Eviktionsklauseln der Typen E/2 und E/3 (vgl. § 74) fanden; dabei ist aber in No. 19 der Typ E/2 mit dem Typ E/23 und in No. 29 der Typ E/3 mit dem Typ E/24 verbunden. Da in beiden Texten die verschiedenen Typen inhaltlich eine Einheit bilden, kann die Generalklausel in den Typen E/23 und E/24 fehlen - wie auch in den Typen E/12 (No. 18, dazu sogleich) und E/21 (No. 9), welch letzterer aber dafür spezielle termini nennt (vgl. § 77-82). Formal fällt in den Typen E/12 (No. 18), E/22 (No. 16) und E/23 (No. 19, hier in Verbindung mit E/2) die Auflösung bzw. der Ersatz des üblichen konditionalen Gefüges durch einen Relativsatz auf. Interessant ist die Hinzufügung der Zeitangabe ammātīma "irgend= wann" in den Typen E/12 (o. 18), E/17 (No. 22) und E/20 (No. 7), die im Typ E/21 (No. 9) durch die unklare Einleitung des Bedingungssatzes šumma e-dam šumma i-[....] "wenn ...., wenn ...." erweitert ist.

Im Typ E/13 (No. 21) wird die Eviktionsgarantie auf den Fall eines Retraktkaufes beschränkt: šumma mamman ipaṭṭarši "wenn irgendjemand sie (O) auslöst". In No. 14 (Typ E/16) endlich kauft der Assyrer Kukkulānum von dem Kappadokier Karunuwa den Sklaven Tuzanani, der offenbar früher dem Ikuppi'a gehört hatte; vielleicht dieser Umstände wegen wird die Eviktionsgarantie räumlich ausgedehnt durch die Klausel lū ina ālim lū ina eqlim "sowohl in der Stadt (= Assur), wie auf dem Lan= de (= in Kappadokien)" **(65)**.

4. Die Erweiterung der Generalklausel.

§ 77. Die Erweiterung der Generalklausel mamman "irgendjemand" dient deren Spezifizie= rung; sie begegnet in den Typen E/2-3 (§ 74) und E/17-22 (§ 76) und zwar fast aus=

(65) Vgl. zum rechtlichen Hintergrund des Geschäftes auch unsere Bemerkungen oben § 31.2 mit Anm. 28.

nahmslos nur bei kappadokischen Vertragspartnern. Die erweiterte Generalklausel kommt also umgekehrt, ebenso wie die mit ihr verbundenen Strafbestimmungen, nie=mals in rein assyrischem Milieu vor. Der Versuch, die fraglichen termini technici in ihrer rechtlichen Funktion zu klären, muss daher in besonderem Masse mit der Möglichkeit rechnen, dass diese auf altkleinasiatische Rechtsvorstellungen zurück gehen. Dafür spricht auch der terminus tusinnum, nach AHw 179a sub d/tus/ṣinnum ein Wort unbekannter Herkunft "etwa 'Anspruchsberechtigter (auf Sklaven)'", ein Begriff, der in allen Erweiterungen der Generalklausel auftaucht (vgl. speziell unten § 82) und der mit verschiedenen anderen Ausdrücken kombiniert wird, wie folgt:

tusinnum allein	No. 19 (Typ E/2).
tusinnum - bēl ḫubullim	No. 5 (Typ E/18-19); 16 (Typ E/22); No. 22 (Typ E/17).
tusinnum - bēl šīmišu	No. 29 (Typ E/3).
tusinnum - tamkāršu	No. 9 (Typ E/21).
tusinnum - tamkāršu - bēlšu	No. 7 (Typ E/20).

Die Folge tusinnum - bēl ḫubullim begegnet auch in der Pfandurkunde No. 32 (vgl. § 103).

§ 78. Zunächst ist jedoch allgemein zu fragen, welche Personen bei einem Verkauf als einspruchsberechtigt in Frage kommen; wir können dabei davon absehen, dass der Verkäufer selbst Nichteigentümer (etwa Verwahrer oder Dieb) ist, und dass daher die Vindikation seitens des rechtmässigen Eigentümers erfolgt. Ferner können wir die Möglichkeit unberücksichtigt lassen, dass der Verkauf durch einen Vertreter bzw. Bevollmächtigten ohne Auftrag des Eigentümers, aber in gutem Glauben durch=geführt wurde: In diesem Falle müsste der seine Kompetenzen überschreitende Ver=treter auch in unseren Texten nach der üblichen Terminologie der altassyrischen Rechtssprache durch ša kīma PN "der wie PN (ist)" oder ša šazzuzti PN "der der Vertretung des PN", also "der Vertreter des PN", nach dem Namen des Verkäufers gekennzeichnet sein. Endlich weisen die termini bēl ḫubullim "Herr der Schuldver=pflichtung" und tamkārum "Kaufmann" als Bezeichnung für den "Gläubiger" darauf hin, dass auch die anderen Begriffe schuldrechtlicher Natur sein werden. Unter diesen Voraussetzungen verbleiben speziell folgende Möglichkeiten:

(a) Nach altorientalischen Rechtsnormen ist das Eigentum in gewissem Umfang der Familie verfangen und so stehen Einspruchsrechte vor allem den Angehörigen des Verkäufers zu. Diese Regelung, die gerade im Hinblick auf die hohe sozi=ale Stellung der Frau für das antike Kleinasien zu prüfen ist, kann jeden=falls für die Ausgestaltung der erweiterten Generalklausel kaum als Erklä=rung herangezogen werden: Wenigstens in drei Belegen werden als Verkäufer ein

Ehepaar (No. 5 und 29), bzw. sonstige Verkäufermehrheit (No. 19, Familie ?) genannt; auch in No. 32 sind Verkäufer ein Ehepaar mit Sohn.

(b) Allgemeine Erwägungen lassen ferner an den Gläubiger eines hypothekarischen Pfandes denken, durch dessen Rechte die Verfügungsgewalt des Eigentümers über das Objekt eingeschränkt wäre.

(c) Umgekehrt kommen schliesslich angesichts der Urkunden über bedingte Verkäufe (No. 4; 10; 11; 26 und 27; vgl. No. 32) auch Retrakt- oder Vorkaufsrechte Dritter in Betracht, wozu wir auch Pfandschuldner von echten Ersatzpfändern rechnen müssen.

(d) Es besteht schliesslich die Möglichkeit einer allgemeinen Vermögenshaftung von Personen, die ein Schuldverhältnis eingegangen sind, und zwar auch ohne eine besonders vereinbarte Pfandhaftung.

§ 79. Der terminus bēl ḫubullim "Herr der Schuldverpflichtung", "Gläubiger" ist gut be= kannt. Wir können, freilich mit einiger Schwierigkeit, den Ausdruck einengend auf die unter (b) aufgezeigte Möglichkeit beziehen und ihn als "Gläubiger einer durch Pfand gesicherten Schuld", "Pfandgläubiger" fassen. Diese Konstruktion setzt zwar ein besitzloses Pfand voraus, da anders der Eigentümer-Schuldner nicht über das Pfandobjekt verfügen könnte; aber Beispiele für ein vertraglich vereinbar= tes hypothekarisches Pfand sind bekannt **(66)**. Für eine solche Interpretation mag auch die spezielle Klausel in No. 15 sprechen: O išti Tamuri'a šumma ettāmar id= dūwak "Wenn das Objekt O (ein Sklave) von Tamuri'a angesehen (d.h. reklamiert) wird, wird er (V) getötet" (vgl. zum Text). Danach wäre Tamuri'a der Gläubiger und hätte ein vertraglich festgelegtes Zugriffsrecht auf den Sklaven. Allerdings befindet sich der Sklave im Besitz des schuldnerischen Verkäufers und kann erst bei dessen Nichterfüllung in Anspruch genommen werden. Der Verkäufer muss also, um peinliche Folgen für sich zu vermeiden, die Schuld gegenüber Tamuri'a sofort, möglichst mit dem Verkaufserlös tilgen.

§ 80. Fasst man andererseits den terminus bēl ḫubullim wörtlich in der üblichen Bedeu= tung "Gläubiger" schlechthin, so wäre für die altkleinasiatischen Rechtsvorstel= lungen bei Verschuldung eine Sach- und Personalhaftung zu vermuten, die nicht erst bei Nichterfüllung am Fälligkeitstage wirksam wird, sondern schon voher bei Eingehen der Schuldverpflichtung und zwar insoweit, als das Vermögen des Schuld= ners - wenigstens in gewissem Umfang - dem Gläubiger verfangen war und daher oh= ne des letzteren Zustimmung nicht veräussert werden durfte. Auch diese Interpre= tation würde der oben behandelten Klausel in No. 15 gerecht werden, indem dann das Zugriffsrecht des Tamuri'a nicht auf Grund besonderer Vereinbarungen der Schuldurkunde bestünde, sondern aus den allgemeinen Normen des Schuldrechtes ab=

(66) Vgl. dazu B. Kienast, Festschrift H. Petschow, WO 8,1976,223f.

zuleiten wäre. Unter solchen Umständen wären zudem einige Pfandhaftungsbestimmun= gen in bestimmten Verpflichtungsscheinen nicht als ungewöhnliche Härte zu inter= pretieren; sie würden vielmehr nur auf gültige Rechtsnormen ausdrücklich Bezug nehmen **(67)**.

§ 81. Die zweite der beiden eben vorgetragenen Deutungsmöglichkeiten erscheint einfa= cher, da durch sie die doch sehr gezwungene Auffassung von bēl ḫubullim als "Hy= pothekengläubiger" zugunsten der normalen Bedeutung "Gläubiger einer Schuldver= pflichtung" entfiele. Zugleich ist damit auch die Möglichkeit gegeben, die an zweiter Stelle stehenden anderen termini in unserer Liste § 77 als ungefähre Syn= onyma von bēl ḫubullim zu fassen: tamkārum "Kaufmann" ist als Gläubiger in Ver= pflichtungsscheinen mit der "Inhaberklausel" gut bekannt **(68)** und bēl šīmišu, der "Herr seines Kaufgutes", würde dann den "Zugriffsberechtigten" bezeichnen. In No. (Typ E/20), wo nach tamkāršu "sein Gläubiger" noch bēlšu "sein Herr" genannt wird, möchte man dann letzteres als Abkürzung für bēl šīmišu fassen und als Erläuterung zu tamkāršu deuten **(69)**.

§ 82. Der terminus tusinnum ist u.E. im Kern bereits richtig von J. Lewy als "redeemer", d.h. "Rückkäufer eines Ersatz- bzw. Lösungspfandes" bestimmt worden, wenn auch dessen Interpretation der Zeichenfolge als tūṣēnum "person who causes somebody to come out", abgeleitet von waṣā'um "herausgehen", aus sprachlichen Gründen in= zwischen korrigiert wurde: tusinnum ist als kleinasiatisches Wort erkannt worden und zeugt somit als juristischer terminus technicus für den Stand der Rechtsent= wicklung der einheimischen Bevölkerung im antiken Kleinasien **(70)**. Wenn wir hier

---

(67) Vgl. einstweilen B. Kienast, Festschrift H. Petschow, WO 8,1976,226, zum sogenannten dagālum-Pfand.

(68) Zur Funktion des Begriffes tamkārum "Kaufmann" als Gläubiger eines Verpflich= tungsscheines zur Erleichterung von dessen Übertragbarkeit vgl. EL I p. 14.

(69) Unsere Stelle ist offenbar der einzige Beleg für diesen terminus technicus; vgl. AHw 1140a s.v. šīmum sub 2f und K. Hecker, WO 11,1980,71 Anm. 33.

(70) Zur Bedeutungsbestimmung vgl. J. Lewy, AHDO 1,1937,100f.; zur Identifizie= rung als kappadokisches nomen vgl. E. Bilgiç, Appellativa 40-42; vgl. auch oben § 77 und neuerdings K. Hecker, WO 11,1980,71 Anm. 33 mit der Übersetzung "Dienstherr". In der oft zitierten Stelle HSS 10 223:18f. [x ma-n]a KÙ.BAB= BAR áš-qúl [x]-ZI-nu-um qá-ṭa-tum "x Minen Silber habe ich bezahlt; .... ist Bürge" ist die Ergänzung [tù]-sí-nu-um alles andere als gesichert. Weitere Belege als die im Text genannten sind nicht bekannt.-- Für andere juristi= sche termini technici kappadokischer Herkunft vgl. ausser E. Bilgiç, Appel= lativa s.v. für:

upatinnum "Gütergemeinschaft" L. Matouš, ArOr 47,1979,38, wonach AHw p. 1423a (1979) zu verbessern ist; vgl. auch unsere No. 12 und 23.
isḫi'uli "Vertrag" CAD I/J 241b, AHw 394b.
šušalšum "Garantiebetrag" AHw 1288, K. Hecker, GKT p. 87 Anm. 1.
kišeršum "Gefängnis" CAD K 450f., AHw 490b.

die alte Deutung von J. Lewy übernehmen, die wir als "Retraktkäufer" präzisieren wollen, können wir folgende Argumente anführen: Der Ausdruck kommt ausschliesslich an den von uns genannten Stellen in der Eviktionsklausel der Kaufurkunden und in der verwandten Klausel No. 32 (vgl. § 103) vor. Er muss sich auf Grund allgemei= ner Erwägungen auf relativ häufige Rechtsverhältnisse beim Kauf beziehen, die wir auch sonst in unserem Material nachweisen können; denn es ist kaum zu erwarten, dass das Wort einen Personenkreis meint, der anderweitig als einspruchsberech= tigt nirgends zu erweisen ist. Umgekehrt erscheint es unwahrscheinlich, dass ge= rade sonst in den Urkunden mehrfach genannte Rechte Dritter in der erweiterten Generalklausel der Eviktionsgarantie keine Aufnahme gefunden haben sollten. Nach= dem die wie immer begründeten Zugriffsrechte des Gläubigers eines Schuldverhält= nisses auf das Vermögen des schuldnerischen Verkäufers durch die termini bēl ḫu= bullim, tamkāršu und bēl šīmišu (bzw. bēlšu) abgedeckt waren (vgl. § 79-81), kann tusinnum sich kaum auf etwas anderes beziehen, als auf die Vor- bzw. Rückkauf= rechte des Pfandschuldners im weitesten Sinne an der verpfändeten Sache. Belege für solche Retraktrechte bieten die beiden Retraktkäufe (No. 9 und 12) und die Urkunden über den bedingten Verkauf (No. 4; 10; 26 und 27; vgl. § 95-98), die zwar in Form eines echten Kaufvertrages abgeschlossen sind, aber durch die Schluss= klauseln die Rechte des Käufers, insbesondere hinsichtlich des Weiterverkaufes, ausdrücklich einschränken, wie auch die dem Kauf nachgeformte Bestellung eines Eigentumspfandes (No. 32). Diesen Geschäften liegt die auch aus Babylonien be= kannte Vorstellung vom "geteilten Eigentum" zu Grunde, indem nämlich dem Verkäu= fer bestimmte Rechte am Kaufobjekt erhalten bleiben. Einen weiteren Hinweis für unsere Auffassung von tusinnum erhalten wir endlich aus den Schlussklauseln mit Abwehrpflicht (§ 75, Typ E/5) mit der unerweiterten Generalklausel mamman "ir= gendjemand". Darauf folgt die spezielle Klausel šumma mamman ipaṭṭarši "wenn ir= gendjemand sie (die Sklavin =0) auslöst", für welchen Fall, vielleicht nicht zu= fällig, eine Vertragsstrafe in Silber festgelegt wird (vgl. § 76, Typ E/13). Wir sind geneigt, diese zweite Schlussklausel von No. 21 als ausführliche Umschrei= bung des terminus tusinnum "Retraktkäufer" zu betrachten.

5. Die Sanktionen der Verzicht- und Eviktionsklauseln.

§ 83. Die Sanktionen der Verzicht- und Eviktionsklauseln in den hier behandelten Ur= kunden und darüber hinaus auch in den anderen altassyrischen Kontrakten zeigen gewichtige Unterschiede, die ganz eindeutig wiederum auf dem ethnischen Gegen= satz Assyrer : Kappadokier beruhen. So erscheint bei rein assyschen Vertragspart= nern grundsätzlich nur die einfache Verzichterklärung ohne Androhung einer Sank= tion bei Vertragsbruch; und so wird bei Verträgen nur unter Assyrern die Evikti= onsgarantie immer in Form eines Bedingungssatzes gegeben, dessen Nachsatz dem

Verkäufer nur die Pflicht zur Abwendung von Drittansprüchen auferlegt. Die Androhung von Geldbussen oder gar körperlichen Strafen ist hier nirgends zu finden. damit stimmt auch die aus der Verzichtklausel abgeleitete altassyrische Eviktionsgarantie in ihrem rechtlichen Gehalt mit den selbständig formulierten Parallelen aus Babylonien überein, die ebenfalls grundsätzlich keine Strafbestimmungen kennen (vgl. § 91-94).

§ 84. Die gleichen Umstände finden sich zwar auch in Verträgen nur unter Kappadokiern oder bei gemischten Kontrahenten. Daneben sind hier aber auch Vertragsstrafen sowohl in der Verzichterklärung wie in der Eviktionsgarantie bezeugt. Diese Vertragsstrafen werden in der Regel als Geldbussen gegeben, deren Höhe jedoch nicht einheitlich festgelegt ist: Während in zwei Fällen Silber in Höhe des Kaufpreises (zusätzlich zu dessen Erstattung, als das Duplum ?) verlangt wird, schwankt die Strafsumme in den anderen Urkunden, soweit nachprüfbar, zwischen dem drei- und dem siebeneinhalbfachen des Kaufpreises; die Tabelle 17 gibt hierüber im Einzelnen Auskunft. Die echten Strafsummen sind immer in ganzen Beträgen angegeben; ihre zum Teil beträchtliche Höhe soll offenbar abschreckenden Charakter haben.

Tabelle 17.

Die Strafsummen in den Verzicht- und Eviktionsklauseln.

No.:	Objekt:	Kaufpreis:	Strafsumme:	Verhältnis:
19	Sklave	13 1/2 GÍN K.B.	13 1/2 GÍN K.B.	1 : 1
14	Sklave	30 GÍN K.B.	30 GÍN K.B.	1 : 1
5	Sklavin	6 GÍN K.B.	30 GÍN K.B.	1 : 5
8	Sklave	6 GÍN K.B.	30 GÍN K.B.	1 : 5
17	Sklavin	ohne Angabe	30 GÍN K.B.	?
13	Sklavin	17 GÍN K.B.	1 ma-na K.B.	1 : 3,5
21	Sklavin	ohne Angabe	1 ma-na K.B.	?
25	Schweine	ohne Angabe	1 ma-na K.B.	?
28	Sklavin	20 1/4 GÍN K.B.	1 ma-na K.B.	1 : 3
29	Sklave	30 GÍN K.B.	2 ma-na K.B.	1 : 4
18	Sklavin + Tochter	37 1/2 GÍN K.B.	5 ma-na K.B.	1 : 7,5
9	Sklave	[x] GÍN K.B.	10 ma-na K.B.	?
7	Haus	[x] GÍN K.B.	[x] ma-na K.B.	?
16	Haus	[x] GÍN K.B.	[x] ma-na K.B.	?

Als Empfänger der Strafsumme wird mehrfach (so V/7 = No. 25, E/14 = No. 13, E/16 = No. 14, E/17 = No. 22, E/23 = No. 19, E/25 = No. 28 und E/26 = No. 13) ausdrück=

lich auf den Käufer verwiesen, sodass dies auch in den anderen Fällen zutreffen wird: jedenfalls wird die öffentliche Hand, der Palast oder der Tempel nirgendwo in diesem Zusammenhang erwähnt **(70a)**.

§ 85. Neben die Geldbusse tritt in zwei Urkunden (No. 9: Typ E/21 und No. 18: Typ E/12, vgl. § 76) die Androhung der Todesstrafe nach dem Schema:

šumma mamman	"Wenn irgendjemand
ana O	auf das Objekt O
itūwar	Ansprüche erhebt, wird
x KÙ.BABBAR	x Silber
V išaqqal	der Verkäufer V bezahlen,
ū idukkūšu	oder man wird ihn (V) töten".

Die alternative Interpretation der Kopula als ū "oder" statt u "und" ergibt sich dabei schon aus syntaktischen Gründen insofern, als in dieser Klausel auch aus= serhalb unserer Kaufurkunden niemals die enklitische Kopula -ma "und dann" belegt ist; schwerwiegende rechtsvergleichende Betrachtungen werden unsere Interpreta= tion stützen **(71)**.

§ 86. Zur Beurteilung der Strafklauseln nach kappadokischem Recht ist No. 28 aufschluss= reich. Der Text enthält eine Kaufpreisquittung nach dem išqul-Formular (vgl. § 55) für eine Sklavin mit dem abschliessenden Vermerk amtum amassa "die Sklavin (ist) ihre (der K) Sklavin". Darauf folgt eine einfache Eviktionsklausel (vgl. § 74 Typ E/1). Endlich übernehmen zwei Bürgen, Mutter und Sohn, die Verpflich= tung, Drittansprüche von der Käuferin abzuwehren (vgl. § 75 Typ E/11); gelingt dies nicht, sind die Bürgen zur Zahlung einer Geldbusse verpflichtet, während der Dritte die Sklavin wegführen darf (vgl. § 76 Typ E/25). Die einzelnen Bestimmun= gen zeigen deutlich den Rechtsweg im Vindikationsfalle: Im Vordergrund steht die

(70a) Zu Palast und Tempel als Empfänger von Fiskalstrafen in den aB Kaufurkunden aus Alalaḫ vgl. B. Kienast, WO 11,1980,44.

(71) Vgl. die allgemeine Wendung (nach EL 3 und 4):

x KÙ.BABBAR išaqqal	"er wird x Silber zahlen
ū idukkūšu	oder man wird ihn töten".

mit der Erweiterung der Todesdrohung zu

(a) ū ina idinnim idukkūšu " oder man wird ihn auf dem Felde töten" in EL 5 und 10; die Interpretation von i-na i-dí-ni-im folgt AHw 187b gegen EL I p. 5a (i-na i dí-ni-im "beim Termin des Prozesses") und CAD I/J 297b sub itinnu B ("mng. unc."). Vgl. auch E. Bilgiç, Appellativa 27, s.v., der das Wort für kappadokisch hält.

(b) ū šuwāti iqqabrātim idukkūšu "oder man wird ihn bei den Gräbern töten", wobei wir qabrātum als femininen Plural zu qabru "Grab" auffassen. Anders CAD I/J 297 sub itinnu B, wonach i-GA-áb-ra-tim fehlerhaft für ikkarpā= tim stehen soll; in CAD K nicht auffindbar. Beleg: OIP 27 19a.

Erhaltung des Rechtszustandes, wobei die Titel der Betroffenen altersmässig be= rücksichtigt werden. Erst wenn die Abwendung der Vindikation ohne Erfolg bleibt, d.h. wenn der Erwerb des Käufers zugunsten älterer Rechte Dritter nicht bewahrt werden kann, treten die gegen die Garanten gerichteten Strafbestimmungen, hier die Geldbusse, in Kraft. Wir können diese Prozedur, die in No. 28 so deutlich dargestellt ist, ohne Weiteres verallgemeinern und als Norm ansetzen: Das vor= nehmliche Interesse des Käufers besteht schliesslich in erster Linie in der Ab= wendung von Drittansprüchen und in der Sicherung des erworbenen Eigentums.

§ 87. Aus der Interpretation der Schlussklauseln in No. 28 folgt eine weitgehende Über= einstimmung in der Rechtslage sowohl bei Verträgen zwischen Kappadokiern wie zwi= schen Assyrer. Hier wie dort steht die Abwendung von Drittansprüchen an erster Stelle. Ein gewichtiger Unterschied bleibt allerdings festzuhalten: Die rein pri= vatrechtlichen Kontrakte unter Assyrern nennen grundsätzlich - in Übereinstimmung mit der mesopotamischen Tradition - nur die sich aus dem Privatrecht ergebenden Verpflichtungen des Verkäufers (bzw. Garanten). Weitere Rechtsfolgen, die sich aus dem Unvermögen zur Abwendung der Eviktion ergeben, werden hier nicht erwähnt. Da aber die erfolgreiche Vindikation durch einen Dritten eine Schädigung am Ei= gentum des Angegriffenen bedingt, werden von Fall zu Fall natürlich auch die geltenden Normen des Strafrechtes für Eigentumsdelikte gegen den Verkäufer (bzw. Garanten) wirksam werden. Die ebenfalls privatrechtlichen Urkunden aus kappado= kischem Milieu dagegen nennen häufig auch die strafrechtlichen Folgen, die den Verkäufer (bzw. Garanten) bei Nichteinhaltung seiner Verpflichtungen treffen. Die scharfe Trennung von Privat- und Strafrecht bei den Assyrern und die Vermen= gung beider Rechtsgebiete bei den Kappadokiern ist also allein das entscheiden= de Merkmal beider Gruppen **(72)**.

§ 88. Der strafrechtliche Charakter der Bussbestimmungen ergibt sich besonders aus der Formulierung für die Androhung der Todesstrafe: idukkūšu "man wird ihn töten". Die Klausel wird in anderen Texten gelegentlich ergänzt durch die Hinweise ina idinnim "auf dem Felde" bzw. ina qabrātim "bei den Gräbern" (vgl. die Stellen Anm 71). Daraus folgt: Der Vollzug der Todesstrafe ist nicht in das Ermessen der geschädigten Partei gestellt, sondern vielmehr staatlichen Autoritäten vorbehal= ten. Es kommt hier also ein deutliches Interesse der öffentlichen Hand zum Aus= druck, die Bewahrung der Rechtsnorm mit allen Mitteln zu erzwingen. Die genann= ten Erweiterungen der peinlichen Strafklauseln mögen andeuten, dass die Voll=

(72) Zu ähnlichen Verhältnissen besonders in den aB Kaufurkunden aus Alalaḫ, aber auch aus Babylonien und seinen Randgebieten vgl. B. Kienast, WO 11,1980,48 mit den Anm. 34-36. Vgl. auch H. Petschow, ZS, rom Abt. 90,1973,14-35; G. Ries, RlA 5,1980,391-399 s.v. Kapitaldelikte, und RlA 6,1981,173-178 s.v. Körperverletzung.

streckung der Todesstrafe an einem bestimmten Hinrichtungsplatz durchgeführt wurde.

§ 89. Der Einfluss des Strafrechtes auf die privatrechtlichen Verträge unter Kappadokiern ist als Folge der schriftlosen Rechtspraxis im antiken Kleinasien anzusehen. Wir haben bereits bei der Besprechung des kappadokischen Kaufformulars darauf verwiesen, dass das Geschäft in mündlicher Form, wohl vor einer Behörde, stipuliert worden war (vgl. § 68). Wir können weiter folgern, dass mit diesem Akt eine Rechtsbelehrung der Parteien seitens des staatlichen Funktionärs verbunden war, durch die die Kontrahenten auf die strafrechtlichen Folgen unrechtmässigen Handelns - Anfechtung des verkauften Objektes, Verkauf belasteter Sachen etc. - hingewiesen wurden. In diesen Rahmen fügt sich die Beobachtung ein, dass die Belege für den GAL maḫīrim, den "Marktvorsteher", gerade in unseren Texten gehäuft auftreten **(73)**. Der genannte Funktionär. so dürfen wir annehmen, ist also weniger als eine Art "Marktpolizist" zu verstehen, sondern hat vielmehr die Grossgüter betreffenden Transaktionen zu überwachen. Neben seiner notariellen Funktion hat er aber, wie sich aus No. 29 zu ergeben scheint, auch richterliche bzw. exekutive Vollmachten; juristische Kenntnisse werden wir ihm zubilligen müssen.

§ 90. Unter dem Gesichtspunkt strafrechtlichen Einflusses auf die privatrechtlichen Verträge finden auch die Strafbestimmungen selbst unser Verständnis. Die bedrohten Fälle haben ohne Ausnahme eine Eigentumsverletzung zum Kern und unterliegen damit den hierfür vorgesehenen strengen Bestimmungen der Rechtsordnung. Die Inspruchnahme eines rechtmässig veräusserten Objektes oder der Verkauf einer mit Drittrechten belasteten oder gar fremden Sache sind aber wohl auch nach kleinasiatischen Vorstellungen unter den weiten Begriff des Diebstahls zu stellen, wie ja auch das altbabylonische Recht verschiedene Tatbestände, etwa Diebstahl, Unterschlagung oder Hehlerei summarisch behandelt **(74)**. Wenn auch im Einzelnen Unterschiede bestehen mögen, so ist doch im Ganzen eine Übereinstimmung zwischen Kappadokien und Babylonien (also auch Assyrien) gegeben: Im Einklang mit den Strafklauseln unserer Urkunden tritt bei Eigentumsdelikten auch in den babylonischen Codices bei Unvermögen zur Leistung einer Geldbusse subsidiär die Todesstrafe ein. Gerade dies aber unterstützt unsere Auffassung von der subsidiären Anwendung der Todesstrafe in unseren Urkunden (vgl. bereits § 85). Der Satz aus dem Codex Ḫammurāpi šumma šarraqānum ša nadānim lā išû "wenn der betreffende Dieb

(73) Zum rabi maḫīrim "Marktvorsteher vgl. P. Garelli, Les Assyriens 217 mit Anm. 8; vgl. auch CAD M/1 99a, wo ausser unseren Belegen (No. 25:2; 29A:5.8.15, B:6; 15:1) nur noch CCT 1 41b:1 und CCT 2 18:35 genannt werden.

(74) Vgl. z.B. für Diebstahl § 6 und 14 KḪ, für Einbruch § 21 KḪ, für Unterschlagung § 19 KḪ und für Hehlerei § 6 und 9-11 KḪ. Vgl. auch ausführlich G. Ries, RlA 5,1980,391-399 s.v. Kapitaldelikte, besonders S. 394.

nichts zu geben hat, wird er getötet" **(75)** wird in ähnlicher Weise auch für den Weg der Vollstreckung nach den Strafklauseln der altassyrischen Urkunden Geltung haben.

6. Zur Geschichte der Verzicht- und Eviktionsklauseln.

§ 91. Sowohl die ein- wie die zweiseitige altassyrische Verzichterklärung (vgl. § 71-73) ist ganz offensichtlich eng verwandt mit der Fassung B der altbabylonischen Verzichtklausel, wie mit deren gut bezeugten Vorläufern aus der Zeit der Dritten Dynastie von Ur. Wir wollen die altassyrischen und die neusumerischen Schemata in wörtlicher Übersetzung einander gegenüberstellen:

(a) Die einseitige Verzichterklärung:

nSum:	O-a	"Auf das Objekt O
	nu-gi$_4$-gi$_4$-da	nicht 'zurück zu kehren',
	mu-lugal-bi-in-pà	hat er den Eid beim König geleistet".
aAss:	(ana O)	"(Auf das Objekt O) wird
	A ana B	A gegen B
	lā itūwar	nicht 'zurückkehren'".

(b) Die zweiseitige Verzichterklärung:

nSum:	lú-lú-ra	"Dass die eine Partei auf die andere
	nu-gi$_4$-gi$_4$-da	nicht 'zurückkehre',
	mu-lugal-bi in-pà-dè-eš	haben sie den Eid beim König geleistet".
aAss:	ah̯um ana ah̯im	"Die eine Partei wird gegen die andere
	lā itūwar	nicht 'zurückkehren'".

Wenn wir von der durch den Eid bedingten Subordinierung der neusumerischen (und altbabylonischen) Verzichterklärung absehen, so besteht zwischen den altassyri= schen Fassungen der Klausel und ihren Vorläufern (und Parallelen) im Wesentlichen Übereinstimmung: Stichwort ist das Verbum gi$_4$-gi$_4$ = tuwārum "zurückkehren", des= sen genauer juristischer Inhalt in der Literatur noch ungenügend erforscht ist und gerade deshalb aus der Sicht der altassyrischen Urkunden erneuter Überlegun= gen bedarf. Die bereits neusumerisch bezeugte, sonst gleichlautende altbabyloni= sche Fassung A der Verzichtklausel mit dem Stichwort inim--gá-gá = ragāmum "klagen" ist ebenso wie die viel selteneren altbabylonischen Fassungen C-D im Altassyrischen nicht bezeugt. Im Vergleich mit den altbabylonischen Kaufurkunden, in denen die beeidete Verzichterklärung die Regel ist, fällt schliesslich deren relative Seltenheit in unseren Urkunden ins Auge; hier dominiert vielmehr die Eviktionsgarantie, die dafür im Altbabylonischen gegenüber der Verzichtklausel

(75) Vgl. § 8 KH̯.

stark in den Hintergrund tritt **(76)**.

§ 92. Wie wir bereits dargelegt haben, ist die altassyrische Eviktionsgarantie aus der Verzichterklärung abgeleitet worden durch die Einführung der (teilweise erweiter= ten) Generalklausel mamman "irgendjemand" (vgl. § 74). Diese allgemeine Garantie= erklärung wird aber zumeist aus sachlichen Gründen vertreten durch ein konditio= nales Gefüge (vgl. § 74f.) nach dem Schema:

šumma mamman	"Wenn irgendjemand
ana O	auf das Objekt O
ana K itūwar	gegen den Käufer K 'zurückkehrt', wird
V	der Verkäufer V
ubbabšu/x KÙ.BABBAR išaqqal	ihn freistellen/x Silber bezahlen".

Von den beiden alternativ angeführten Folgen für den Verkäufer bei Vindikation des Objektes war in rein assyrischem Milieu nur die Pflicht zur Freistellung des Käufers von Drittansprüchen nachzuweisen (vgl. § 75). Inhaltlich stimmt damit die altassyrische Fassung der Eviktionsgarantie mit den beiden altbabylonischen Formulierungen der entsprechenden Klausel überein **(77)**; vgl.:

(a) inim-gál-la-O-šè V in-na-gub-bu : ana baqrī O V izzaz
"Für Vindikation des Objektes O steht der Verkäufer V ein".

(b) inim-gál-la-O V ba-ni-íb-gi$_4$-gi$_4$: baqrī O V ītanappal
"Vindikation des Objektes O wird der Verkäufer V abwenden".

Auch hier verspricht der Verkäufer nur, Drittansprüche auf das Objekt vom Erwer= ber abzuwenden; Strafbestimmungen für den Fall einer erfolgreichen Vindikation werden nicht gegeben, doch dürfte die Veräusserung belasteter Sachen als Verlet= zung der Eigentumsrechte des Erwerbers angesehen und den strafrechtlichen Bestim= mungen der Codices entsprechend geahndet worden sein. Stichwort ist in den beiden

(76) Vgl. M. San Nicolò, Schlussklauseln 39-75, zur Verzichtklausel und ihren einzelnen Fassungen A-E; zur Fassung B speziell vgl. ibid. 41-52. Für Vor= läufer der Fassung A mit dem Stichwort inim--gar/gá-gá = ragāmum "kla= gen" vgl. unten § 93 mit Anm. 80; für Vorläufer der Fassung B mit dem Stich= wort gi$_4$-gi$_4$ = tu'ārum/târum "zurückkehren" vgl. unten § 93 mit Anm.83. Für die schwer verständlichen Verzicht- und Eviktionsklauseln der präsarg. und sarg. Zeit vgl. J. Krecher, ZA 63,1973,188-192, und B. Kienast, ZA 72, 1982,28-41.-- Zum zahlenmässigen Zurücktreten der Eviktionsgarantie gegen= über der Verzichtklausel in den aB Urkunden vgl. M. San Nicolò, Schlussklau= seln 138.

(77) Zu den beiden Fassungen der Eviktionsgarantie in den aB Urkunden vgl. M. San Nicolò, Schlussklauseln 142-144. Für einen Vorläufer der Eviktionsgarantie mit dem Stichwort gi$_4$-gi$_4$ = tu'ārum/târum "zurückkehren" aus sarg. Zeit vgl. unten § 93 mit Anm. 83 und für eine solche mit dem Stichwort inim-- gar/gá-gá = ragāmum "klagen" vgl. unten § 93 mit Anm. 80. Für die schwer verständlichen Verzicht- und Eviktionsklauseln der präsarg. und sarg. Zeit vgl. J. Krecher, ZA 63,1973,188-192, und B. Kienast, ZA 72,1982,28-41.

altbabylonischen Fassungen das Nomen inim-gál-la = baqrū "Vindikation", eine Ableitung des Verbums baqārum "vindizieren" **(78)**, das nur einmal auch in unseren Texten statt des sonst üblichen tuwārum "zurückkehren" belegt ist (vgl. No. 13B, Typ E/26 in § 76).

§ 93. Von den damit angesprochenen drei termini technici sind nur zwei inhaltlich zu= friedenstellend geklärt:

ragāmum, sum. inim--gar/gá-gá, "brüllen", "klagen", bezeichnet die "Anspruch= erhebung gegen eine Person", auch "die Geltendmachung eines dinglichen Rechtes an einer Sache" **(79)**. In der altbabylonischen Fassung A der Ver= zichtklausel häufig bezeugt, begegnet das sumerische Äquivalent bereits in neusumerischen Urkunden, dabei zweimal in einer Verzichtklausel und einmal in einer Eviktionsgarantie, wo es für etwas jüngeres baqārum "vindizieren" steht **(80)**.

baqārum, sum. inim--gál, "vindizieren" (nominale Ableitung baqrū "Vindikation") bezeichnet die "Geltendmachung eines dinglichen Rechtes durch Drittbe= rechtigte", d.h. insbesondere die Eviktion und den Retrakt **(81)**. Erst seit der altbabylonischen Zeit bezeugt, ist die sumerische Entsprechung durch "künstliche Differenzierung" gewonnen worden **(82)**. Für das ein= malige Vorkommen von baqārum "vindizieren" in unseren Texten vgl. oben § 92 am Ende.

Gegenüber diesen beiden termini ist unser tuwārum, bab. târum und sum. gi_4-gi_4, wörtlich "zurückkehren" schon in Urkunden aus der Akkade-Zeit bezeugt und wird dort wie im Altassyrischen in der Verzichtklausel und in der Eviktionsgarantie verwendet **(83)**. M. San Nicolò hat "zurückkehren" seinerzeit unter Umwegen näher

(78) Für baqārum im aA führt AHw 104 s.v. nur die Briefstelle BIN 4 65:41f. an: 3 GÚ AN.NA ku-nu-ki a-lim KI ni-ib-qú-ur "Drei Talent Zinn mit den Siegeln der Stadt haben wir vindiziert". Vgl. ausserdem die pfandrechtliche Urkunde AHDO 1,1937,106-108 Z. 15b-19: šu-ma a-ma-tí-ma ma-ma-an ib-ta-qar-šu-nu 2 ma-na KÙ.BABBAR a-na PN i-ša-qal "Wenn irgendwann irgendjemand sie vindi= ziert, wird er an PN zwei Minen Silber zahlen".

(79) Vgl. J.G. Lautner, Richterliche Entscheidung 8.

(80) Vgl. für die wenigen nSum Belege Cl. Wilcke, RlA 5,1980,508, wobei aber in Nippur 16 (= MVN 3 263) kein Verzicht sondern eine Eviktionsgarantie vor= liegt. Vgl. auch J. Oelsner, RlA 6,1980,7f. s.v. Klageverzicht(sklausel).

(81) Vgl. J.G. Lautner, Richterliche Entscheidung 8.

(82) Vgl. A. Falkenstein, NG 1 60 Anm. 1.-- inim-gál = baqārum ist gegen J. K Krecher, ZA 63,1973,188-192, und RlA 5,1980,495, sowie J. Oelsner, RlA 6, 1980,7, deutlich zu trennen von dem KA-- gál der präsarg. und sarg. Ver= zicht- und Eviktionsklauseln; vgl. dazu B. Kienast, ZA 72,1982,26-41.

(83) Für die ältesten Belege aus der sarg. Zeit vgl. J. Krecher, RlA 5,1980,495a und für die Belege aus der nSum Zeit vgl. Cl. Wilcke, RlA 5,1980,508f. Vgl. auch J. Oelsner, RlA 6,1980,7f. s.v. Klageverzicht(sklausel).

zu bestimmen versucht als "(auf die Angelegenheit, i.e. den Vertrag) zurückkeh= ren", also "(den Vertrag) anfechten", was "nicht bloss 'die Anfechtung', sondern ... allgemein die Nichtbeachtung des rechtsgeschäftlich Vereinbarten" bezeichnen soll **(84)**. Diese Auffassung ist zwar weithin akzeptiert **(85)**, doch können wir uns der communis opinio nicht anschliessen: Denn das "Zurückkehren" richtet sich im= mer gegen eine Person, auf eine Sache oder gegebenenfalls gegen die Person und auf die Sache gleichzeitig, aber niemals gegen den Vertrag als solchen (vgl. oben § 72); es wird zudem nicht nur von den Vertragspartnern sondern auch von Dritt= berechtigten ausgeübt, deren Interesse natürlich ausschliesslich auf die Sache gerichtet ist. Gerade die altassyrischen Urkunden lassen für das "Zurückkehren" eine inhaltliche Breite erkennen, die die Funktion der beiden offenbar jüngeren termini ragāmum "klagen" und baqārum "vindizieren" umfasst. Wir übersetzen daher unser tuwārum durch das allgemeine "Anspruch erheben (gegen eine Person) (auf ei= ne Sache)".

§ 94. Ist die Herkunft der beiden altassyrischen Schlussklauseln aus den neusumerischen Vorläufern auch gesichert, so besteht dennoch in ihrer Verwendung ein weitrei= chender Unterschied zu den älteren Vorlagen: Die neusumerische Verzichtklausel steht in fast allen Fällen in einem beeideten Rechtsgeschäft oder sie wird selbst durch einen Eid bekräftigt, wie wir es auch von den altbabylonischen Kaufurkunden her kennen (vgl. die Literatur Anm. 76). Im Altassyrischen dagegen sind Urkunden wie etwa EL 9, wonach die Parteien "den Eid bei der Stadt geschworen haben" (nīš ālim itmû) und in anschliessenden, parallel gebauten Klauseln ihre jeweils ein= seitig stilisierte Verzichterklärung bekunden, als Ausnahme zu werten. Denn im Normalfall wird in den altassyrischen Verträgen weder die Verzichtklausel noch die Eviktionsgarantie beeidet. Statt dessen folgt vielmehr in den allermeisten Fällen auf die entsprechende Erklärung der Partei(en) die Angabe einer Sanktion für den Fall der Nichteinhaltung der übernommenen Verpflichtung. Die religiöse Bindung durch den Eid wird hier also durch Auflagen des Zivil- bzw. Strafrechtes ersetzt.

7. Die Schlussklauseln beim bedingten Verkauf.

§ 95. Wir haben bereits eingangs (vgl. § 16) darauf hingewiesen, dass ein Teil der hier behandelten Urkunden (die No. 4; 10; 11: 26 und 27, sowie No. 32) nur formal dem Kaufrecht zuzuordnen ist: Besondere Lösungsklauseln räumen dem Verkäufer ein Re= traktrecht ein, verschiedene Bestimmungen beschränken das Eigentumsrecht des Er=

(84) Vgl. M. San Nicolò, Schlussklauseln 51.

(85) Vgl. z.B. J.G. Lautner, Richterliche Entscheidung 9, und J. Oelsner, RlA 6, 1980,6 s.v. Klageverzicht(sklausel). Gegen Änderung des Vertrages hingegen richtet sich die Fassung C der aB Verzichtklausel; vgl. M. San Nicolò, Die Schlussklauseln 52-54.

werbers; weiter treten Pfand- und Bürgschaftshaftung durch die Seite des Verkäufers auf und endlich begegnet eine Haftung des Käufers für die Verfügbarkeit des Objektes. Der Käufer erwirbt also kein Volleigentum, sondern nur revokable, eingeschränkte Eigentumsrechte; es handelt sich also um bedingte Verkäufe, d.h. um dem Kauf nachgeformte Rechtsgeschäfte, die materiell die Bestellung eines Lösungspfandes beinhalten. Dabei ist das Kaufgeschäft unterschiedlich stilisiert: No. 4 folgt dem assyrischen Kaufvermerk es latere emptoris (vgl. § 50 Typ Ae/2), die No. 10 und 11 folgen dem zweiseitigen babylonischen Kaufformular (vgl. § 61 Typ B/1 und B/3) und die No. 26 und 27 sind Kaufpreisquittungen nach dem išqul-Formular (vgl. § 55 Typ I/1 und I/2); nur die No. 32, die durch den terminus šīmum "Kaufpreis" (Z. 23) eindeutig dem Kaufrecht zugewiesen ist, ist selbständig stilisiert und dem assyrischen Kaufvermerk ex latere venditoris nachgeformt (vgl. 47 Typ Av/3). In fünf Fällen (No. 4; 10; 11; 26 und 32, vgl. § 20-22) sind die Kontrahenten Kappadokier, einmal begenet Eštarbāštī als Käuferin ebenfalls in vermutlich rein kappadokischem Milieu (No. 27, vgl. § 23).

§ 96. Die Retraktklauseln mit dem Sigel R/., in leicht schematisierter Form in Tabelle 18 zusammengestellt, sind generell in einem konditionalen Gefüge stilisiert (R/1-

Tabelle 18.

Die Retraktklauseln R/.

R/1: No. 4:	R/2: No. 10A.B:	R/3: No. 27:
šumma	šumma	šumma
tatū'aršim	V	V_1 u V_2
x KÙ.BABBAR	0	ipaṭṭurūši
tašaqqalšim-ma	taṣabbat	x KÙ.BABBAR
0	x KÙ.BABBAR	ana K
tatarru	V	išaqqulū-ma
	ana K (A om.)	itarrûši
	tašaqqal	
	0 tatarru	

R/4: No. 32:	R/5: No. 11A.B:	R/6: No. 26:
šumma	x KÙ.BABBAR	x KÙ.BABBAR
ina gamar ITU.KAM	šīmīšu	šīm 0
šīmīšu	0 (= V ?)	ša išaqqulū
ītablūnim	ušabba-ma (A om. -ma)	u ši'āti
u itarrûši	ašar libbiša	itarrûši
	ittallak	

- R/4), nur je einmal in zwei gleichgeordneten Hauptsätzen (R/5) bzw. in einer Relativsatz-Konstruktion (R/6). Das Retraktrecht wird grundsätzlich immer dem Verkäufer zugestanden; eine scheinbare Ausnahme liegt nur in No. 11 (Typ R/5) vor: Die Verkäuferin ist hier vermutlich die Ehefrau des verkauften Alu'azi, dem das Recht auf Selbstauslösung eingeräumt wird. Das allgemeine Vorgehen des Re= traktkäufers wird je einmal durch die Verben tuwārum "Anspruch erheben" (Typ R/1), ṣabātum "packen" (Typ R/2) und, terminologisch exakter, paṭārum "auslösen" (Typ R/3) umschrieben; seine Verpflichtung wird andererseits ausgedrückt durch šaqā= lum "bezahlen (Typ R/1-R/3 und R/6), wabālum "bringen" (Typ R/4) bzw. šabbu'um "befriedigen" (Typ R/5). Nach der Erfüllung kann der Retraktkäufer das Objekt, überall Sklaven, "wegführen" (tarā'um, Typ R/1-R/4 und R/6), bzw. im Falle der Selbstauslösung "weggehen" (atlukum, Typ R/5).

§ 97. Die Höhe der erforderlichen Retraktsumme, die dreimal ausdrücklich als šīmum "Kaufpreis" bezeichnet wird (im Singular No. 26: Typ R/6, im Plural No. 11: Typ R/5 und No. 32: Typ R/4) **(86)**, ist nicht ganz einheitlich. Nur in No. 32 (Typ R/4) entspricht sie dem Kaufpreis des Grundgeschäftes, was angesichts der nied= rigen Retraktsumme von nur 15 Seqel Silber auch für No. 4 (Typ R/1) gelten mag. In allen übrigen Fällen wird, wie die Übersicht in Tabelle 19 zeigt, das Duplum verlangt, wobei einmal (No. 10, vielleicht auch No. 27) allerdings abgerundet wird. Mit dieser Festlegung unterscheidet sich die Leistung des Retraktkäufers grundlegend von den zum Teil erheblich höheren Forderungen in den Sanktionen der Verzichtklausel und der Eviktionagarantie (vgl. § 84). Dies stimmt mit der Tat= sache überein, dass ja die Möglichkeit zum Retrakt in den genannten Urkunden ver= traglich vereinbart und somit nicht von strafrechtlichen Vorstellungen bestimmt ist (vgl. auch § 100).

Tabelle 19.

Retraktpreise.

No.:	Kaufobjekt:	Kaufpreis:	Retraktpreis:	Verhältnis:
4	ṣuḫartum	-.-	15 GÍN K.B.	?
32	Sklavin	45 GÍN K.B.	45 GÍN K.B.	1 : 1
26	Sklave PN	22 1/2 GÍN K.B.	45 GÍN K.B.	1 : 2
11	Sklave PN	30 GÍN K.B.	1 ma-na K.B.	1 : 2
10	DUMU.SAL V	31 1/2 GÍN K.B.	1 ma-na K.B.	1 : 2
27	Sklavin PN	30[+x] GÍN K.B.	1 ma-na K.B.	1 : 2

(86) Zum Nebeneinander von Singular šīmum und Pluaral šīmū "Kaufpreis" im aAss vgl. K.R. Veenhof, Aspects of Old Assyrian Trade 386.

§ 98. Mit der Einräumung des Retraktrechtes korrespondieren in der Hälfte der einschlä= gigen Verträge (No. 10; 27 und 32) Bestimmungen, die ausdrücklich die Rechte des Erwerbers einschränken; diese Klauseln mit dem Sigel X/. sind in leicht schemati= sierter Form in Tabelle 20 zusammengestellt. So wird in No. 27 (Typ X/1) ein ge=

Tabelle 20.

Die Klauseln zum beschränkten Eigentumserwerb X/.

X/1: No. 27:	X/2: No. 10:	X/3: No. 32:
a-na ší-mi-im	šumma	šumma
lā tadaššī	mimma arnam u šillatam	(KÙ.BABBAR)
lā tuḫallaqšī	teppaš	lā ublūnim
R/3	K	amassu
[šumma]	ašar libbiša	ana Talḫadi'ē
ḫalluq[at]	ana šīmim	ūl ašar libbiša
[....]	tadaššī (vgl. R/2)	idaššī (nach R/4)

nerelles Verbot des Weiterverkaufs durch den Erwerber ausgesprochen ("für Kauf= preis wird sie (K) sie (O) nicht hingeben") und dieses Recht in No. 10 (Typ X/2) vom Fehlverhalten der gekauften Sklavin abhängig gemacht ("Wenn sie (O) irgend= ein Unrecht oder eine Gemeinheit begeht, wird K sie (O), wohin es ihr (K) beliebt, für Kaufpreis hingeben"). Besonders interessant ist No. 32, wo die Retraktklausel R/4 (vgl. § 96) das Rückkaufrecht an eine bestimmte Frist ("bis Ende des Monats") bindet, und eine weitere Bestimmung (Typ X/3) erst nach Ablauf dieser Frist den Weiterverkauf gestattet ("Wenn sie (das Silber) nicht bringen, (ist sie, O) seine Sklavin; an die Leute von Talḫad oder, wohin es ihm beliebt, kann er (K) sie (O) hingeben"). No. 27 (Typ X/1) geht sogar noch weiter, indem das Verkaufsverbot für den Erwerber durch eine Haftung für die Erhaltung der gekauften Sklavin ergänzt wird ("Sie (K) darf sie (O) nicht abhanden kommen lassen"); es folgt die Retrakt= klausel (Typ R/3, vgl. § 96) und danach findet sich offenbar eine Haftung des Käu= fers für die Erhaltung des Kaufobjektes mit einer im Falle der Unterlassung gegen den Käufer gerichteten Strafbestimmung, die leider nicht vollständig erhalten ist ("Wenn sie (O) abhanden kommen gelassen ist, [....]").

8. Bürgschaft und Pfand. Sonstige Haftung.

§ 99. Nicht zuletzt wegen der Konstruktion des bedingten Verkaufes begegnen neben der Haftung des Käufers für die Verfügbarkeit des Kaufobjektes (vgl. § 98 zu No. 27, Typ X/1) verschiedene Haftungsformen auf der Verkäuferseite, und zwar in den No. 10; 11; 15; 28 und 32 **(87)**; sie sollen im Folgenden besprochen werden:

(87) Vgl. zu No. 10 § 102; zu No. 11 § 100; zu No. 15 § 101; zu No. 28 § 99; zu No. 32 § 103.

Ein eindeutiger Fall von Fremdbürgschaft **(88)** liegt in No. 28 vor, einer Kauf=preisquittung nach dem išqul-Formular (vgl. § 55 Typ I/1). Die Kontrahenten sind hier Kappadokier, doch ist die Käuferin Walawala wahrscheinlich die Ehefrau eines Assyrers (vgl. § 23). Nach der einfachen Eviktionsklausel ohne Sanktion (Typ E/1, vgl. § 74) folgt die Bürgschaftsklausel:

ana amtim B_1 u B_2 qātātum	"Für die Sklavin sind B_1 und B_2 Bürgen".

Inhaltlich ist die anschliessend folgende Bürgschaftsverpflichtung den entspre=chenden Eviktionsgarantien der Verkäuferseite nachgebildet: Zunächst wird die Entwehrung der von Dritten in Anspruch genommenen Sklavin verlangt (vgl. § 75, Typ E/11) und im Falle des Misslingens die Zahlung einer Strafsumme in etwa drei=facher Höhe des Kaufpreises gefordert (vgl. § 76, Typ E/25).

§ 100. In No. 11, stilisiert nach dem zweiseitigen babylonischen Kaufformular (vgl. § 61, Typ B/3), sind alle Beteiligten bis auf einen Zeugen Kappadokier (vgl. § 21). Käufer ist der bekannte Geldgeber Tamuri'a; auf der Verkäuferseite haben wir es offenbar mit einer kompletten Familie zu tun: Verkäuferin ist wohl die Ehefrau des Kaufobjektes, die auch die Eviktionsgarantie übernimmt (vgl. § 75, Typ E/6). Der verkaufte Ehemann kann sich gegen Leistung des Duplums selbst auslösen (vgl. § 96, Typ R/5); für die Retraktsumme in Höhe von einer Mine Silber garantieren die Söhne mit den Worten:

KÙ.BABBAR ina qaqqad mer'ēšu A u B rakis	"Das Silber ist an das Haupt seiner Söhne A und B gebunden".

Die Formulierung ist der bekannten Gesamthaftungsklausel **(89)** nachgebildet; doch materiell ist die Bestimmung nicht eindeutig: Es kann sich vom Wortlaut her um eine auch die Söhne umfassende Familienhaftung oder um eine unterminologisch dar=gestellte Fremdbürgschaft handeln. Die Koppelung des Retraktrechtes mit der wie immer zu interpretierenden Haftung der Söhne für die Retraktsumme scheint darauf hinzudeuten, dass beim bedingten Verkauf auch bestimmte geschäftliche Absichten vorliegen können, denen zufolge der Vollzug des Retraktes nicht nur ein Recht des Verkäufers darstellt, sondern auch im Interesse des Käufers liegen kann.

§ 101. Ein weiterer Fall einer besonderen Personalhaftung liegt in No. 15 vor, einem Sklavenkaufvertrag unter Kappadokiern, stilisiert nach dem zweiseitigen kappado=kischen Kaufformular (vgl. § 65, K/5). Nach dem Geschäftsvermerk und einer ein=fachen Verzichtklausel (vgl. § 71, Typ V/3) folgt eine spezielle Eviktionsgaran=tie, deren Eigenheit neben der ungewohnten Stilisierung inhaltlich in zwei Punk=

---

(88) Zur Bürgschaft im Altassyrischen vgl. die Bemerkungen in EL I p. 175f. und vgl. generell die Literatur bei B. Kienast, Kisurra I 65 Anm. 272.

(89) Zur Solidarhaftung vgl. die Literatur bei V. Korošec, Keilschriftrecht 149.

ten besteht: Einmal wird statt der (erweiterten) Generalklausel mamman "irgend= jemand" (vgl. § 74) als möglicher Vindikant der bekannte Geldgeber Tamuri'a na= mentlich erwähnt, und zum anderen tritt statt einer Geldbusse mit gegebenenfalls subsidiärer peinlicher Strafandrohung für den Fall der erfolgreichen Vindikation (vgl. § 83-90) unmittelbar die Todesstrafe ein:

O išti Tamuri'a	"Wenn das Objekt O von Tamuri'a
šumma ettāmar	angesehen (= reklamiert) wird,
iddūwak	wird er (V) getötet" (vgl. zum Text).

Zusätzlich verpflichtet sich die Dame Tarikuta zur Leistung eines nicht beziffer= ten Silberbetrages, wohl in Höhe der Kaufsumme, an den Käufer und bestellt dafür ihre Tochter als hypothekarisches Pfand. Tarikuta ist entweder als Dritte Bürge, oder wahrscheinlicher die Ehefrau des Verkäufers; für letztere Möglichkeit spricht auch, dass Tarikuta nicht unter den Siegelnden aufgeführt wird. Ihre Verpflich= tung ergibt sich dann, wie auch für No. 11 vorgeschlagen (vgl. § 100), aus der Familienhaftung. Vgl. den Text:

Tarikuta illakamma	"Tarikuta wird kommen und
KÙ.BABBAR išaqqal	Silber (an K) bezahlen.
šumma lā išaqqal	Wenn sie nicht bezahlt,
mer'assa K itarru	wird der Käufer K ihre Tochter wegführen".

§ 102. No. 10, eine Urkunde aus dem Archiv der Aḫattum (vgl. § 22), ist ein Sklavenkauf= vertrag, stilisiert nach dem zweiseitigen babylonischen Kaufformular (vgl. § 61, Typ B/1). Zwischen der Retraktklausel (vgl. § 96, Typ R/2) und einer die Eigen= tumsrechte der Käuferin beschränkenden Bestimmung (vgl. § 98, Typ X/2) findet sich eine von der Norm abweichende Eviktionsgarantie in den Worten:

šumma mamman	"Wenn irgendjemand
iṣabbatsi	sie (O) 'packt', wird
V K	die Verkäuferin V die Käuferin K
iṣabbat	'packen'.

Die Sanktion besteht hier nicht in der üblichen Geldbusse, gegebenenfalls mit der subsidiären Androhung peinlicher Strafen, sondern in der Einräumung eines Zu= griffsrechtes der Käuferin auf die Person der Verkäuferin. Aus dem Wortlaut der Bestimmung geht deren rechtliche Natur nicht deutlich hervor: Es kann sich um ei= ne leibliche Haftung der Verkäuferin ebenso handeln, wie um eine Art Selbstver= pfändung oder Selbstbürgschaft, wobei im einzelnen Fall die rechtlichen Folgen unterschiedlich zu bewerten sein dürften.

§ 103. No. 32, eine Urkunde in der alle Beteiligten Kappadokier sind (vgl. § 20) weicht formal von den echten Kaufverträgen ab: Die Veräusserer, offenbar ein Ehepaar mit Sohn, haben dem Erwerber ein Mädchen, wohl die Tochter bzw. Schwester, kīma x KÙ.BABBAR "anstelle von x Silber" gegeben. Der anschliessende Geschäftsab= schlussvermerk amassu "Seine (des Erwerbers) Sklavin (ist sie)" (vgl. § 69) weist auf die Übertragung des Eigentums auf den Erwerber hin. Eine besondere Klausel am Ende der Urkunde räumt den Veräusserern dennoch ein Retraktrecht ein, das al= lerdings an eine kurze Frist gebunden ist, nach deren Ablauf erst der Erwerber Volleigentum erwirbt (vgl. § 96, Typ R/4). Obwohl also auf Grund der abweichen= den Formulierung des Geschäftsvermerkes kein echter Kauf vorliegt, sondern eher an den Eintritt von Schuldhaftung und an die Verwirklichung von Pfandrechten o. ä. zu denken ist, sind in den Vertrag dennoch kaufrechtliche Elemente eingeflos= sen. Dass tatsächlich der Schreiber der Urkunde ein kaufähnliches Geschäft im Sinne hatte, zeigt der terminus šīmum "Kaufpreis" in der Retraktklausel und die sonst auf das Kaufrecht beschränkte Eviktionsgarantie mit der erweiterten Gene= ralklausel in besonderer Ausprägung:

šumma aššumi O	"Wenn auf das Objekt O
mamman	irgendjemand,
lū tusinnum	sei es ein Retraktkäufer
lū bēl ḫubullim	oder ein Gläubiger,
itū'aršum	gegen ihn (K) Ansprüche erhebt, werden
V_1 u V_2	die Verkäufer V_1 u V_2
P ana K	den Pfändling P (= V_3) dem Käufer K
utarrūšuma	übergeben und
u urassu	dann (ist P) sein Sklave".

Statt der üblichen Sanktionen (vgl. § 83-90) wird hier also die Verpflichtung zur Ersatzleistung, d.h. zur Gestellung des Bruders des Mädchens vereinbart, ei= ne Auflage, die auch für den Fall der Fugitivität des Mädchens gilt **(90)**:

šumma O tabbat	"Wenn das Objekt O flieht, werden sie
P ana bītišu	den Pfändling P zu seinem (des K) Hause
itarrûšuma	bringen und
u urassu	dann (ist P) sein Sklave".

Obwohl der Bruder unter den Veräusserern genannt wird, hat er am ehesten die Funktion eines hypothekarischen Personenpfandes (vgl. auch § 101 zu No. 15), da sowohl bei der Familienhaftung wie bei der Bürgschaftsleistung in erster Linie die Eltern des verkauften Mädchens hätten herangezogen werden müssen.

(90) Vgl. zur Haftung für Fugitivität die Bemerkung von M. San Nicolò, Schluss= klauseln 223f.: "Eine Haftung für Flucht des verkauften Sklaven ist in den altbabylonischen Urkunden nicht erwähnt und fehlt auch dem assyrischen und neubabylonischen Rechte". Unser Text ist daher besonders zu beachten.

V. ZUSAMMENFASSUNG.

§ 104. Die Untersuchung der altassyrischen Kaufurkunden hat Anlass zu folgenden Erwägungen allgemeiner Art gegeben:

(1) Die geringe Zahl der einschlägigen Verträge, unter denen nur wenige zwischen Assyrern geschlossen wurden, weist für die Kolonisten auf ein generelles Verbot zum Erwerb von Grundeigentum in Kleinasien (Ausnahme vielleicht Häuser) und zum Erwerb von einheimischen Sklaven.

(2) Bei Ehen zwischen Einheimischen und Assyrern hat die kappadokische Ehefrau volle Kontraktfähigkeit und insbesondere Verfügungsgewalt über die Kinder aus der Mischehe. Die Interessen des assyrischen Ehemannes werden aber in gewisser Weise dadurch wahrgenommen, dass assyrische Zeugen für die Partei der kappadokischen Ehefrau eines Kolonisten eintreten.

(3) Bei Verträgen aller Art mit gemischter ethnischer Beteiligung wird die Zeugenliste - generell paritätisch - mit Einheimischen und Assyrern besetzt.

(4) Die unter (1)-(3) genannten Punkte sind so gravierend für das Zusammenleben der beiden Bevölkerungsteile, dass sie Gegenstand bindender internationaler Abmachungen gewesen sein müssen.

(5) Auf Grund der Orthographie und Grammatik sowie bestimmter juristischer Normen der Kaufurkunden gilt als erwiesen, dass die assyrische Schriftpraxis nicht nur zum Zwecke der internationalen Korrespondenz, sondern auch für das Rechts- und Verwaltungswesen in Anatolien adaptiert worden ist.

§ 105. Für die altassyrische Rechtsgeschichte können wir festhalten:

(1) Wie in Babylonien war auch in Assyrien nur die Veräusserung bestimmter Grossgüter (Grundstücke, Sklaven) an den Abschluss eines schriftlichen Kaufvertrages gebunden; die Handelsgüter der Kaufleute dagegen konnten ohne Schriftform ge- und verkauft werden.

(2) Die überkommene Trennung des Kaufgeschäftes in Kaufurkunde und Preiszahlungsquittung wirkt noch nach, wenn auch die Zusammenlegung beider Formulare zu einem einheitlichen Vertragsschema in einigen Urkunden schon vollzogen ist.

(3) Die Kaufformulare sind deutlich aus neusumerischen Vorbildern abgeleitet.

(4) Das Gleiche gilt für die Kaufpreisquittungen nach dem išqul- bzw. ilqē-Formular; beide sind aber durch eine assyrische Neubildung, das šabbu-Formular, ergänzt worden.

(5) Die altassyrische Verzichtklausel kennt den ein- und zweiseitigen Verzicht der Kontrahenten; das Formular ist ebenfalls aus der Praxis der Dritten Dynastie von Ur übernommen.

(6) Bei der altassyrischen Verzichtklausel fehlt grundsätzlich der in neusumeri= scher und altbabylonischer Zeit obligatorische Eid. Diese Säkularisierungs= erscheinung hat ihre Parallele in den Verpflichtungsscheinen, die statt der beeideten Rückgabeklausel der neusumerischen Schuldurkunden Bestimmungen über Verzugszins bei Fristüberschreitung enthalten.

(7) Von der altassyrischen Verzichtklausel ist eine Eviktionsgarantie in Form ei= nes Bedingungssatzes abgeleitet; die Sanktion ist immer nur die Verpflichtung zur Eviktion, niemals in eine Strafandrohung. Die überlieferte Trennung von privatem und öffentlichem Recht bzw. Strafrecht bleibt gewahrt.

(8) Auch bei den hier behandelten Rechtsgebieten ist die Kontinuität von der neu= sumerischen Zeit her überall deutlich sichtbar, wenn auch natürlich Weiter= entwicklungen des überkommenen Rechtsgutes nachzuweisen sind. Es liegt aber generell kein Bruch gegnüber der Rechtspraxis der Ur-III-Zeit vor.

§ 106. Für die kleinasiatischen Rechtsverhältnisse können wir festhalten:

(1) Wie im mesopotamischen Rechtskreis ist auch in Kleinasien ein förmlicher Kauf= vertrag nur für Grossgüter (Grundstücke, Sklaven, Vieh) vorgeschrieben.

(2) Es besteht ein eigenes Kaufformular, das streng zweiseitig stilisiert ist und auf die Aufgabe des Eigentums seitens des Veräusserers wie auf die Eigentums= ergreifung seitens des Erwerbers abhebt. Das Formular geht offensichtlich auf Parteienerklärungen bei einer mündlichen Stipulation, wohl vor einer Be= hörde, zurück.

(3) Das Formular der Verzicht- und Eviktionsklausel ist aus der assyrischen Rechtspraxis übernommen. Die hier häufig genannten Sanktionen, Geldbussen und die Androhung der Todesstrafe, zeigen eine Vermischung von Privat- und öffentlichem bzw. Strafrecht. Vom mesopotamischen Rechtsdenken her ist das ungewöhnlich; es handelt sich aber vermutlich um die Einbeziehung einer Rechtsbelehrung des Funktionärs bei der mündlichen Stipulation (s. oben No. 2) in die verschriftete Form des Geschäftes.

(4) Die Strafandrohungen, die Geldbusse aber auch die Todesstrafe, finden Paral= lelen in den babylonischen Codices; es handelt sich hier also nicht um den Ausdruck "barbarischen" Rechtsdenkens.

(5) Der terminus bēl ḫubullim "Gläubiger" in der Eviktionsgarantie deutet auf eine allgemeine Vermögenshaftung, die mit dem Eingehen der Schuldverpflich= tung sofort wirksam wird und eine Verfangenheit der schuldnerischen Habe gegenüber dem Gläubiger bewirkt.

(6) Der terminus tusinnum "Retraktkäufer" lässt neben anderen der Rechtssphäre angehörenden einheimischen Ausdrücken auf eine eigenständige juristische Tradition in Kleinasien schliessen, wofür die Analyse der Kaufurkunden ja

auch sonst genügend Hinweise gegeben hat.

(7) Der GAL maḫīrim, der "Marktvorsteher", hat offenbar neben seinen notariellen Funktionen auch exekutive Vollmachten im Zusammenhang mit dem Kauf von Gross=gütern.

(8) Der bedingte Verkauf, der materiell einer Verpfändung nahe kommt, ist eine beachtenswerte Eigenheit des kleinasiatischen Rechtes.

VI. EXKURSE.

Exkurs 1: Weitere Belege für den Kauf von Häusern.

(a) ATHE 55:38-42a: Sammelurkunde, hier Quittung.

(38) KIŠIB Šu-lá-ba-an DUMU Dan-ì-lí (39) KIŠIB Bé-zi-a DUMU A-na-aḫ-ì-lí KIŠIB Ni-mar-^{d}IM (40) DUMU En-na-ZU KIŠIB A-mur-eštar DUMU I-šar-ki-id-a-šur (41) 4 ma-na KÙ.BABBAR [š]í-im É$^{be-tí}$ (42a) A-mur-eštar il$_5$-qé

"(38-40) Siegel des Šūlabān, des Sohnes des Dānilī; Siegel des Bēzija, des Sohnes des Ānaḫilī; Siegel des Nīmaradad, des Sohnes des Ennasu'in; Siegel des Āmureštar, des Sohnes des Išarkidaššur. (41-42a) Vier Minen Silber, den Kaufpreis für die Häuser, hat Āmureštar erhalten."

Nur Assyrer. Die rechtliche Natur des in der Sammelurkunde verkürzt wiederge=gebenen Vertrages ist unklar, weshalb der Text auch nicht in die Bearbeitung der Kaufurkunden aufgenommen wurde. Āmureštar ist Verkäufer; der Name des Käufers ist nicht angegeben. Die Lage der Häuser ist unklar; nach K. Hecker, OrNS 47,1978,404 Anm. 1, sind sie in Kleinasien zu lokalisieren. Vgl. zu (b).

(b) CCT 5 19c:1-9 und 18-22: Private Zeugenurkunde.

(1) ^{d}X-a-sú ù DAM (2) Tù-ùḫ-ni-iš (3) uš-bu-ma i-na (4) 13 ma-na KÙ.BABBAR (5) ší-im be-tí ki-lá-le-en (6) 6 1/2 MA.NA (7) A-mur-eštar il$_5$-qé (8) 6 1/2 MA.NA i-a-tí (9) ú-ša-ki-lu-ni ... (18) IGI ^{d}IM-GAL (19) DUMU ^{d}IM-ba-ni (20) IGI Puzur$_4$-a-na (21) DUMU E-li-a (22) IGI E-na-ZA

"(1-3a) PN **(91)** und (seine) Ehefrau halten sich in Tuḫniš auf. (3b-9) Von 13 Minen Ṣilber, dem Kaufpreis für die beiden Häuser hat Āmureštar 6 1/2 Minen erhalten; 6 1/2 Minen haben sie mir 'bezahlt'. ... (18-22) Vor Adadrabi, dem Sohne des Adadbāni; vor Puzurana, dem Sohne des Elija; vor Enna-ZA."

Wohl nur Assyrer. Die Ortsangabe in Z. 2 könnte darauf hinweisen, dass die beiden Häuser mit K. Hecker, OrNS 47,1978,404 Anm. 1, in Kleinasien zu loka=lisieren sind; vgl. zu (a).

(c) BIN 4 173 (= EL 235):1-9a: Sammelurkunde, hier Transportvertrag.

(1) 1 né-pé-šum 10 2/3 MA.NA 9 1/6 GÍN (2) KÙ.BABBAR ša A-šur-i-mì-tí DUMU E-na-nim (3) 1 ri-ik-sum 1 MA.NA 5 GÍN KÙ.BABBAR (4) ší-im bé-tim a-na ša ki-ma (5) i-a-tí mì-ma a-nim a-na (6) A-šur-na-da! DUMU Sú-tí-a ù Ba-al-ṭù-šar (7) ap-qí-id IGI I-na-a DUMU E-lá-lí (8) IGI Šu-eštar DUMU Lú-zi-na (9a) IGI Er-ma-a-šùr

"(1-5a) 1 Barren (von) 10 2/3 Minen 9 1/6 Seqel Silber des Aššurimittī, des Sohnes des Ennānum, (und) 1 Paket (von) 1 Mine 5 Seqel Silber, Kaufpreis des Hauses für

---

(91) H. Hirsch, Religion 41 Anm. 208, will die ersten beiden Zeichen Ilī-dān le=sen, ohne allerdings des Rest der Zeile zu berücksichtigen.

für meinen Vertreter: (5b-7a) Dies alles habe ich dem Aššurnādā, dem Sohne des Sutija, und dem Balṭušar anvertraut. (7b-9a) Vor Ināja, dem Sohne des E=lali; vor Šū'eštar, dem Sohne des Luzina; vor Ermaššur."
Nur Assyrer. Über die Lage des Hauses sind keine Angaben möglich.

(d) CCT 5 31a:1-6 und 16b-22: Privaturkunde, Transportvertrag.
(1) 3 1/2 ma-na KÙ.BABBAR (2) ni-is-ḫa-sú SI.A (3) ša-du-a-sú ša-bu (4) ta-áš-bi$_4$-it KÙ.BABBAR ša ší-im (5) be-tí-a a-ṣé-er A-šur-i-mì-tí (6) Ì-lí-ša$_{10}$!-du ù Bu-za-zu ... (16b) mì-ma (17) a-ni-im a-na ^{d}IM-GAL (18) ù A-šùr-i-dí-in (19) áp-qí-id (20) IGI Bu-za-zu DUMU A-šur-DU$_{10}$ (21) IGI I-na-sú-in (22) DU=MU A-bu-bu
"(1-6) 3 1/2 Minen Silber - die nisiḫtu-Steuer dafür ist beigegeben, die šad=du'utu-Steuer ist bezahlt -, die volle Summe des Silbers vom Kaufpreis für mein Haus zugunsten des Aššurimittī, des Ilīšadû und des Buzazu, ... (16b-19) Dies alles habe ich dem Adadrabi und dem Aššuriddin anvertraut. (20-22) Vor Buzazu, dem Sohne des Aššurṭāb; vor Innasu'in, dem Sohne des Abubu."
Nur Assyrer. Über die Lage des Hauses sind keine Angaben möglich.

(e) VAT 9218 (= J. Lewy, IEJ 5,1955,158 Anm. 18):25b-26: Brief, Partner unbekannt.
(25b) 3 MA.NA 1 GÍN (26) a-na ší-im É Šu-ḫa-bu-ra
"(25b-26) 3 Minen 1 Seqel (Silber) als Kaufpreis für das Haus des Šūḫabura."
In dem von J. Lewy, a.a.O. mitgeteilten Briefausschnit sind alle Personen Assyrer. Über die Lage des Hauses sind keine Angaben möglich.

(f) TCL 4 21:39b-40: Brief des Puzuraššur an Aššurimittī, Ilīšūdû, Buzazu und Wa-tí-tim.
(39b) 2 ma-na KÙ.BABBAR (40a) a-na ší-im be-tí ša ⌜x-x-na⌝-da šu-⌜uq⌝-lá
"(39b-40a) 2 Minen Silber als Kaufpreis für die Häuser des PN bezahlt!"
Nur Assyrer. Über die Lage der Häuser sind keine Angaben möglich.

(g) KTS 7a:6b-11: Brief des Adadiqbi und des Buzazu an Puzuraššur.
(6b) a-na Ú-ṣur-ša-a-šur (7) ni-iq-bi-ma um-ma ni-nu-ma (8) KÙ.BABBAR dí-ni-a-tí um-ma šu-ut-ma (9) a-a-nu-um KÙ.BABBAR^{pí} (10) É$^{be-tí}$ a-na 2 ma-na KÙ.BABBAR (11) ta-ad-nu
"(6b-8a) Zu Uṣurša'aššur haben wir folgendermassen gesagt: '(Das) Silber gib uns!' (8b-11a) Folgendermassen (antwortete) der: 'Wo (ist denn) mein Silber? (Sogar) mein Haus hat man für 2 Minen Silber verkauft!'."

(h) OrNS 50,1981,101 No. 2:20-25a: Brief von Tarāmkūbī und Šīmataššur an Imdîlum.
(20) 1 É Ri-mì-ì-lí-a (21) a-na 20 ma-na KÙ.BABBAR (22) iš-ú-mu-ni-kum-ma (23) KÙ.BABBAR e-ri-šu-ni-ma (24) a-na ša ki-ma ku-a-tí (25a) a-dí-in
"(20-25a) Das Haus des Rīmilija haben sie (deine Vertreter) für 20 Minen Sil=ber dir gekauft; nun haben sie das Silber von mir gefordert und ich habe (es)

deinen Vertretern gegeben."

Nur Assyrer. Über die Lage des Hauses sind keine Angaben möglich.

(i) RA 58,1964,124ff.,Sch.22:3-14a: Brief des Šūḫubur an Pūšukēn.

(3) É^{tám} ša ṭé-ḫi-kà ša É DINGIR-ma-lik (4) ⸢i⸣-du-nu um-ma ni-nu-ma (5) qá-ab-li-tám nu-ra (6) a-na-ku a-ni!-ša-am ú-ṣa-am-ma (7) É$^{bé-tám}$ ú-lá ta-dí-in (8) wa-ar-ki-a ša ki-ma ku-a-tí (9) ù ša ⸢ki⸣-ma i-a-tí ú-na-'ì-du-ma (10) É$^{bé-tám}$ i-lá-qé-ú-⸢ni⸣-kum (11) šu-ma a-dí a!-lu-ku-ni ⸢É⸣$^{bé-tám}$ (12) ša ki-ma ku-a-tí ù i-a-tí a-dí-ni (13) lá lá!-qé-ú MU 1 i-na ⸢a!-lá⸣-ki-a (14a) a-na-ku a-lá-qé-a-kum

"(3-5) (Betrifft) das Haus neben dir, das die Familie des Ilīmalik verkaufen will. Folgendermassen (haben) wir (gesagt): 'Wir werden ein Angebot machen' **(92)**. (6-7) (Als) ich hierher wegging, (was) das Haus (betrifft), so war es nicht verkauft. (8-10) Nach meinem (Weggang) hat man deinen und meinen Ver= treter benachrichtigt und sie werden das Haus für dich erwerben. (11-14a) Wenn, bis ich (wieder hin)komme, das Haus dein und mein Vertreter bis dahin nicht erworben haben, werde ich (es), wenn ich (während) des Jahres (hin=) komme, für dich erwerben."

Nur Assyrer. Das Haus liegt nach K. Hecker, OrNS 47,1978,404 Anm. 2, in Assur.

(k) TCL 14 2:3b-18a: Brief des Šalimaḫum an Pūšukēn.

(3b) a-šu-mì É^{tí} (4) ša ta-áš-pu-ra-ni (5) šu-ma ni-iš-ta-a-ma-kum (6) KÙ.BAB= BAR i-ra-mì-ni-a (7) ma-la ša-qá-li-im (8) a-ša-qal-ma té-er-tí (9) i-lá-kà-kum a-wi-lu (10) KÙ.BABBAR ma-dam e-ri-šu (11) a-ší-a-tí nu-ta-qá (12) šu-ma lá ku-a-tí ša-im-šu-⸢nu⸣ (13) ú mu-ri qá-áb-li-tim (14) ú-li-ba-ší šu-ma (15) ta-da-nu-um i-ta-áb-ší (16) a-na-'ì-id-ma a-ša-a-ma-ku-šu-nu (17) ú KÙ.BABBAR i-ra-mì-ni-a (18a) a-ša-qal

"(3b-9) Wegen der Häuser, was du mir geschrieben hast: Wenn wir (sie) für dich gekauft haben, werde ich das Silber, soviel zu zahlen (ist), aus meinem Eige= nen bezahlen, und mein Bescheid (darüber) wird dir zugehen. (10-11) Die Herren haben viel Silber verlangt; deshalb wollen wir warten. (12-14a) Ausser dir gibt es keinen Käufer für sie (die Häuser) und keinen, der ein Angebot vor= gelegt hat **(92)**. (14b-18a) Wenn es zum Verkauf kommt, werde ich aufpassen und sie (die Häuser) für dich kaufen; das Silber werde ich aus meinem Eigenen bezahlen."

Nur Assyrer. Die Häuser liegen nach J. Lewy, OrNS 19,1950,33 Anm.1 sowie K. Hecker, OrNS 47,1978,404 Anm. 2, in Assur. Zum gleichen Geschäft gehören auch die folgenden Texte (l)-(m).

---

(92) Für qablītum "a container" vgl. P. Garelli, RA 58,1964,127f. und CAD Q 5f. sub 4. Der Bedeutungsansatz gibt freilich an unserer Stelle keinen Sinn. Wir wollen daher qablītam arû mit "ein Angebot unterbreiten" übersetzen in An= lehnung an die Stellen CAD Q 6 sub qablītum 7.

(l) TCL 14 11:3b-6a: Brief des Aššurbāni und des Šalimaḫum an Pūšukēn.

(3b) É En-na-nim (4) DUMU A-šùr-SIPA (5) ⌜a⌝-na 16 ma-na KÙ.BABBAR (6a) ni-iš-a-ma-kum

"(3b-6a) Das Haus des Ennānum, des Sohnes des Aššurrē'ûm, haben wir dir für 16 Minen Silber gekauft."

Vgl. oben zu Buchstabe (k).

(m) Contenau, Trente Tablettes 6:4-26: Brief des Aššurimittī und des Šalimaḫum an Pūšukēn.

(4) a-šu-mì bé-tí ša En-na-nim (5) ša ta-áš-pu-ra-ni (6) um-ma at-ta-ma bé-tí ša-ma-nim (7) a-na bé-tí KÙ.BABBAR ma-dam (8) e-ri-šu-ni-a-tí-ma ... (12) Ša-lim-a-šùr ù Šu-ḫu-bur! (13) ba-lúm ša-a-li-ni (14) a-na 16 ma-na KÙ.BABBAR bé-tí (15) iš-ú-mu-ni-kum (16) ù iš-ta-ap-ru-ni-kum (17) um-ma šu-nu-ma KÙ.BABBAR a-na ṣí-ib-tim (18) ni-il$_5$-qé-a-kum KÙ.BABBAR (19) mì-ma a-na ṣí-ib-tim (20) ú-lá ni-il$_5$-qé-a-kum (21) 10 ma-na KÙ.BABBAR a-na ší-mì-im (22) <ša> bé-tí Ša-lim-a-ḫu-um i-na (23) ra-mì-ni-šu iš-qúl (24) ⌜i⌝-'ì-id-ma KÙ.BABBAR (25) ša Ša-lim-a-ḫi-im (26) šé-bi-lam

"(4-6) Wegen der Häuser des Ennānum, derentwegen du mir folgendermassen geschrieben hast: 'Kauft die Häuser für mich!': (7-8) Für die Häuser verlangt man viel Silber von uns. ... (12-18a) Šalimaššur und Šūḫubur haben, ohne uns zu fragen, für 16 Minen Silber die Häuser für dich gekauft. Dann haben sie dir folgendermassen geschrieben: wir hätten Silber gegen Zins für dich (auf)genommen. (18b-20) Irgendwelches Silber gegen Zins haben wir nicht für dich (auf)genommen. (21-26) 10 Minen Silber für den Kaufpreis für die Häuser hat Šalimaḫum aus seinem Eigenen bezahlt. Sei achtsam und schicke das Silber des Šalimaḫum her!"

Vgl. oben zu Buchstabe (k).

(n) VAT 9251 (= J. Lewy, OrNS 19,1950,33 Anm. 1):13-18: Brief des Aššurbāni und des Šalimaḫum an Pūšukēn.

(13) 5 GÚ URUDU ša ší-im be-tí (14) a-ṣí-ib-tim ni-il$_5$-qé-ma (15) ni-iš-qúl (16) KÙ.BABBAR šé-bi$_4$-lam-ma (17) ṣí-ib-tum (18) lá i-ma-ra-ṣa-kum

"(13-15) 5 Talent Kupfer vom Kaufpreis für die Häuser haben wir gegen Zins (auf)genommen und (den Kaufpreis) bezahlt. (16-18) Silber (dafür) schicke her, (damit) der Zins dir keinen Ärger verursacht."

Nur Assyrer. Im Gegensatz zu den Texten unter Buchstabe (k)-(m) handelt es sich hier um ein anderes Geschäft, wie sich aus der Art des Kaufpreises und dem Hinweis auf das Darlehen ergibt. Vgl. oben zu Buchstabe (k). Wegen der Personen liegt das Haus vielleicht auch in Assur.

(o) CCT 5 9a:4b-26a: Brief des Aššurnādā an Pūšukēn.

(4b) a-šu-mì KÙ.BABBAR (5) ší-im bé-tí ša É (6) Tá-lá-áš a-lu-um dì-nam (7) i-dì-in-ma tám-kà-ru (8) ša É Tá-la-áš ra-ab-šu (9) ù iš-tù Tá-la-áš (10) i-mu-tù-ni ma-ma-an (11) i-na DAM.GÀR lu KÙ.BABBAR (12) GÉME ÌR lu ú-ṭá-tám (13) lu mì-ma il_5-qé-ú-ni (14) ù-ta-ru-ma i-na IGI GÍR (15) ša A-šùr i-ra-bu-šu-ma (16) a!-na ba-a-ba-at KÙ.BABBAR^{pí}-šu-nu (17) i-zu-zu šú-ma tám-kà!-ru (18) ša iš-tù Tá-la-áš i-mu-tù-ni (19) KÙ.BABBAR il_5-qé-ú-ni ú-ta-ru (20) ù a-tù-nu ší-im bé-tí (21) ta-e-ra-ma ù ru-ub-ša-ma (22) a-na ba-a-ba-at KÙ.BABBAR^{pí}-a (23) zu-za-ma šé-bi-lá-nim šu-ma (24) šu-nu ša il_5-qé-ú-ni (25) la ú-ta-ru ù a-tù-nu (26a) 1 GÍN! lá tù-ta-ra

"(4b-7a) Wegen des Silbers, des Kaufpreises für die Häuser der Firma Talaš: Die Stadt hat ein Urteil gefällt und zwar: (7b-17a) 'Die Gläubiger der Firma Talaš haben Verzicht geleistet **(93)**. Nachdem nun Talaš gestorben ist, wird, wer immer unter den Gläubigern sei es Silber, eine Sklavin (oder) ein Sklave, sei es Weizen oder sonst etwas erhalten hat, (dies) zurückgeben und vor dem Dolche des Aššur Verzicht leisten und (den Wert) als Verlust abschreiben **(94)**'. (17b-23a) Wenn die Gläubiger, die, nachdem Talaš gestorben ist, Silber erhal= ten haben, (dies) zurückgeben, so gebt auch ihr den Preis für die Häuser zu= rück, leistet Verzicht, schreibt (den Preis) als meinen Verlust ab und schickt mir (euren Bericht darüber). (23b-26a) Wenn jene, die (etwas) erhalten haben, (dies) nicht zurückgeben, so sollt auch ihr nicht einen (einzigen) Seqel zu= rückgeben."

Die rechtliche Natur der angesprochenen Geschäfte ist unklar: So ist schon zu fragen, welche Rolle die Gerichtsbarkeit der Stadt Aššur bei einem Streit um den Nachlass des Kappadokiers Talaš spielt. Ausserdem wird zwar die Restitu= tion einer bestimmten Silbermenge angesprochen, die als "Kaufpreis für Häu= ser" bezeichnet wird. Da diese Restitution aber ohne Folge für die Eigentums= verhältnisse an den Häusern bleibt, muss bezweifelt werden, ob dem Ganzen ein Kaufgeschäft zu Grunde liegt. Möglicherweise handelt es sich um ein Kredit= geschäft.

Die Belege für Hauskauf sind also auch ausserhalb der kaufrechtlichen Urkunden in den übrigen altassyrischen Texten ausserordentlich spärlich. Insbesondere fehlen weitere eindeutige Zeugnisse für assyrisches Hauseigentum in Kleinasien.

Die Hauspreise in den Texten (a) - (o) haben wir in Tabelle 21 zusammengestellt als Ergänzung zu den Preisen in Tabelle 4. Die hier gegebenen Preise für Häuser sind starken Schwankungen unterworfen, müssen aber, insbesondere bei Verwendung des Plurals bētū "Häuser", wenigstens teilweise als vage gelten.

---

(93) Die Übersetzung von rabāšu "Verzicht leisten" ist auf Grund des Kontextes geraten. Das Wort kommt nur hier vor; vgl. AHw 934a ("Einspruch erheben").

(94) Die übliche Übersetzung von ana bābāt kaspišu zu'āzum "gemäss dem Geschäfts= vermögen teilen" (vgl. L. Matouš, BiOr 16,1959,179b; CAD B 12b) passt hier nicht; wir gehen aus von bābtu "Fehlbetrag", s. dazu die Wörterbücher.

Tabelle 21.

Kaufpreise für Häuser ausserhalb der kaufrechtlichen Urkunden.

Text:	Objekt:	Kaufpreis:			Lage:
c = BIN 4 173	bētum	1	MA.NA 5 GÍN	K.B.	?
f = TCL 4 21	bētū	2	ma-na	K.B.	?
g = KTS 7a	bētum	2	ma-na	K.B.	?
e = VAT 9218	bētum	3	MA.NA 1 GÍN	K.B.	?
d = CCT 5 31a	bētum	3 1/2	ma-na	K.B.	?
a = ATHE 55	bētū	4	ma-na	K.B.	Kleinasien ?
b = CCT 5 19c	2 bētū	13	ma-na	K.B.	Kleinasien ?
k = TCL 14 2 l = TCL 14 11 m = Contenau TTC 6	bētū	16	ma-na	K.B.	Assur
h = OrNS 50 101 No. 2	bētum	20	ma-na	K.B.	Assur ??
n = VAT 9251	bētū		5 GÚ URUDU		Assur ?
i = RA 58 124ff.	bētum		ohne Angabe		Assur
o = CCT 5 9a	bētū ša É Talaš		ohne Angabe		?

Exkurs 2: wardum "Sklave".

Der Begriff wardum (auch urdum, erdum und bardum, geschrieben IR und ÌR) kommt in den altassyrischen Texten in folgenden Verwendungen vor:

1. Wardum als Kurzname für Warad+GN "Diener des Gottes GN".

1a) Als Adressat in Briefen, z.B. CCT 4 6d:3; ICK 1 37A:2, B:3.

1b) als Zeuge z.B. LC 239 (= EL 144):19.

1c) als Schuldner, z.B. BIN 4 179 (=EL 283):

(1) ḫa-muš-tum (2) IGI be-lim (3) dí-nam (4) i-dí-in-ma (5) šu-ma u_4-ma-am (6) a-ni-am (7) IR mu-ṣé-e (8) ša ší-na (9) 1/3 GÍN TA (10) lá iš-qúl (11) a-ṣé-er mu-ṣ[é-e] (12) 1 GÍN KÙ.BABBAR (13) i-ša-qal (14) lá i-pá-ṭá-ar-šu "(1-4) Das Ḫamuštum hat 'vor dem Herren' folgendes Urteil gefällt: (5-14) 'Wenn an diesem Tage Wardum die Raten, welche zwei zu je 1/3 Seqel (sind), nicht bezahlt, wird er zu Lasten der Raten 1 Seqel Silber bezahlen. Er wird ihn(/es) nicht auslösen'."

Der Hintergrund des Urteils ist unklar. IR = Wardum ist aber offenbar auf Grund von Verträgen zahlungspflichtig und daher am ehesten Personenname.

1d) als Transporteur, z.B. CCT 3 40c:3b-6: Brief des Inbi'eštar an ša kīma jâti. (3b) 5 ma-na KÙ.BABBAR (4) ša A-šur-i-mì-tí (5) ša-áš-qí-lá-ma a-na (6) Ur-dí-im dí-na

"(3b-6) 5 Minen Silber, das des Aššurimittī, lasse (ihn) bezahlen und gib (es) dem Urdum."

2. wardum "Diener", Untergebener", "Vasall", "Angestellter".

2a) Balkan, Anumḫirbi 6:5 (vgl. P. Garelli, Les Assyriens 210f.); vgl. auch Z. 7.
(5) Ta-i-ša-ma-⟨i⟩-ú-um ur-dí-i "(5) Der Ta'išamäer ist mein Vasall."

2b) VAT 9301 (s. EL I p. 76c): Brief des Uzu'a an Imdi'ilum.
Nach den Angaben von J. Lewy, a.a.O., bezeichnet sich der Absender dem Empfänger gegenüber mehrfach als wa-ra-ad-kà (Var. ÌR^{ad}-kà) ki-nu-um "dein treuer Diener."

2c) TCL 4 75 (= EL 94): Verpflichtungsschein; nur Assyrer.
Z. 5f. Gläubiger: Ḫa-du-uk-lá-nu-um IR ša I-dí-ku-bi-im.
Z. 12 Zeuge ...: IGI IR ša Lá-qé-ep.

2d) CCT 3 12a:9b-13: Brief des Be-lí-a-a an Lāqēpum. wardum als Zeuge.
(9b) 30 LÁ 1 1/2 MA.NA (10) a-ḫa-ma a-šu-mì-kà (11) a-na nu-a-im (12) áš-qú-ul IGI gu$_5$-ba-áb-tim (13) ú ur-dim ša Ku-ra
"(9b-13) 30 minus 1 1/2 Minen (Silber) habe ich ausserdem auf deinen Namen an den Einheimischen bezahlt; vor der gubabtum-Priesterin und dem 'Angestellten' des Kura."

2e) TCL 20 129:y+2-y+5: Brief, Anfang weggebrochen. wardum als Schuldner.
(y+2) [x GÍN K]Ù.BABBAR a-na Ší-ku-wa A-bi$_4$-ì-lí ÌR ša Puzur-a-šùr (y+3) DUMU I-tur$_4$-DINGIR ḫa-bu-ul ù Puzur-a-šùr be-el-šu (y+4) i-dé Puzur-a-šùr-ma ṣa-ba-sú-ma KÙ.BABBAR ša-áš-qí-il$_5$-šu (y+5) šu-ma i-tí-ki-ir ta-me-šu
"(y+2-y+5) [x Seqel] Silber ist dem Šikuwa Abī'ilī, der 'Angestellte' des Puaššur, des Sohnes des Itūrilī, schuldig. Puzuraššur, sein 'Herr' weiss (es). Also ergreife den Puzuraššur und lasse ihn das Silber bezahlen. Wenn er (es) leugnet, lasse ihn schwören."

2f) TCL 4 110 (= EL 238):1-9: Prozessurkunde; Bürgenbestellung.
(1) [Ú-ṣú-ra-num] ù A-mur-eštar (2) [ki-ma] Kur-ub-eštar a-n[a] (3) [Puz]ur$_4$-a-na iṣ-bu-tù-ni-[a-tí-ma] (4) [um]-ma šu-[nu]-ma ša (5) [qá]-ta-tim [t]a-ú-ra-am (6) ⸢ú⸣-ta-ra-[a]m IR ša-zi-⸢iz-ma⸣ (7) lu nu-ší-ir-kà um-ma (8) Puzur$_4$-a-n[a]-ma a-ma (9) Šu-mì-a-bi-a li-zi-za-ku-nu-tí
"(1-3) Uṣurānum und Āmureštar haben uns in Vertretung des Kurubeštar gegen Puzurana (als Richter) genommen. (4-7a) Folgendermassen (sagten) sie: 'Ein Bürge muss (dich) gestellen. Lasse einen 'Angestellten' (als Bürgen) hintreten und wir wollen dich freilassen'. (7b-9) So (antwortete) Puzurana: 'Schön! Šumi'abija soll euch (als Bürge) hintreten'."

2g) CCT 4 6b:13-15: Brief des Kudatum an Ināja.

(13) ṭup-pu-šu a-ma-kam (14) a-šar DUMU.SAL Šu-eštar ú bar-dí-šu (15) i-ba-ší-ú (Rasur)

"(13-15) Seine Urkunden sind bei der Tochter des Šū'eštar und dessen 'Ange=stellten'."

2h) KTK 67 (= Šil. 5 = Gol. 18):18-20. Brief der Ennibāš an Ḫattītum und Baršebala.

(18) 1 1/2 GÍN KÙ.BABBAR Du-na (19) IR ša A-ḫu-qar (20) na-áš-a-ki-na-tí

"(18-20) (Mit) 1 1/2 Seqel Silber ist Duna **(95)**, der 'Angestellte' des Aḫûqar zu euch unterwegs."

2i) CCT 4 45a:19b-22: Brief des Enna'aššur an Āmureštar.

(19b) 3 GÍN KÙ.GI (20) SIG_5 Lá-qé-pu-um (21) iš-tí ur-dim ša Puzur-a-šur (22) ú-šé-bi_4-lá-ku-um

"(19b-22) 3 Seqel gutes Gold hat Lāqēpum mit dem 'Angestellten' des Puzuraššur dir geschickt."

2k) Hecker, KUG 39:4-6 und 12b-16: Brief der Lamassatum an Pūšukēn.

(4) ^{d}IM-ba-ni (5) ur-du-um (6) wa-ra-ad-kà ... (12b) wa-ar-dam (13) 1 GÍN TA KÙ.BABBAR (14) i-ma-áš-kà-na-tí-kà (15) ša-dí!-šu-ma (16) šé-bi-lam

"(4-6) Adadbāni, der 'Angestellte', (sei wie) dein 'Angestellter'. ... (12b-16) Den 'Angestellten' lasse (auch nur) je ein Seqel Silber in deine Läger le=gen und dann schicke (es) mir."

Vgl. dazu Exkurs 3 zu CCT 4 40b/41a sub 2e.

2l) ICK 1 136: Gerichtliche Anordnung.

(1) Ša-lim-be-lí ÌR (2) ša Sú-in-na-wi-ir (3) a-šar ^{d}IM-ba-ni (4) ú me-er-ú-šu (5) e-mu-ru-šu-ni (6) a-na kà-ṣa-ru-tí (7) ú-bu-bu-šu-ma <....> (8) Ḫa-na-na Sú-pá (8) A-mur-DINGIR ú A-šur-i-dí (10) ga-me-er (11) a-wa-tim

"(1-7) Den Šalimbēlī, den 'Angestellten' des Su'innawir, werden Adadbāni und seine Söhne, wo immer sie ihn finden, für den Dienst als Eseltreiber frei=stellen und <....>. (8-11) Ḫanana, Supa, Āmurilī und Aššuridī (waren) die Beender des Falles."

3. wardum "Sklave".

3a) BIN 4 25:37b-38: Brief des Šalimaḫum an den Vertreter des Aššurmalik, Pūšukēn und Ilī'ašrannī.

(37b) ki-ma ša a-ḫa-am i-na kà-ri-im (38) lá i-šu-ú ÌR e-ta-áp-ša-ni

"(37b-38) Als ob ich einen Kollegen im Kārum nicht hätte, hat er mich wie ei=nen Sklaven behandelt."

Vielleicht sollte dieser Beleg zu oben No. 2 gestellt werden, wenn hier näm=lich die Opposition aḫum = "(Kaufmanns)kollege" : wardum = "Untergebener"

---

(95) Zu Du-na als einem kappadokischen PN s. P. Garelli, Les Assyriens 160.

vorliegen sollte.

3b) BIN 4 200 (= EL 122):5-9: Privaturkunde; Leihe.

(5) 2 wa-ar-dí (6) a-na Ì-lí-ba-ni (7) áp-qí-id (8) Ì-lí-ba-ni-ma (9) ú-ta-ra-šu-nu

"(5-9) 2 Sklaven habe ich dem Ilībāni anvertraut. Ilībāni (selbst) wird sie (mir) zurückbringen."

3c) CCT 5 16b: Verpflichtung zur Rückgabe eines Sklaven.

(1) ur-dam ša ⌜x⌝-[....] (2) DUMU [....] (3) a-na Ú-ṣúr-ša-a-šur DU[MU] (4) Bu-ta-a i-na ḫa-m[u]š-tim (5) ša I-tur$_4$-DINGIR ú-ší-ir (6) um-ma A-šur-mu-ta-bi-il$_5$-ma (7) ur-dam i-na (8) ḫa-muš-tim ša DUMU (9) Ì-lí-a-lim tù-ta-ra (10) šu-ma lá tù-ta-e-[er] (11) 1/2 ma-na KÙ.BABBAR (12) ta-ša-qá-lam u[m-ma] (13) Ú-ṣur-ša-a-šur [ke-na] (14) a-ša-qá-lá-k[um] (15) IGI I-dí-ku-bi-i[m] (16) DUMU Pí-lá-aḫ-eštar (17) IGI I-ku-pá-ša

"(1-5) Den Sklaven des PN, des Sohnes des PN$_2$, hat er (= Aššurmuttabbil) dem Uṣurša'aššur, dem Sohne des Butāja, in der Woche des Itūrilī freigegeben. (6-12a) Folgendermassen (sprach) Aššurmuttabbil: 'Den Sklaven wirst du mir in der Woche des Sohnes des Ilī'alum zurückbringen. Wenn du (ihn) nicht zurückbringst, wirst du mir 1/2 Mine Silber bezahlen.' (12b-14) So (antwortete) Uṣurša'aššur: 'Jawohl! Ich werde dir (das Silber) bezahlen.' (15-17) Vor Idīkūbum, dem Sohne des Pilaḫeštar; vor Ikuppāša."

3d) TCL 14 67 (= EL 205):6-14: Zession einer Kaufpreisschuld.

(6) ṭup-pá-am ša 2/3 ma-na KÙ.BABBAR (7) ša ší-im Ḫa-da-a-ni ÌR (8) ša A-šùr-pì-lá-aḫ DUMU A-mur-a-šùr (9) ša A-ḫu-ni DUMU Šu-eštar ù A-ḫa-tum (10) a-ša-sú a-na DAM.GÀR^{ri-im} (11) ḫa-bu-[u-n]i-ma ṭup-pu-um (12) a-na A-šùr-na-da pá-aq-du (13) ṭup-pá-am Ku-ni-na-aḫ-šú-šar (14) DAM A-šùr-pì-lá-aḫ DUMU A-mur-a-šùr <tal-qé>

"(6-14) Die Urkunde über 2/3 Minen Silber vom Kaufpreis für Ḫadāni, den Skla= ven des Aššurpilaḫ, des Sohnes des Āmuraššur, welches (Silber) Aḫūnī, der Sohn des Šū'eštar, und Aḫatum, seine Ehefrau, dem Inhaber (der Urkunde) schul= dig geworden waren, und (welche) Urkunde dem Aššurnādā übergeben war,- die(se) Urkunde hat Kuninaḫšušar, die Ehefrau des Aššurpilaḫ, des Sohnes des Āmuraš= šur <erhalten>."

Das zugrundeliegende Kaufgeschäft fand in rein assyrischem Milieu statt; die kappadokische Ehefrau des (wohl verstorbenen) Verkäufers erhält nunmehr den auf den Inhaber ausgestellten Verpflichtungsschein in Höhe der Kaufpreis= schuld übertragen.

3e) TuM 1 22a (= EL 287):18b-22a: Gerichtsurkunde; Erbteilung.

(18b) ù ší-tám lu ú-ṭá-tám (19) lu am-tám lu [I]R (20) lu zi-⌜it-tám⌝ a-ma-lá

(21) ší-ma-at a-bi$_4$-šu-nu (22a) i-zu-zu
"(18b-22a) Ferner werden sie den Rest, sowohl die Gerste, wie die Sklavin o=der den Sklaven, oder den (sonstigen) (Erb)teil gemäss den Bestimmungen ihres Vaters teilen."

3f) TCL 21 233A:18f. (= B:17f.): Verpflichtungsschein mit Pfandbestellung.
(18) ÌR I-šar-be-lí (Rasur) (19) e-ru-ba-tum
"(18f.) Der Sklave Išarbēlī (ist) Pfand"
Alle am Geschäft Beteiligten sind Assyrer.

3g) ICK 1 10:11-15: Sammelurkunde, hier Darlehen.
(11) 30 ma-na URUDU Puzur$_4$-eštar (12) a-na I-dí-a-šùr (13) a-na be-ú-lá-tim (14) i-dí-⟨in⟩ 1 ÌR-sú iš-tí (15) URUDU uk-ta-al
"(11-15) 30 Minen Kupfer hat Puzureštar dem Idī'aššur als Betriebskapital ge=geben; sein Sklave wird mit dem Kupfer gehalten."

3h) TCL 19 60:18b-23: Brief des Inbi'eštar an Ṣilladad.
(18b) GÉME^{tám} (19) ú ur-dam i-Kà-ni-iš (20) lá i-šu i-na ^{d}UTU^{ší} (21) na-áš-pé-er-tí ta-ša-me-ú (22) a-ma-sú IR-sú ki-ta-ma (23) KÙ.BABBAR le-qé
"(18b-20a) Eine Sklavin oder einen Sklaven hat er in Kaniš nicht. (20b-23) Sowie du meine Botschaft vernimmst, nimm (dort) seine Sklavin (oder) seinen Sklaven als Sicherheit und dann nimm das Silber."

3i) TCL 4 25:14-16: Brief des Puzuraššur an Āmurilum.
(14) a-ma-tim ù ir-dé-e (15) ša ša-zu-uz-tí-kà (16) tù-kà-tí-ma
"(14-16) Die Sklavinnen und Sklaven deines Vertreters hast du als Sicherheit genommen."

3k) CCT 4 37b:16-24: Brief des Sabāzija an Puzuraššur.
(16) a-ḫi a-ta i-'ì-id-ma (17) ṭup-pá-am ša kà-ri-i[m] (18) ša i-na bé-té-e am-tim (19) wa-ar-dim a-dí KÙ.BABBAR^{áp}-kà-ma (20) tù-uš-ta-bu-ú (21) qá-at-kà ša-ak-na-at-ni (22) ma-ma-an (23) lá i-ṭa-ḫi-ú iš-tí (24) ba-tí-qí-im šé-bi-lam
"(16-24) Mein Bruder (bist) du! Pass' auf: Eine Urkunde des Kārum (darüber), dass auf die Häuser, die Sklavin (und) den Sklaven, bis du bezüglich deines Silbers befriedigt bist, deine Hand gelegt ist, (und dass) niemand (diesen) nahe kommen soll, schicke mir durch Boten."

3l) VAT 13535 (= EL 252):8b-9 und 11b-13: Prozess um ein Eigentumspfand.
(8b) 18 GÍN KÙ.BABBAR (9) ^{d}UTU-ta-ak-la-ku ḫa-bu-lam ... (11b) 18 GÍN (12) [KÙ.BAB]BAR dí-na-ma wa-ar-dí (13) [ù a]m-tám ta-ru
"(8b-9) 18 Seqel Silber ist Šamaštaklāku mir schuldig. ... (11b-13) Die 18 Seqel Silber gib mir und dann führe meinen Sklaven und die Sklavin davon."
wardī "mein Sklave" bezieht sich hier auf ein rechtmässig erhaltenes Personen=pfand.

3m) WAG 48/1464 (= J. Lewy, AHDO 1,1937,106-108):12-14a: Einräumung eines Lösungs=rechtes an einem Personenpfand. (Vgl. den Geschäftsabschlussvermerk oben §69).

(12) A-lu-lu-wa (13) ur-a-sú a-ša-sú (14a) am-a-sú

"(12-14a) Aluluwa (ist) sein Sklave, dessen Ehefrau (ist) seine Sklavin."

Der Begriff wardum, allgemein mit "Sklave" übersetzt, ist also, ähnlich wie amtum "Sklavin" (vgl. dazu Exkurs 3), nicht einheitlich zu interpretieren; es gilt:

1. wardum "der Diener", "der Untergebene" ist voll rechtsfähig; er begegnet als Gläubiger (2c) wie als Schuldner (2e) einer Zahlungsverpflichtung, wie als Zeu=ge von Verträgen (2c und 2d) und kann selbständig eine Gestellungsbürgschaft (2f) übernehmen. Ausserdem hat er mehrfach eine Vertrauensstellung als Spedi=teur (2h-2i) oder als Verwahrer (2g) inne. wardum ist hier eindeutig Rechts=subjekt.
2. wardum "der Sklave" wird ohne Einwilligung Dritten Personen überlassen (3b und 3c), verkauft (3d), vererbt (3e), verpfändet (3f-3g,3l) oder gepfändet (3h-3k). wardum ist hier Rechtsobjekt.

Abgesehen von dem Sonderfall in 3m tragen die als wardum bezeichneten Personen mit Ausnahme von Duna (vgl. Anm. 95) gut assyrische Eigennamen; vgl.

2e	TCL 20 129	Abī'ilī	3d	TCL 14 67	Ḫadāni
2h	KUG 39	Adadbāni	3f	TCL 21 233	Išarbēlī
2c	TCL 4 75	Ḫaduklānum			
2l	ICK 1 136	Šalimbēlī			
2f	TCL 4 110	Šumi'abija			

Exkurs 3: amtum "Sklavin".

Der Begriff amtum kommt in den altassyrischen Texten in folgenden Verwendungen vor:

1. amtum "Gattin".

1a) I 490 (= J. Lewy, HUCA 27,1956,6):1-4a: Ehevertrag.

(1) Eštar-lá-ma-sí DUMU.SAL (2) A-šùr-na-da Puzur-eštar (3) a-na am-tù-tim (4a) e-ḫu-uz-ma

"(1-4a) Die Eštarlamassī, die Tochter des Aššurnādā, hat Puzureštar zur 'Gat=tinnenschaft' genommen."

1b) ICK 1 3 (= Hrozný, SDIOA 2 108f.):4-5: Ehevertrag.

(4) i-na ma-tim ⌜GÉME!⌝ (Rasur) (5) ša-ni-tám lá e-ḫa-az

"(4f.) Im Lande wird er eine andere 'Gattin' nicht nehmen."

1c) ICK 1 32 (= J. Lewy, HUCA 27,1956,3f.):1-2: Ehescheidung.

(1) Pí-lá-a[ḫ-eštar Wa-l]á-wa-lá (2) a-ma-sú ⌜e⌝-[z]i-i[b]-ma

"(1f.) Pilaḫeštar hat die Walawala, seine 'Gattin', geschieden."

1d) OIP 27 59:22-25a: Sammelurkunde, hier Verpflichtungsschein.

(22) 1/3 ma-na KÙ.BABBAR ṣa-ru-pá-am (23) i-ṣé-er DINGIR-ma-lá-ak DUMU Sú-in-SIPA (24) ú Wa-lá-wa-lá am-tí-šu ^{d}En-líl-ba-ni (25a) i-šu

"(22-25a) 1/3 Mina geläutertes Silber hat zu Lasten des Ilummalāk, des Sohnes des Su'inrē'ûm, und der Walawala, seiner 'Gattin', Enlilbāni gut."

Vgl. K. Hecker, OrNS 47 410 No. 29. Die, freilich leicht zerstörte, Hülle der Originalurkunde liegt vor in CCT 1 11b (= EL 24, vgl. J. Lewy, HUCA 27,1956, 3 Anm. 9).

1e) KTS 50a (= EL 117):9-13: Verwahrung.

(9) 1 šé-bu-ul-ta-am (10) 1 GÍN KÙ.BABBAR ku-nu-⌜ki⌝ (11) ša am-tim a-na (12) Na-na-a DUMU Bu-du-du (13) a-na A-bi$_4$-a-a DUMU En-na-nim áp-qí-id

"(9-13) 1 Sendung (von) 1 Seqel Silber mit den Siegeln der 'Gattin' habe ich für Nanāja, den Sohn des Bududu, dem Abī'aja, dem Sohne des Ennānum, anver= traut."

1f) ATHE 44:25-28a: Brief der Ehefrau des Buzazu an Atata, Buzazu und Aššurmuttab= bil.

(25) u$_4$-ma-am ma-lá am-tim qá-qí-dí-im (26) ma-aḫ-ṣí-im ú-lá ad-mì-qá-ku-ma (27) ip-re-e a-na am-tim (28a) tù-ma-da-ad

"(25-28) Habe ich dir nicht heute Gutes getan wie eine Sklavin mit 'geschla= genem Kopf', sodass du der Sklavin (i.e. deiner Gattin = mir) die Rationen zuteilen solltest?"

Interpretation nach CAD A/2 80f.

1g) ICK 1 65:15-18: Brief des Aššurimittī und des Iddinabum an Ṣí-lá-AN.

(15) a-ḫu-ni a-ta (16) a-ṣé-er a-ma-tí-ni (17) ú ṣú-uḫ-ri-kà (18) e-kà li-li-ik

"(15-18) Du (bist) unser Bruder! Auf unsere 'Gattinnen' und deine Kinder möge dein Auge (wachsam) fallen!"

1h) Chantre 15:12-14: Brief des E-na-a-šur an E-na-ma-a-šur.

(12) a-ṣé-er a-am-tí-a (13) e-en-kà (14) li-li-kam

"(12f.) Auf meine 'Gattin' möge dein Auge (wachsam) fallen."

1i) VAT 13480 (= EL 155):17b-19a: Notiz über verschiedene Lieferungen.

(17b) mì-ma (18) a-ni-im a-na am-tim (19a) ú-ub-lu

"(17b-19a) Dies alles haben sie der 'Gattin' gebracht."

2. amtum "Sklavin".

2a) BIN 4 22:18-22: Brief der Šātaššur an Pūšukēn.

(18) 20 SÌLA ma-da-tám (19) iš-tí a-ma-tí-kà (20) lu!-uš-ta-am-ḫi-ru-ni (21) GÉME 20 SÌLA e-kà-la (22) ú a-na-ku 20 SÌLA a-kál

"(18-20) 20 Sila als Ration soll man mir von deinen Sklavinnen übertragen.

(21-22) (Wenn) die Sklavin(nen) 20 Sila verbrauchen, so will auch ich 20 Sila verbrauchen (dürfen)."

2b) CCT 3 8a:29-32a: Brief des Aššurnādā an Alâḫum, Emema und Aššurtaklāku.

(29) am-tám ša-ḫi-za-ma (30) GIG la-bi$_4$-ra-tim (31) a-na ku-ru-ma-tim (32a) li-ṭé-na-ma

"(29-32a) Weise die Sklavin an, dass sie die alte Gerste zu Mehl (?) mahlen soll."

2c) CCT 2 36a:20-22: Brief des Pūšukēn an Frau Lamassī.

(20) a-ḫa-ma a-nu$^{?!}$-ma-šu ṣú-ḫa-<ra>-am (21) ⌜ù am⌝-tám [ša] Šu-a-nim (?) (22) Dan-a-šùr i-ra-dí-a-ki-im

"(20-22) Ausserdem wird Dānaššur das Kind und die Sklavin des Šū'anum dort=hin zu dir geleiten."

Mit amtum kann hier auch die 'Gattin' des Šū'anum gemeint sein.

2d) BIN 4 68:14-19a: Brief des Enlilbāni an Frau Abšalim.

(14) a-šu-mì am-tim (15) Ud-ra-wa-šu šu-ma a-ma-kam (16) [i]š-tí-ki wa-áš-ba-at (17) ù-lá-ma a-a-kam-ma (18) wa-áš-ba-at té-er-tí-ki (19a) li-li-kam

"(14-19a) Wegen der Sklavin Udruwaššu: Ob sie sich dort bei dir aufhält, oder wo sonst sie sich aufhält, möge dein Bescheid zu mir kommen."

2e) CCT 4 40b:6-14a: Brief der Lamassatum an Pūšukēn, Supa, Puzuraššur, Aššurtu=kultī und Aššuršadūnī.

(6) šu-ma a-ba-ú-a (7) a-tù-nu a-na ma-lá (8) ṭup-pí-im ša a-lim^{KI} (9) É$^{bé-tám}$ ša Kà-ni-iš^{KI} (10) ṭù-ub-ta-am lu a-ma-tim (11) lu ṭup-pí-a$^{!}$ lu a-li (12) KÙ.BABBAR 1 GÍN i-ba-ší-<ú> (13) ì'-da-ma ku-un-ka-ma (14a) šé-bi-lá-nim

"(6-14a) Wenn ihr meine Väter (seid), entsprechend der Tafel der Stadt (be=treffend) das Haus in Kaniš (bezüglich) der Habe, sowohl Sklavinnen als auch meine Urkunden oder wo (auch nur) ein Seqel Silber vorhanden ist: siegelt (es) sorgfältig und schickt es mir!"

2f) BIN 4 213: Geschäftsnotiz.

(1) 1/2 ma-na KÙ.BABBAR (2) ší-im am-tim (3) ša DUMU A-zu-za-a (4) i-li-bi$_4$ (5) A-mur-eštar

"(1-5) 1/2 Mine Silber, der Kaufpreis für die Sklavin des Sohnes des Azuzāja (ist) zu Lasten des Āmureštar."

2g) TCL 20 183: Geschäftsnotiz.

(1) 65 áb-ni (2) ša-áp-tum 31 TÚG (3) 80 e-ma-ru (4) ší-im 4 a-ma-⌜tim⌝ (5) ù 9 ṣú-uḫ$^{!}$-⌜ri⌝-im (6) qá-dum (7) ṣú-ḫa-ri-im

"(1-7) 65 Stein Wolle, 31 Stoffe (und) 80 Esel: Kaufpreis für 4 Sklavinnen und 9 Kinder einschliesslich eines jungen Burschen."

2h) TCL 20 176:1-3: Geschäftsnotiz.

(1) 1/3 MA.NA 2 1/2 GÍN (2) ší-im am-tí-im (3) ⸢ù 1 1/2⸣ GÍN a-na lu-bu-uš-tí-š[a]

"(1-3) 1/3 Mine 2 1/2 Seqel (Silber), der Preis für eine Sklavin und 1 1/2 Seqel (Silber) für ihre Kleidung."

2i) BIN 4 230:12-21a: Brief des Ḫadini an Ṣilladad.

(12) ú GÉME Zu-ba (13) ⸢5⸣ pí-ri-kà-ni (14) Šu-ku-bu-um ub-lam (15) 1 GÉME ú me-ra-ša (16) E-nam-a-a ir-dí-a-ku[m] (17) a-ḫi a-ta ma-lá am-tam$_4$ (18) ú me-ra-ša a-ší-mì$^!$-im (19) ta-dí-nu té-er-ta-kà (20) li-li-kam-ma KÙ.BABBAR^{áp}-kà (21a) lu nu-šé-bi$_4$-lá-kum

"(12-14) Ferner: Die Sklavin Zuba und 5 pirikannu-Stoffe hat Šūkūbum herge= bracht. (15-21a) 1 Sklavin und deren Sohn hat Ennamāja zu dir geleitet. Mein Bruder (bist) du! Für wieviel du die Sklavin und deren Sohn verkauft hast, möge dein Bescheid zu mir kommen und dann wollen wir dir dein (restliches) Silber schicken."

2k) CCT 3 25:32b-35: Brief des Taraku an Ināja.

(32b) a-šu-mì am-tim (33) A-šùr-ták-lá-ku iš-pu-ra-ma i-na ṭup-pì-šu (34) 1/3 ma-na KÙ.BABBAR a-na E-lá-lí DUMU Šu-ku-bi$_4$-im (35) a-dí-in am-tám šu-ub-ri-tám li-iš-a-ma-ki-im

"(32b-35) Wegen der Sklavin hat Aššurtaklāku mir geschrieben. Auf Grund sei= nes Schreibens habe ich 1/3 Mine Silber dem Elali, dem Sohne des Šūkūbum, ge= geben; eine assyrische Sklavin soll er dir kaufen."

2l) CCT 1 46a (= EL 255):4b-18a: Gerichtsprotokoll betreffend eine Kaufpreisschuld.

(4b) A-na-ma-DINGIR-ma (5) a-na Eštar-tù-li-sú DUMU (6) Ì-lí-a iṣ-ba-at-ni-a-tí-ma (7) um-ma A-na-ma-DINGIR-ma (8) KÙ.BABBAR ší-im am-tim (9) ša DAM.GÀR i-na li-bi$_4$-kà (10) i-ba-ší (11) Eštar-tù-li-sú (12) A-na-ma-DINGIR-ma (13) e-pu-ul um-ma (14) Eštar-tù-lị-sú-ma (15) ke-na KÙ.BABBAR ší-im (16) am-tim ša DAM.GÀR (17) i-na li-bi$_4$-a (18a) i-ba-ší

"(4b-6) Anama'ilīma hat uns gegen Eštartūlissu (als Richter) genommen. (7-10) Folgendermassn (sprach) Anamailīma: 'Das Silber, der Kaufpreis für die Skla= vin, ist zugunsten des Inhabers (der Schuldurkunde) zu deinen Lasten.' (11-18a) Eštartūlissu antwortete dem Anamailīma; so (sagte) Eštartūlissu: 'Jawohl, das Silber, der Kaufpreis für die Sklavin, ist zugunsten des Inhabers (der Schuldurkunde) zu meinen Lasten.'"

Die Urkunde ist offensichtlich die Abschrift einer Tafelhülle; die Original= urkunde (Innentafel) ist erhalten in CCT 1 46b/47a (= EL 256).

2m) ICK 1 3:7b-16: Ehevertrag.

(7b) šu-ma a-dí (8) MU$^!$(Text GÉME).2.⸢ŠÈ$^!$⸣ li-pè-e (9) lá ta-ar-tí-ší-šu-um

(10) GÉME ší-it-ma (11) ta-ša-a-am-ma (12) ù wa-ar-kà-tám (13) iš-tù ša-ra-am mì-im-<ma> (14) ta-ra-ší-ú-šu-ni (15) ú a-šar li-bi$_4$-šu (16) a-na ší-mì-im i-da-šu

"(7b-11) Wenn sie (die Ehefrau) bis in zwei Jahren ihm (dem Ehemann) Nachkom= men nicht verschafft, wird sie selbst eine Sklavin kaufen. (12-16) Hernach, nachdem sie (die Sklavin) ihm (dem Ehemann) ein Kind - was auch immer - ver= schafft hat, wird sie (die Ehefrau) sie (die Sklavin) nach Belieben verkaufen." (In Z. 15f. ist möglicherweise der Ehemann Subjekt; die Verwendung der genera ist undeutlich).

2n) I 490 (= J. Lewy, HUCA 27,1956,6-8):18b-22a: Ehevertrag.

(18b) šu-ma (19) Eštar-lá-ma-sí a-dí 3 ša-na-at (20) šé-ra-am lá e-mar (21) GÉME i-ša-a-ma (22a) e-ḫa-az

"(18b-22a) Wenn Eštarlamassī bis in drei Jahren kein Kind bekommt, kann er (der Ehemann) eine Sklavin kaufen und (als Konkubine) nehmen."

2o) TUM 1 22a (= EL 287):25-31: Gerichtsurkunde; Erbteilung.

(25) A-gi-a lu a-na-kam lu i-na (26) a-lim^{KI} am-tám a-na iš-ta-ri-ú-tí-šu-{nu} (27) i-lá-qé za-ak A-sú (28) Puzur-ša$_{10}$-du ù A-lá-ḫu-um (29) i-na a-ma-tim ša la-am-du (30) 1 iš-té-na i-ṣa-bu-tù-ni-ma (31) i-q̌á-tí-šu-nu i-ṣa-ḫe-er

"(25-27a) Agi'a kann entweder hier oder in der Stadt eine Sklavin zu seiner Konkubine nehmen; er ist frei (von Ansprüchen). (27b-31) Asu, Puzuršadû und Alâḫum können unter den Sklavinnen, die sie kennen, (je) eine nehmen; doch wird die(se) von ihrem Anteil abgezogen."

Vgl. zu Z. 18b-22a dieses Textes in Exkurs 2 No. 3e).

2p) VAT 13528 (= EL 227):37f.: Sammelurkunde, hier Verpflichtungsschein.

(37b) am-tum A-ni-a (38) e-ru-ba-tù-šu

"(37b-38) Die Sklavin Ani'a ist sein Pfand."

2q) BIN 4 190 (= EL 92):1-8: Verpflichtungsschein.

(1) 1 1/2 ma-na KÙ.BABBAR (2) i-ṣé-er (3) Pá-la-a-na-áš-wa (4) Ta-mu-ri-a i-šu (5) a-na KÙ.BABBAR a-ni-im (6) É$^{bé\text{-}tám}$ Ku-lu-ma-a (7) ṣú-ḫa-ar-tám (8) ù GÉME i-da-gal

"(1-4) 1 1/2 Minen Silber hat zu Lasten des Palanašwa Tamuri'a gut. (5-8) Für dieses Silber gehören ihm (als Pfand) das Haus, Kulumāja, das Mädchen und die Sklavin."

2r) CCT 4 37b:16-24: Sklavin als Pfand; vgl. Exkurs 2 No. 3k).

2s) TCL 14 46:7b-10: Brief des Aḫaḫa an Aššurmuttabbil, Buzazu und Ikuppāša.

(7b) li-mu-um (8) ù-ša-à'-da-ra-ni (9) ù GÉME$^{ḪI\text{-}tí}$-a (10) ik-ta-na-ta

"(7b-10) Der līmum-Beamte versetzt mich in Angst; denn er nimmt dauernd mei= ne Sklavinnen als Sicherheit."

2t) BIN 4 67:17f.: Brief des Simasu'in an Aššurtaklāku.

(17) sí-pá-ri(Text: ru) ú GÉME^{HI}-kà (18) li-mu-um ik-ta-ma

"(17f.) Die Bronzen und deine Sklavinnen hat der līmum-Beamte als Sicherheit genommen."

2u) CCT 3 24:41f.: Brief der Tarāmkūbī an Ināja.

(41) É^{tám} ú-ša-à'-dí-ir-ma (42) a-ma-tim ú-kà-tí-ma

"(41f.) Er hat das Haus in Angst versetzt und die Sklavinnen als Sicherheit genommen."

2v) KTS 29b:4b-8: Brief des Aššurbāni, Šalimaššur und Kulumāja an Pūšukēn.

(4b) a-šu-mì (5) En-na-be-lí GÉME-kà (6) Puzur$_4$-eštar ik-ta-ma (7) KÙ.BABBAR 1/2 MA.NA (8) e-ri-iš-ni-a-tí

"(4b-8) Wegen des Ennabēlī hat Puzureštar deine Sklavin als Sicherheit genom= men und verlangt Silber, 1/2 Mine, von uns."

2w) TCL 19 60:18b-23: Sicherheit; vgl. Exkurs 2 No. 3h.

2x) TCL 4 25:14-16: Sicherheit; vgl. Exkurs 2 No. 3i.

2y) ICK 1 61:5-17: Gerichtsprotokoll betreffend Pfandlösung.

(5) um-ma Šál-ma-a-šùr-ma (6) GÉME^{tám} dì-nam um-ma (7) Ša-ar-ni-kà-ma (8) ^{d}UTU-ta-ak-lá-ku GÉME (9) i-dí-nam um-ma šu-ut-ma (10) a-dí KÙ.BABBAR⌜^{áp}-kà⌝ a-da-na-ku-ni (11) GÉME ka-il ⌜GÉME⌝ (12) ša A-šùr-be-el-a-wa-tim (13) DUMU I-sú-rik$_x$(= MUŠ) (14) 1/3 MA.NA 3 GÍN KÙ.BABBAR (15) Šál-ma-a-šùr a-šu-[mì] (16) GÉME a-na Ša-ar-n[i-kà] (17) iš-qú-ul-ma GÉME [ú-ta-er]

"(5-6a) Folgendermassen (sagte) Šalmaššur: 'Die Sklavin gib mir!' (6b-11a) So (antwortete) Šarnika: 'Šamaštaklāku hat die Sklavin mir (als Pfand) gegeben, (indem) jener so (sagte): 'Bis ich dir dein Silber gebe, behalte die Sklavin (als Pfand).' (11b-13) Die Sklavin (ist) die vom Hause des Aššurbēlawātim, des Sohnes des Isûrik. (14-17) 1/3 Mine 3 Seqel Silber hat Šalmaššur wegen der Sklavin dem Šarnika bezahlt und dann die Sklavin [fortgeführt]."

Vgl. auch VAT 13535 (= EL 252):8b-9 und 11b-13; s. Exkurs 2 No. 3l.

2z) BIN 4 11:3-21: Brief des Abūšalim an Pūšukēn.

(3) a-ša-me-ma a-ma-at a-bi-ni (4) ma-ḫa-i ip-ṭur$_4$ (5) a-na É a-bi-ni (6) e ú-šé-ri-ib-ší-ma (7) ṣ[a-a]l-tám É a-bi-ni (8) e iš-ku-un a-bi a-ta (9) a-na É a-bi-ni (10) ú-lá ú-šé-ra-ab-ší (11) a-šar li-bi-šu (12) lu-šé-ší-ib-ší (13) i-na KÁ ḫa-ra-ni-a (14) Ú-ra-ni aṣ-ba-at-ma (15) [u]m-ma a-na-ku-ma a-na (16) a-lim^{KI} a-lá-ak mì-ma (17) ša ta-da-nim dí-nam (18) um-ma šu-ut-ma ṣú-ḫu-ur-kà (19) ú-ša-kál a-bi a-ta (20) a-na GÉME KÙ.BABBAR 10 GÍN (21) ú 1/3 MA.NA li-dí-in

"(3-4) Wie ich höre hat unser Onkel die Sklavin unseres Vaters ausgelöst. (5-12) Zum Hause unseres Vaters soll er sie nicht bringen und Streit im Hause unseres Vaters soll er nicht verursachen! Du (bist) mein Vater! Zum Hause un= seres Vaters soll er sie nicht bringen; wo es ihm beliebt, soll er sie unter= bringen! (13-17) Vor Antritt meines Reise habe ich den Urani 'gepackt' und folgendermassen (sagte) ich (zu ihm): 'Ich gehe in die Stadt. Was immer (du mir) zu geben (hast), gib mir!' (18-19a) So (antwortete) der: 'Deine Sklaven werde ich verköstigen.' (19b-21) Mein Vater (bist) du! Für die Sklavin soll er Silber, 10 Seqel oder 1/3 Mine, geben."

Wie wardum (vgl. oben Exkurs 2) ist also auch der Begriff amtum, allgemein mit "Sklavin" übersetzt, nicht einheitlich zu interpretieren; es gilt:

1. amtum "die Sklavin" wird ohne ihre Einwilligung verkauft (2f-21), als Konkubine gekauft (2m-2n) oder ererbt (2o), verpfändet (2p-2r, 2y-2z) oder gepfändet (2s-2x). amtum ist hier Rechtsobjekt.
2. amtum steht als eherechtlicher Begriff neben aššatum "Ehefrau"; sie ist wohl eine Art "Nebenfrau". Um aber das Verhältnis zwischen ihr und ihrem Manne ein= deutig bezeichnen zu können, haben wir für amtum die Übersetzung "Gattin" ge= wählt; ihr Mann ist dann der "Gatte", wie mūtum der "Ehemann" der aššatum "E= hefrau" ist. Die amtūtum "Gattinnenschaft" (1a) setzt einen formalen Ehever= trag voraus und kann durch eine ebenfalls formale Scheidungsurkunde beendet werden (1c). Die amtum wird nach dem Ehevertrag I 490 (No. 1a, vgl. J. Lewy, HUCA 27,1956,6-8) bei ungerechtfertigter Ehescheidung ihrem "Gatten" recht= lich gleichgestellt. Weiter begegnet amtum, die "Gattin", einmal (1d) neben ihrem "Gatten" als Schuldnerin in einem Verpflichtungsschein, und ein anderer Text (1e) nennt schliesslich das Siegel einer "Gattin". amtum, die "Gattin", ist also rechtsfähig, sie ist Rechtssubjekt.

Die als amtum bezeichneten Personen tragen zum Teil assyrische,zum Teil kappado= kische Namen; vgl. Eštarlamassī (1a), Walawala (1c und 1d); Udruwaššu, Zuba (2i) und Ani'a (2p). Bemerkenswert ist der Hinweis auf amtam šubrītam "die assyrische Sklavin" (2k).

An Preisen für eine Sklavin sind zu notieren: 1/2 Mine Silber (2f), 1/3 Mine 2 1/2 Seqel Silber (2h); vgl. 1/3 Mine 3 Seqel Silber (2y). Beachte noch den Kaufpreis von 65 Stein Wolle, 31 Stoffen und 80 Eseln für vier Sklavinnen und neun Kinder (2g).

ZWEITER TEIL.

DIE TEXTE.

1.

Text: Tafel: MAH 15962, Kopie JNES 16,1957,170, Photo ibid. pl. xxviif.
Hülle: MAH 16213, Kopie JNES 16,1957,172, Photo ibid. pl. xxix.
Bearbeitung: I.J. Gelb - E. Sollberger, JNES 16,1957,163-175.

Kaufvertrag über ein unbebautes Grundstück (qaqqurū paṣi'ūtum) mit ausführlicher Lageangabe nach den Nachbargrundstücken (A:5b-13, B:11b-17). Das Kaufobjekt wurde vom Grossvater der Veräusserer käuflich erworben (A:2b-5a) und ist als deren Erb=teil ausgewiesen (zittu A:14-16, ḪA.LÁ B:9b-11a). Alle Beteiligten sind Assyrer. Assyrischer Kaufvermerk ex latere venditoris (Typ Av/1, A:1-24, B:8-24; vgl. § 47). Verzichtklausel (Typ V/1, A:25-34, B:25-33a; vgl. § 71). Erklärung über die Ungültigkeit eines älteren Dokumentes (Ersatzklausel: A:35-37; vgl. § 17 mit Anm. 11). Sieben Zeugen (A:38-44; vgl. B:1-7). Datum nach Monat und Eponym (A:45-48, B:33b-35; vgl. § 35). Narāmsînsiegel in Fremdverwendung (vgl. § 36.3). Der Text stammt vermutlich nicht aus Kleinasien sondern aus Assyrien, vielleicht sogar aus Assur, und ist etwas jünger als die Masse der Kültepe-Texte; vgl. I.J. Gelb - E. Sollberger, JNES 16,1957,173-175 und J. Lewy, AnBib 12,1959,225f.

A. Tafel:

šu-bat LÁ 1/6 GÍN q[á-qí-r]i
pá-ṣí-ú-tim i-na l[i-b]i$_4$
qá-qí-ri ší-a-ma-at
^{I}Ga-al-zi a-bi$_4$ a$^{!}$-bi$_4$-šu$^{!}$-nu
DUMU A-i-qu-da-dí ša ṭé-ḫi
qá-qí-ri ša Mar-tí-a
DUMU I-dí-in-^{d}a-šùr ṭé-ḫi É
^{I}Šu-mu-li-ib-ší DUMU Da-da
ṭé-ḫi É I-ku-na-a
DUMU Ku-bi$_4$-a ṭé-ḫi qá-qí-ri
zi-tí ša A-ba-ba
DUMU I-dí-in-^{d}a-šùr
ù ṭé-ḫi re-be-tim
zi-tí ^{I}I-dí-in-^{d}a-šùr
DUMU.GAL ù Ma-ṣí-DINGIR.MEŠ
DUMU.MEŠ ^{d}UTU-mu-šé-li
a-na ší-mì-im a-na 3 ma-na KÙ.BABBAR
tí-ri ^{I}I-dí-in-^{d}a-šùr
DUMU.GAL ù Ma-ṣí-DINGIR.MEŠ
DUMU.MEŠ ^{Id}UTU-mu-šé-li
a-na ^{Id}UTU-ták-lá-k[u]

B: Hülle:

KIŠIB Da-dí-a DU[MU A-ku-za]
Siegel A
[KI]ŠIB Re-š[i-a] ⸢DUMU Ni-ma-a⸣
[KIŠIB] ⸢Ba⸣-[ga-a DUMU Pu-ḫi-a]
[KIŠIB ^{d}IM-A.ZU DUMU A-mur-ra-bu-sà]
[KIŠIB Za-bu-UR.SAG DUMU DINGIR-GAL]
[KIŠIB ^{d}A-nu-LUGAL]-⸢DINGIR.MEŠ DUMU x⸣-
[KIŠIB ^{d}Nabû-U]R.SAG DUB.SAR [....]
[1 šu-bat LÁ] ⸢1/6⸣ GÍN qá-qí-r[i]
[pá-ṣí-ú-t]im ḪA-LÁ ^{I}I-dí-[in-^{d}a-šùr]
[DUMU.GAL ù] Ma-ṣí-DINGIR.MEŠ DUMU.[MEŠ]
[^{d}UTU]-mu-šé-li ša ṭé-ḫi
É Šu-mu-li-ib-ší DUMU [Da-da]
ṭé-ḫi É I-ku-na-a DUMU Ku-[bi$_4$-a]
ṭé-ḫi qá-qí-ri ša Mar-tí-a
DUMU I-dí-in-^{d}a-šùr ṭé-ḫi q[á-qí-ri zi-tí]
ša A-ba-ba DUMU I-dí-in-^{d}[a-šùr]
⸢ù ṭé-ḫi⸣ re-be-tim
K [a-na ší-mì]-im a-n[a 3 ma-na KÙ.BABBAR]
Rs [tí-ri] ^{I}I-dí-in-^{d}a-[šùr]
DUMU.GAL ù ^{I}Ma-ṣí-[DINGIR.MEŠ]

K [DU]MU ÌR-^{d}šé-ru-a
i-dí-nu-ma
ù-ša-bi$_4$-ú-šu
Rs a-na 1 šu-bat LÁ 1/6 GÍN
qá-qí-ri šu-nu-tí
ù 3 ma-na KÙ.BABBAR tí-ri
ší-mì-šu-nu ^{I}I-dí-in-^{d}a-šùr
ù ^{I}Ma-ṣí-DINGIR.MEŠ
DUMU.MEŠ ^{Id}Utu-mu-šé-li
ù DUMU.MEŠ-šu-nu
ma-ma-an a-na ^{Id}UTU-ták-lá-ku
DUMU ÌR-^{d}šé-ru-a
ù DUMU.MEŠ-šu ù-lá i-tù-ru
ki-ma ṭup-pì dan-na-tí
lá-bi^{4}-ir-tí a-ni-tù ṭup-pu
da-an-na-at
Siegel E und F
IGI Da-dí-a DUMU A-ku-za
IGI Re-ší-a DUMU Ni-ma-a
IGI Ba-ga-a DUMU Pu-ḫi-a
IGI ^{d}IM-A.Z[U] DUMU A-mur-ra-bu-sà
IGI Za-bu-UR.SAG DUMU DINGIR-GAL
IGI ^{d}A-nu-LUGAL-DINGIR.MEŠ
IGI ^{d}Nabû-UR.SAG DUB.SAR
[IT]U ^{d}NIN-É.GAL
K li-mu-um
^{I}Qí-iš-^{d}MAR.TU
DUMU A-ba-ba
lR Siegel A,B,C und D

Siegel D
DUMU.MEŠ ^{d}UTU-mu-šé-li DUMU [^{I}Ga-al-zi]
a-na ^{Id}UTU-ták-lá-ku
DUMU ÌR-^{d}šé-ru-a i-[dí-nu-ma]
ù-ša-áb-bi$_4$-ú-[šu]
a-na 1 šu-bat LÁ [1/6 GÍN qá-qí-ri]
šu-nu-tí ù 3 m[a-na KÙ.BABBAR]
tí-ri ší-mì-šu-[nu ^{I}I-dí-in-^{d}a-šùr]
DUMU.GAL ù ^{I}[Ma-ṣ]í-DINGIR.ME[Š]
DUMU.MEŠ ^{d}UTU-mu-šé-li
[DUMU ^{I}Ga-al-zi] ù DUMU.MEŠ-šu-nu
[m]a-ma-an a-na ^{Id}UTU-ták-lá-ku
DUMU ÌR-^{d}šé-ru-a ù DUMU.ME[Š-šu]
Siegel C
ù-lá i-tù-ru ITU ^{d}NI[N-É.GAL]
li-mu-um ^{I}Qí-iš-^{d}[MAR.TU]
DUMU A-ba-b[a]

Siegellegende A:

i ^{d}Na-ra-am-	ii ....-^{d}ASAR
^{d}EN.ZU	....
LUGAL	....
ki-ib-ra-tim	
ar-ba-im	

Siegellegende B:
Za-bu-[UR.SAG]
DUMU DIN[GIR-GAL]

Übersetzung:

A. Tafel: (1-5a) 1 šubtu minus 1/6 GÍN unbebautes Grundstück, ein Teil von den käuflich erworbenen Grundstücken des Galzi, ihres Grossvaters, des Sohnes des Ajjiqudādī, (5b-13) welches neben dem Grundstück des Martija, des Sohnes des Iddinaššur, neben dem Haus des Šumulibši, des Sohnes des Dada, neben dem Haus des Ikūnāja, des Sohnes des Kūbija, neben dem ererbten Grundstück des Ababa, des Sohnes des Iddinaššur, und neben dem öffentlichen Platz (liegt), (14-16) das Erbteil des Iddinaššur, des ältesten Sohnes, und des Maṣi'ilū, der Söhne des Šamašmušēlī, (17-24) haben für drei Minen Silber mit Prägung Iddinaššur, der älteste Sohn, und Maṣi'ilū, die Söhne des Šamašmušēlī, dem Šamaštaklāku, dem Sohne des Waradšeru'a, verkauft und ihn befriedigt. (25-34) Auf dieses 1 šubtu minus 1/6 GÍN Grundstück und die drei Minen Silber mit Prägung, dessen Kaufpreis, werden Iddinaššur und Maṣi'ilū, die Söhne des Šamašmušēlī, und ihre Söhne, wer auch immer, gegen Šamaš= taklāku, den Sohn des Waradšeru'a, und (gegen) seine Söhne Ansprüche nicht erhe= ben. (35-37) Anstelle der früher gültigen Urkunde ist diese Urkunde gültig. (38-44) Vor Dādija, dem Sohne des Akuza; vor Rēšija, dem Sohne des Nimāja; vor Bagāja, dem Sohne des Pūḫija; vor Adadasûm, dem Sohne des Āmurrabūssa; vor Zabûqarrād, dem Sohne des Ilumrabi; vor Anušarilī; vor Nabûqarrād, dem Schreiber. (45-48) Monat: Bēletekallim; Eponym: Qīšamurrim, der Sohn des Ababa.

B. Hülle: (1-7) Siegel des Dādija, des Sohnes des Akuza; Siegel des Rēšija, des Sohnes des Nimāja; Siegel des Bagāja, des Sohnes des Pūḫija; Siegel des Adadasûm, des Sohnes des Āmurrabūssa; Siegel des Zabûqarrād, des Sohnes des Ilumrabi; Sie= gel des Anušarilī, des Sohnes des ....; Siegel des Nabûqarrād, des Schreibers. (8-11a) 1 šubtu minus 1/6 GÍN unbebautes Grundstück, das Erbteil des Iddinaššur, des ältesten Sohnes, und des Maṣi'ilū, der Söhne des Šamašmušēlī, (11b-17) wel= ches neben dem Haus des Šumulibši, des Sohnes des Dada, neben dem Haus des Ikūnā= ja, des Sohnes des Kūbija, neben dem Grundstück des Martija, des Sohnes des Iddin= aššur, neben dem ererbten Grundstück des Ababa, des Sohnes des Iddinaššur, und ne= ben dem öffentlichen Platz (liegt), (18-24) haben für drei Minen Silber mit Prä= gung Iddinaššur, der älteste Sohn, und Maṣi'ilū, die Söhne des Šamašmušēlī, des Sohnes des [Galzi], dem Šamaštaklāku, dem Sohne des Waradšeru'a, verkauft und ihn befriedigt. (25-33a) Auf diese 1 šubtu minus 1/6 GÍN Grundstück und die drei Minen Silber mit Prägung, dessen Kaufpreis, werden Iddinaššur, der älteste Sohn, und Ma= ṣi'ilū, die Söhne des Šamašmušēlī, [des Sohnes des Galzi], und ihre Söhne, wer auch immer, gegen Šamaštaklāku, den Sohn des Waradšeru'a, und seine Söhne Ansprü= che nicht erheben. (33b-35) Monat: Bēletekallim; Eponym: Qīšamurrim, der Sohn des Ababa.

Siegellegende A: (i) Narāmsîn, der König der vier Weltgegenden, (ii) .... .

Siegellegende B: Zabûqarrād, der Sohn des Ilumrabi.

Anmerkungen:

(A:1) Zu den Masseinheiten vgl. J. Lewy, AnBib 12,1959,216-226.

(A:23f.) Zur Klausel iddinūma ušabbi'ūšu und zur Funktion von šabbu'um "befriedi= gen" vgl. § 49.

(B:21.30) Die Ergänzung beruht auf folgenden Überlegungen: Šamašmušēlī ist der Vater der Verkäufer; ihr Grossvater ist laut A:4 Galzi, der demzufolge der Vater des Šamašmušēlī sein muss.

2.

Text: Tafel: Ka 373, Kopie ICK 2 76; Hülle: Ka 955+504, Kopie ICK 1 46a + ICK 2 77.
Bearbeitung: Für Z. 1-15 vgl. K. Hecker, WO 11 66.

Kaufvertrag über ein Kind zum Preise von 14 Seqel Silber. Das gekaufte Mädchen ist wahrscheinlich die Nichte des Ehemanns der Käuferin, da anzunehmen ist, dass deren Schwiegervater und der Grossvater des Kaufobjektes identisch sind. vgl. die folgenden genealogischen Tabellen:

Käuferseite: Aššurmalik
Šalmaššur Lāqēp ∞ Waliwali
Arala

Verkäuferseite: Aššurrabi
Lāqēp

Demzufolge handelt es sich sachlich wohl um einen Lösungskauf. Der Verkäufer ist Assyrer; die Käuferin ist die kappadokische Ehefrau eines Assyrers. Die Namen der Zeugen sind nicht erhalten. Assyrischer Kaufvermerk ex latere venditoris (Typ A/2, vgl. § 47). Eviktionsklausel, Nachsatz ergänzt (Typ E/9, vgl. § 75). Zwei Zeugen, darunter einer ein kappadokischer Funktionär.

A. Tafel:

[am-tám]
A-ra-lá DUMU.S[AL]
Šál-ma-a-šur
DUMU A-šur-ma-lik
a-na 14 GÍN KÙ.BABBA[R]
Lá-qé-ep DUMU A-šur-GA[L]
a-na ší-mì-im a-n[a]
Wa-lí-wa-lí
DAM Lá-qé-ep
DUMU A-šur-ma-lik
i-dí-in-ší
[š]u-ma ma-ma-an
K [a]-na Wa-lí-wa-lí
[a-šu-mì A-ra-lá]
[i-tù-wa-ar]
[Lá-qé-ep ú-ba-áb-ší]
Rest nicht erhalten

Siegellegende A:
[....]
GAL ḫa-ṭí-im

B: Hülle:

Siegel A
KIŠIB A-b[u-....]
KIŠIB AN [....]
KIŠIB Lá-[qé-ep DUMU A-šur-GAL]
Siegel B
[am-tám]
[A-ra-lá DUMU.SAL Šál-ma-a-šur]
[DUMU A-šur-ma-lik]
[a-na 14 GÍN KÙ.BABBAR]
[Lá-qé-ep DUMU A-šur-GAL]
Rs [a-na š]í-m[ì-im a-na]
[Wa-lí-wa-lí] DAM Lá-q[é]-ep
[DUMU A-šu]r-ma-lik
Siegel C
[i-dí-in-ší]
[šu-ma ma-ma-an]
lR ⸢a⸣-na Wa-lí-wa-lí
[a]-šu-mì A-ra-lá — Siegel C neben Z. 14-17
⸢i⸣-tù-wa-ar
[L]á-qé-pu-um
[x] ⸢x x x x x⸣
Rest nicht erhalten

Übersetzung:

A. Tafel: (1'-11') Die Sklavin Arala, die Tochter des Šalmaššur, des Sohnes des Aššurmalik, hat für 14 Seqel Silber Lāqēp, der Sohn des Aššurrabi, der Waliwali, der Ehefrau des Lāqēp, des Sohnes des Aššurmalik, verkauft. (12'-15') Wenn irgend jemand gegen Waliwali wegen der Arala Ansprüche erhebt, [wird Lāqēp ihn freistel= len]. (Rest nicht erhalten).

B. Hülle: (1-3) Siegel des ....; Siegel des ....; Siegel des Lāqēp, des Sohnes des Aššurrabi. (4-12) Die Sklavin Arala, die Tochter des Šalmaššur, des Sohnes des Aššurmalik, hat für 14 Seqel Silber Lāqēp, der Sohn des Aššurrabi, der Wali= wali, der Ehefrau des Lāqēp, des Sohnes des Aššurmalik, verkauft. (13-16) Wenn irgendjemand gegen Waliwali wegen der Arala Ansprüche erhebt, ... (Rest unklar, bzw. nicht erhalten).

Siegellegende: [....], der Legat.

Anmerkungen:

(A:1') Zur Ergänzung vgl. § 52.1 mit den Parallelstellen.

(A:11') Beachte die Unterlassung der Assimilation von /n/ in i-dí-in-ší.

(B:16') Zur Deutung des "Tempus" von i-tù-wa-ar vgl. § 41-43.

(B:18') Die Zeichenspuren sind nicht zu deuten; zur Ergänzung in A:16' vgl. § 75.

3.

Text: Ka 927. Tafel: ICK 1 29b; Hülle: ICK 1 29a.
Bearbeitung: J. Lewy, HUCA 27,1956,24f. Anm. 105. Zur Wiederverwendung des Ṣilū= lu-Siegels vgl. J. Lewy, a.a.O. 24ff., und OrNS 33,1964,168f. und 184; K. Balkan, Observations 54f. und P. Garelli, Les Assyriens 35ff.

Kaufvertrag über zwei Sklaven ohne numerische Preisangabe. Alle Beteiligten sind Assyrer. Assyrischer Kaufvermerk ex latere emptoris (Typ Ae/1, vgl. § 50). Quit= tungsvermerk (Tafel: Typ Q/3, Hülle: Typ Q/2; vgl. § 58). Zwei Zeugen. Die Hülle gibt abweichend eine Inhaltsangabe mit der ša-Klausel (vgl. § 36.5), die nur den Quittungsvermerk und eine zusätzliche Verzichterklärung des Verkäufers (Typ V/6; vgl. § 71) enthält. Zur Wiederverwendung des Ṣilūlu-Siegels vgl. die oben gegebe= ne Literatur und § 36.3 mit Anm. 36.

A. Tafel:	B. Hülle:
Ma-nu-ki-a-bi$_4$-a	Siegel A
ù We-er-ba-ni	KIŠIB ⌜Ṣí⌝-lu-lu
KI Ú-ṣú-ra-nim	KIŠIB P[u]zur$_4$-ša-du

A-mur-^{d}UTU iš-am
5 ší-im-šu-nu
Ú-ṣú-ra-nu-um
K ša-bu
Rs IGI Ṣí-lu-lu
9 IGI Puzur$_{4}$-ša$_{10}$-dú

<u>Siegellegende B:</u>
A-šùr
LUGAL
Ṣi-[lu]-lu
ÉNSI
[A-šùr^{KI}]
[DUMU Da-ki-ki]
[NIMGIR URU A-šùr^{KI}]

KIŠIB Ú-ṣú-ra-nim
Siegel A
K Siegel A
Rs Siegel B
ša ší-im Ma-nu-um-ki-[a-bi$_{4}$-a]
5 ù We-er-ba-ni
Ú-ṣú-ra-nu-um
ša-bu-ú-ma
a-na A-mur-^{d}UTU
K 9 la i-tù-ru
Siegel C

<u>Siegellegende A:</u>
Ú-ṣú-ra-num
DUMU Ku-tá-a

<u>Übersetzung:</u>

<u>A. Tafel:</u> (1-4) Mannukī'abīja und Wērbāni hat von Uṣṣurānum Āmuršamaš gekauft. (5-7) Bezüglich ihres Kaufpreises ist Uṣurānum befriedigt. (8-9) Vor Ṣilūlu; vor Puzuršadû.

<u>B. Hülle:</u> (1-3) Siegel des Ṣilūlu; Siegel des Puzuršadû; Siegel des Uṣurānum. (4-7) (Urkunde darüber,) dass bezüglich des Kaufpreises für Mannumkī'abīja und Wēr=bāni Uṣurānum befriedigt ist und (dass) er gegen Āmuršamaš Ansprüche nicht erhe=ben wird.

<u>Siegellegende A:</u> Uṣurānum, der Sohn des Kutāja.

<u>Siegellegende B:</u> Assur (ist) Herr. Ṣilūlu, der "Herrscher" von Assur, der Sohn des Dakiki, des Herolds der Stadt Assur.

<u>Anmerkung:</u>

(A:1) Beachte die Namensvariante in B:4.

(Siegellegende B:2) LUGAL von Göttern ist nach Aussage der zweisprachigen Texte in den allermeisten Fällen durch "Herr" (= bēlum) zu übersetzen.

4.

<u>Text:</u> kt a/k 554 (unveröffentlicht).

<u>Bearbeitung:</u> Vgl. K. Balkan, Festschrift Güterbock 30 Anm. 13. Für Z. 1-15 vgl. K. Hecker, WO 11,1980, 66.

<u>Kaufvertrag</u> über ein Mädchen ohne numerische Preisangabe; Verkäuferin ist die Mutter. Alle Beteiligten sind Kappadokier. Assyrischer Kaufvermerk ex latere emptoris (Typ Ae/2; vgl. § 50). Verzichterklärung (Typ V/4; vgl. § 71). Retraktklausel (Typ R/1; vgl. § 96): Gegen Bezahlung von 15 Seqel Silber, einer Summe, die etwa dem Kaufpreis entsprechen dürfte (vgl. § 97), kann die Verkäuferin ihre Tochter davonführen. Es liegt also materiell kein echter Kaufvertrag, sondern die Bestellung eines Eigentumspfandes vor. Drei Zeugen.

<u>Tafel:</u>

Za-za-a ṣú-ḫa-ar-tám
ta-áš-a-am-ší-ma
Ni-wa-aḫ-šu-ša-ar
lá ta-tù-a-ar-ší-im
šu-ma ta-tù-ar-ší-im
15 GÍN KÙ.BABBAR
ta-ša-qá-al-ší-ma
me-er-a-sà
ta-ta-ru-ú
IGI Ša-na-bu-ú
IGI Pá-tí-a
IGI Ḫi-iš-ta-aḫ-šu-ša-ar

<u>Übersetzung:</u>

<u>Tafel:</u> (1-4) Zaza (K) hat das Mädchen gekauft. Niwaḫšušar (V) wird gegen sie keine Ansprüche erheben. (5-9) Wenn sie (V) gegen sie (K) Ansprüche erhebt, wird sie (V) ihr (K) 15 Seqel Silber bezahlen und dann ihre Tochter davonführen. (10-12) Vor Šanabu; vor Pati'a; vor Ḫištaḫšušar.

<u>Anmerkungen:</u>

(1) ṣuḫartum ist hier als Appellativum gefasst und nicht als PN, da alle anderen beteiligten Personen kappadokische Namen tragen; vgl. auch § 33.

(2) Zur Wiederaufnahme des Kaufobjektes durch das verbale Pronominalsuffix vgl. § 52.4.

(5) Zur Deutung des "Tempus" von ta-tù-ar-ší-im vgl. § 41-43.

(9) Beachte die Pleneschreibung hier wie in Z. 1 und 10; vgl. dazu § 38.

5.

Text: Tafel und Hülle: NBC 4014, Kopie BIN 4 209.
Bearbeitung: EL 106; zu A:7-13 vgl. K. Hecker, WO 11,1980,71.

Kaufvertrag über eine Sklavin zum Preis von sechs Seqel Silber. Der Zeuge Ennum=aššur trägt einen assyrischen Namen, sein Vater Ḫapa ist trotzdem wahrscheinlich Kappadokier (vgl. § 21 mit Anm. 17); alle anderen Beteiligten sind Kappadokier. Verkäufer- und Käufermehrheit. Assyrischer Kaufvermerk ex latere emptoris (Tafel: Typ Ae/3, Hülle: Typ Ae/5; vgl. § 50). Eviktionsklausel (Tafel: Typ E/18, Hülle: Typ E/19; vgl. § 76) mit der erweiterten Generalklausel (vgl. § 77-82): Im Falle der Vindikation der Sklavin durch Dritte haben die Verkäufer 1/2 Mine Silber, das Fünffache der Kaufsumme (vgl. § 84), zu leisten. Zwei Zeugen.

A. Tafel:

am-tám Ba-al-ḫu-ší-a
iš-tí Ší-wa-áš-mì-i
ù Ku-uk-ra-an
a-na 6 GÍN KÙ.BABBAR
A-na-áš ú Ša-li-a-t[a]
iš-ú-mu-ší
šu-ma ma-ma-an
a-šu-mì am-tim
K lu tù-sí-num
Rs lu be-el ḫu-bu-lim
a-na A-na-áš
ú Ša-li-a-ta
i-tù-wa-ar
1/2 ma-na KÙ.BABBAR
Ší-wa-áš-mì-i
ú Ku-uk-ra-an
⌜i⌝-ša-qú-lu
IGI En-um-a-šur
IGI Tí-bu-lá

B. Hülle:

Siegel A
KIŠIB En-um-a-šur
DUMU Ḫa-pá KIŠIB$^{!}$ Tí-bu-lá
KIŠIB Ší-wa-áš-mì-i
KIŠIB Ku-uk-ra-an
am-tám Ba-al-ḫa.zi-a
K Siegel B
a-na ší-mì-im
Rs a-na 6 GÍN KÙ.BABBAR
iš-tí Ší-wa-áš-mì-i
ù Ku-uk-ra-an
A-na-áš ú Ša-lu-wa-an-ta
iš-ú-mu-ší šu-ma
ma-ma-an lu tù-sí-num
lu be-el ḫu-bu-lim
a-šu-mì am-tim
K a-na ⟨A⟩-na-áš
ú Ša-lu-wa-an-ta
i-⌜tù⌝-wa-ar
lR 1/2 ma-na KÙ.BABBAR
Ší-wa-áš-mì-i
ú Ku-uk-ra-an
i-ša-qú-lu
rR Siegel C (?)

Übersetzung:

A. Tafel: (1-6) Die Sklavin Balḫuši'a haben von Šiwašmi und Kukran für sechs Se= qel Silber Anaš und Šali'atta gekauft. (7-13) Wenn irgendjemand wegen der Sklavin - sei es ein Retraktkäufer oder ein Gläubiger - gegen Anaš und Šali'atta Ansprü= che erhebt, (14-17) werden Šiwašmi und Kukran 1/2 Mine Silber zahlen. (18-19) Vor Ennumaššur; vor Tibula.

B. Hülle: (1-4) Siegel des Ennumaššur, des Sohnes des Ḫapa; Siegel des Tibula; Siegel des Šiwašmi; Siegel der Kukran. (5-11a) Die Sklavin Balḫazi'a haben zum Kaufpreis für sechs Seqel Silber von Šiwašmi und Kukran Anaš und Šaluwanta ge= kauft. (11b-17) Wenn irgendjemand - sei es ein Retraktkäufer oder ein Gläubiger - wegen der Sklavin gegen Anaš und Šaluwanta Ansprüche erhebt, werden Šiwašmi und Kukran 1/2 Mine Silber zahlen.

Anmerkungen:

(A:1) Zur Wortstellung vgl. § 52.1. Beachte die Namensvariante Ba-al-ḫa-zi-a in B:5.

(A:2) Beachte die Pleneschreibung des Auslautvokals im Namen; so auch A:15, B:3. 8.19. Vgl. § 38.

(A:2-6) Beachte die andere Wortstellung in B:6-10a.

(A:5) Ša-li-a-ta auch A:12; dafür steht Ša-lu-wa-an-ta in B:10.16.

(A:9f.) Zu beiden Begriffen vgl. § 77-82.

(A:7-10) Beachte die abweichende Wortstellung in B:11b-14.

(A:13) Zur Deutung des "Tempus" von i-tù-wa-ar vgl. § 41-43.

6.

Text: Tafel: KT 83b; Hülle: KT 83a. Kopie: Tafel und Hülle KTS 46.
Bearbeitung: EL 107; zu Z. 1-9 vgl. K. Hecker, WO 11,1980,70.

Kaufvertrag über ein Haus zum Preise von 33 3/4 Seqel Silber. Der Verkäufer und zwei Zeugen sind Kappadokier; die Käuferin Um-mì-na-ra (vgl. dazu § 23 mit Anm. 23) und zwei Zeugen tragen assyrische Namen. Assyrischer Kaufvermerk ex latere emptoris (Tafel: Typ Ae/3, Hülle: Typ Ae/6; vgl. § 50). Das Eigentumsrecht des Verkäufers am Kaufobjekt wird durch die Angabe des Voreigentümers (Assyrer) be= zeugt; der Hinweis geschieht durch ein Zitat aus dem Kaufvertrag (Tafel und Hül= le: Typ Ae/4; vgl. § 5o), durch den der jetztige Verkäufer Eigentum erlangt hat. Wie sich daraus ergibt, wird in vorliegendem Vertrag das Haus ohne Aufpreis wei= ter verkauft. Vgl. unten No. 39, einen Text, den Cl. Wilcke, OrNS 52,1983,194-197 veröffentlicht und bearbeitet hat. Quittungsvermerk (Tafel und Hülle: Typ Q/4; vgl. § 58-60). Vier Zeugen.

	A. Tafel:		B. Hülle:
	É$^{\text{be-tám}}$ ša iš-tí I-ku-nim		Siegel A
	DUMU A-ma-a TA Pè-ru-a		KIŠIB Puzur$_4$-e-⌜na⌝ DUMU ⌜E-li!⌝-a
	DUMU Wa-lá-aḫ-ší-na		KIŠIB I-dí-sú-in DUMU I-dí-[....]
	a-na 1/2 MA.NA 4 LÁ 1/4 GÍN		KIŠIB Pè-ru-a DUMU Wa-lá-aḫ-⌜ší⌝-na
5	iš-ú-mu iš-tí	4	KIŠIB Tá-lá-áš DUMU Ḫa-ma-ra-a
	Pè-ru-a a-na 1/2 MA.NA 4 LÁ 1/4 GÍN		KIŠIB Šu-[p]ì-ú-ma-an DUMU Ḫa-⌜mu-ri-a⌝
	Um-mì-na-ra		Siegel B
	ta-áš-a-am-šu KÙ.BABBAR	6	É^{tám} ša iš-tí I-ku-nim
	ša-bu	K	Siegel B
10	IGI I-dí-sú-in		DUMU A-ma-a ⌜Pè-ru-a⌝
Rs	IGI Puzur$_4$-e-na	Rs	Siegel C
	IGI Tá-lá-áš		DUMU Wa-lá-aḫ-ší-na a-na
13	IGI Šu-pí-ú-ma-an		1/2 MA.NA 4 LÁ 1/4 GÍN
			Siegel D
		10	iš-ú-mu a-na 1/2 MA.NA 4 LÁ 1/4 GÍN
			É^{tám} iš-tí
			Siegel E
			⌜Pè-ru⌝-a Um-mì-na-ra
		K	Siegel A
			ta-áš-a-am-šu KÙ.[B]ABBAR ša-bu
		lR	Siegel E
		rR	Siegel C

Übersetzung:

A. Tafel: (1-5a) Das Haus, das von Ikūnum, dem Sohne des Amāja, Peru'a, der Sohn des Walaḫšina, für 1/2 Mine 3 3/4 Seqel (Silber) gekauft hatte, (5b-9) hat von Pe=ru'a für 1/2 Mine 3 3/4 Seqel (Silber) Ummīnara gekauft. Bezüglich des Silbers ist er (Peru'a) befriedigt. (10-13) Vor Idīsu'in; vor Puzurenna; vor Talaš; vor Šuppi'uman.

B. Hülle: (1-5) Siegel des Puzurenna, des Sohnes des Elija; Siegel des Idīsu'in, des Sohnes des Idī-[....]; Siegel des Peru'a, des Sohnes des Walaḫšina; Siegel des Talaš, des Sohnes des Ḫamara; Siegel des Šuppi'uman, des Sohnes des Ḫamuri'a. (6-10a) Das Haus, das von Ikūnum, dem Sohne des Amāja, Peru'a, der Sohn des Wa=laḫšina, für 1/2 Mine 3 3/4 Seqel (Silber) gekauft hatte, (10b-13) hat für 1/2 Mine 3 3/4 Seqel (Silber) , das Haus (nämlich), von Peru'a Ummīnara gekauft. Be=züglich des Silbers ist er (Peru'a) befriedigt.

Anmerkungen:

(A:2) Entgegen der Kopie hier und B:7 verbessert EL 107 den Namen Amāja in Sà!-ma-a unter Hinweis auf andere Vorkommen dieses Namens, wobei die Identi= tät der Namensträger **allerdings nicht gesichert ist.**
Für TA als Reflex der sumerischen Konstruktion ki-PN-ta vgl. § 52.2.

(A:5f.) Beachte die andere Reihenfolge in B:10f.

(A:8) Beachte die Wiederaufnahme des Kaufobjektes durch das verbale Personalsuf= fix; vgl. § 52.4 (so auch B:13).

(A:11) Der Name ist nach J. Lewy, ZA 38,1929,272, und H. Hirsch, Religion 27b, als Variante zu dem Namen Puzur-Ana aufzufassen.

(B:2) Die Ergänzung der Filiation zu I-dí-[ku-bi-im] in EL 107 geht von einer nicht gesicherten Identität der Namensträger aus.

7.

Text: KBo 9 23
Bearbeitung: Unbearbeitet.

Kaufvertrag über ein Haus (vgl. Z. 6'); der Anfang des Textes mit Angabe des Kauf= objektes, dem Namen des Verkäufers und der Höhe des in Silber geleisteten Kauf= preises ist nicht erhalten. Der Käufer trägt einen assyrischen Namen. Rest eines ex latere emptoris stilisierten assyrischen Kaufvermerkes (verwandt mit Typ Ae/3; vgl. § 50). Eviktionsklausel (Typ E/20; vgl. § 76) mit der erweiterten General= klausel (vgl. § 77-82): Im Falle der Vindikation durch Dritte ist dem Käufer eine Summe Silber zu leisten. Der Rest des Textes mit der Zeugenliste ist nur fragmen= tarisch erhalten.

Tafel:

⸢x⸣ [....]
KÙ.BABBAR ⸢Sí⸣-re-me-ni
DUMU Ba-lá-nim
iš-am-šu šu-ma
a-ma-⸢tí⸣-ma
[a-n]a be-tim
K [lu t]ù-s[í-nu-um]
[lu] ⸢DAM⸣.GÀR-⸢šu⸣
Rs ⸢lu be-el⸣-šu
⸢lu ma!-ma⸣-an a-n[a]
Sí-ra-me-ni

⸢ú⸣ me-er-e-šu
i!-tù-ar
⸢x ma-na⸣ KÙ.BABBAR
15' [i-ša-qal ....] ⸢x⸣
Lücke ?
lR 1" [....] ⸢x⸣ LÁ ZA ÁB ⸢x⸣ [....]
[....] IGI MA ⸢BI⸣ I[M ....]
3" [....] ⸢x⸣ ša

Übersetzung:

Tafel: (1'-4'a) [Ein Haus hat von V für x] Silber Sírremēnī, der Sohn des Bālā=num gekauft. (4'b-15'a) Wenn irgendwann auf das Haus, sei es ein Retraktkäufer, sei es ein Gläubiger, sei es sein Eigentümer oder sei es irgendjemand (sonst) ge=gen Sírramēnī und seine Söhne Ansprüche erhebt, wird er (V) x Minen Silber bezah=len. (Rest nicht erhalten bzw. unklar).

Anmerkungen:

(2') Beachte die Variante Sí-ra-me-ni in Z. 11'.

(3') Gemeint ist wahrscheinlich DUMU Be-lá-nim.

(7'-10') Zu den termini vgl. § 77-82.

(13) Zur Deutung des "Tempus" von i-tù-ar vgl. § 41-43.

8.

Text: kt h/t 330; Kopie Anatolia 8,1964, Tf. III.
Bearbeitung: K. Balkan, Anum-ḫirbi 5 mit Anm. 8; E. Bilgiç, Anatolia 8,1964,151f.; zu Z. 1-11 vgl. K. Hecker, WO 11,1980,65.

Kaufvertrag über einen Sklaven zum Preis von sechs Seqel Silber. Alle Beteiligten sind Kappadokier. Assyrischer Kaufvermerk ex latere emptoris (Typ Ae/7; vgl. § 50). Eviktionsklausel (Typ E/15; vgl. § 76): Im Falle der Vindikation des Sklaven hat der Verkäufer 1/2 Mine Silber, also das Fünffache der Kaufsumme (vgl. § 84), zu leisten. Sechs Zeugen.

Tafel:

Lá-kà-an
Ta-mu-ri-a ÌR!-sú!
iš-tí Kà-áb-sí-áš-we
a-na 6 GÍN KÙ.BABBAR
5 iš-a-am-šu

šu-ma ma-ma-an
a-šu-mì Ta-mu-ri-a
a-na Lá-kà-ni
i-tù-a-ar
1/2 ma-na KÙ.BABBAR
i-ša-qal
IGI Ḫa-pu-a-šu
IGI Kà-li-lá-wi-it-ra
IGI A-na-aḫ-lu-ka
IGI Sú-pá
IGI Šu-pu-na-aḫ-šu
IGI A-šu-a-an

Übersetzung:

Tafel: (1-5) Lakan hat den Tamuri'a, seinen Sklaven (?), von Kabsi'ašwe für sechs Seqel Silber gekauft. (6-11) Wenn irgendjemand wegen Tamuri'a gegen Lakan Ansprü= che erhebt, wird er (V) 1/2 Mine Silber zahlen. (12-17) Vor Ḫapu'ašu; vor Kali= lawitra; vor Anaḫluka; vor Supa; vor Šupunaḫšu; vor Ašu'an.

Anmerkungen:

(2) Die Lesung ist unsicher, da ÌR-sú möglicherweise unter einer Rasur steht. Un= sere Interpretation folgt der Bearbeitung von E. Bilgiç. Das Possessivsuffix kann auch auf den nachstehend genannten Verkäufer bezogen werden.

(8) Zur Namensvariante vgl. E. Bilgiç, Anatolia 8,1964,155, und K. Hecker, GKT § 60d.

(9) Zur Deutung des "Tempus" von i-tù-a-ar vgl. § 41-43.

9.

Text: OIP 27 53.
Bearbeitung: I.J. Gelb, OIP 27 f.; K. Balkan, Anum-ḫirbi 55.

Kaufvertrag, Retraktkauf. Das Kaufobjekt ist vermutlich ein Sklave. Keine Preis= angabe. Der Retraktkäufer, ein kumrum-Priester des Gottes Ḫigiša, und der Verkäu= fer sind Kappadokier. Die Namen der Zeugen sind nicht erhalten. Assyrischer Kauf= vermerk ex latere emptoris (Typ Ae/8; vgl. § 50); Retraktkauf mit dem Stichwort ipṭur. Eviktionsklausel (Typ E/21; vgl. § 76): Im Falle der Vindikation des Kauf= objektes durch Dritte hat der Verkäufer zehn Minen Silber zu leisten und unter= liegt subsidiär der Todesstrafe (vgl. § 85-88); erweiterte Generalklausel (vgl. § 77-82). Einheimisches Datum (vgl. § 35). Der Rest des Textes mit der Zeugenli=

ste ist stark zerstört.

Tafel:

[....-t]a-kán
[K]i-kár-ša-⸢an⸣
GÚDA ša Ḫi-gi-ša
iš-tí Tár-ší-pé a-ḫi-ša
ip-tur_4 šu-ma
e-dam šu-ma i-[....]
a-ma-tí-ma
lu tù-sí-⸢num⸣
[lu] ⸢DAM⸣.[GÀR-šu]
⸢i-tù⸣-[a-ar]
10 ma-na KÙ.BABBAR ⸢li⸣-tí
i-da-an ú i-du-ku-šu
i-qá-tí
⸢Ḫa-ar⸣-pá-tí-wa
[....]-⸢x-x⸣
[....]-ma-da
[....]-šu
[....]

Übersetzung:

Tafel: (1-5a) [Die/den PN] hat Kikaršan, der kumrum-Priester des Ḫigiša, von Tar=šipe, ihrem Bruder (?), ausgelöst. (5b-12) Wenn .... (oder) wenn .... irgendwann, sei es ein Retraktkäufer, sei es ein Gläubiger Ansprüche (gegen K) erhebt, wird er (V) zehn Minen .... Silber geben oder man wird ihn töten. (13-15) Unter der Herrschaft des Ḫarpatiwa .... (Rest weitgehend zerstört).

Anmerkungen:

(1) Nach der Kopie beginnt der Text mit Z. 1. Die Zeichenspuren am Zeilenende sprechen für den Rest eines Personennamens, vor dem eine nähere Bezeichnung wie am-tám "die Sklavin" oder ÌR/wa-ar-dam "den Sklaven" (vgl. § 52.1) gestan=den haben könnte. Vgl. auch zu Z. 4.

(2f.) Vgl. zu dem Priester und seinem Amt H. Hirsch, Religion 28 und 55f.

(4) Fasst man die Aussage von a-ḫi-ša wörtlich, so müsste das Kaufobjekt eine Sklavin sein, und ihr Bruder wäre der Verkäufer. Da aber gerade in Texten von Kappadokiern die genera der Suffixe oft falsch gesetzt werden, kann dieser Schluss nicht mit Sicherheit gezogen werden (vgl. § 40.2).

(5b-6) Der Passus ist unklar. Es liegt vielleicht ein disjunktiver Ausdruck vor, den das folgende ammatīma zusammenfasst; also etwa "wenn jetzt, wenn später, irgendwann".

(8f.) Zu den termini vgl. § 77-82; der Lesungsversuch in Z. 9 schliesst an oben No. 6:8 an. Am Schluss der Zeile könnte noch ein ma-ma-an "irgendjemand" ge= standen haben.

(10) Zur Deutung des "Tempus" von i-tù-a-ar vgl. § 41-43.

10.

Text: Tafel: Ka 996, Kopie ICK 1 27b; Hülle: Ka 1037, Kopie ICK 1 27a.
Bearbeitung: Unbearbeitet.

Kaufvertrag über ein Kind zum Preise von 31 1/2 Seqel Silber; Verkäuferin ist die Mutter. Die Käuferin Aḫattum (vgl. § 22) trägt einen assyrischen Namen; alle üb= rigen Beteiligten sind Kappadokier. Zweiseitiges, babylonisches Kaufformular mit Kauf- und Preiszahlungsvermerk (Typ B/1; vgl. § 61). Drei Schlussklauseln: (1) Zeile 4-7: Die Verkäuferin hat das Recht, gegen Leistung von einer Mine Silber, also knapp dem Doppelten der Kaufsumme, die verkaufte Tochter wieder an sich zu nehmen; es besteht also ein Retraktrecht (Retraktklausel Typ R/2; vgl. § 96). (2) Zeile 8-11: Bei Vindikation des Kaufobjektes seitens Dritter steht der Käuferin ein direktes Zugriffsrecht auf die Verkäuferin zu (vgl. § 102). (3) Zeile 12-16: Bei Vergehen der gekauften Sklavin gegen die Käuferin hat diese das Recht zum Wei= terverkauf; umgekehrt ausgedrückt besteht bei entsprechendem Betragen der Sklavin ein Verbot des Weiterverkaufs. Die Käuferin erwirbt also kein Volleigentum. In Verbindung mit dem in der ersten Schlussklausel niedergelegten Retraktrecht der Verkäuferin folgt daraus, dass hier ein dem Kauf nachgeformtes Rechtsgeschäft vor= liegt, dessen causa die Bestellung eines Personenpfandes darstellt (vgl. § 98 zu Typ X/2). Die Schlussklauseln 2 und 3 erscheinen - sinnvoller Weise - auf der Hül= le in umgekehrter Reihenfolge. Zwei Zeugen. Die Siegelvermerke erscheinen auf der Hülle ausnahmsweise am Ende des Textes (vgl. § 36.2).

A. Tafel:

DUMU.SAL Ḫa-na A-ḫa-TÍ[!]-tum$_8$
ta-ša-am 1/2 MA.NA 1 1/2 GÍN
KÙ.BABBAR ta-ša-qú-ul
šu-ma Ḫa-na me-er-e-sà
ta-ṣa-ba-at 1 ma-na KÙ.BABBAR
Ḫa-na ta-ša-qal
me-er-e-sà ta-ta-UR

B. Hülle:

DUMU.SAL Ḫa-na A-ḫa-at-tum$_8$
Siegel A
ta-ša-am 1/2 MA.NA 1 1/2 GÍN
KÙ.BABBAR ta-áš-qú-ul
šu-ma Ḫa-na me-er-e-sà
ta-ṣa-ba-at 1 ma-na KÙ.BABBAR
Siegel A

šu-ma ma-ma-an
K i-ṣa-ba-at-sí
Rs Ḫa-na A-ḫa-TÍ-tum$_8$
i-ṣa-ba-at
šu-ma mì-ma ar-na-am
ù ší-lá-tám té-pá-ša
A-ḫa-TÍ-tum$_8$ a-šar li-bi-ší
a-na ší-mì-im$^!$
ta-da-ša
IGI Tá-lá-ša
IGI Pé-ri-wa

Siegellegende A:

Pé-ru-a
DUMU Ḫa-mu-ri-a$^!$(Text: ḪA)

[Ḫa-n]a a-na A-ḫa-TÍ-tim
K [ta]-ša-qal me-er-e-sà
Siegel B
ta-ta-{RI}-UR
Rs šu-ma ar-na-am
Siegel C
ù ší-lá-tám té-pá-ša
A-ḫa-TÍ-tum$_8$ a-šar li-bi-ša
a-na ší-mì-im ta-da-ša
šu-ma ma-ma-an
i-ṣa-ba-at-sí
Siegel C
Ḫa-na A-ḫa-TÍ-tum$_8$
K ta-ṣa-ba-at
Siegel B
KIŠIB Ḫa-na
lR KIŠIB Tá-la-ša
Siegel A
KIŠIB Pé-ri-wa

Übersetzung:

A. Tafel: (1-3) Die Tochter des Ḫana hat Aḫattum gekauft. 1/2 Mine 1 1/2 Seqel Silber hat sie bezahlt. (4-7) Wenn Ḫana ihre Tochter "packt", wird Ḫana eine Mine Silber zahlen (und dann) ihre Tochter davonführen. (8-11) Wenn irgendjemand sie (O) "packt", wird Aḫattum die Ḫana "packen". (12-16) Wenn sie (O) ein Unrecht oder eine Gemeinheit begeht, wird Aḫattum sie, wohin es ihr beliebt, verkaufen. (17-18) Vor Talaš; vor Periwa.

B. Hülle: (1-3) Die Tochter der Ḫana hat Aḫattum gekauft. 1/2 Mine 1 1/2 Seqel Silber hat sie bezahlt. (4-8) Wenn Ḫana ihre Tochter "packt", wird Ḫana der Aḫattum eine Mine Silber zahlen (und dann) ihre Tochter davonführen. (9-12) Wenn sie (O) ein Unrecht oder eine Gemeinheit begeht, wird Aḫattum sie, wohin es ihr beliebt, verkaufen. (13-16) Wenn irgendjemand sie (O) "packt", wird Aḫattum die Ḫana "packen". (17-19) Siegel der Ḫana; Siegel des Talaša; Siegel des Periwa.

Siegellegende: Peru'a, der Sohn des Ḫamuri'a.

Anmerkungen:

(A:1) Die Schreibung des Namens A-ḫa-TÍ-tum$_8$ begegnet noch A:10.14, B:6.11.15; nur B:1 hat dafür korrekter A-ḫa-at-tum$_8$. Vgl. auch § 38.1a.

(A:3) Beachte ta-ša-qú-ul gegenüber korrekt ta-áš-qú-ul in B:3; vgl. § 38.1a.

(A:5) Die Form ta-ṣa-ba-at (so auch B:5) kann Prs. bzw. Pf. statt Prt. sein (vgl. zu A:9 und 13) oder wie in ta-ša-qú-ul (A:3) einen Einschubvokal enthalten (vgl. § 41.2b). Vgl. auch zum Gebrauch der "Tempora" im Bedingungssatz § 41ff.

(A:7) Beachte die "gebrochene" Schreibung ta-ta-UR (vgl. § 38.1b); vgl. auch B:8.

(A:9) Zu i-ṣa-ba-at-sí (sic!) vgl. zu A:5.

(A:11) Beachte das Verbalpräfix i- statt ta- (vgl. § 40.2).

(A:13) té-pá-ša, so auch B:10, ist Prs. statt Prt. mit Nachschlagvokal (vgl. § 38.1a). Vgl. auch zum Gebrauch der "Tempora" im Bedingungssatz § 41ff.

(A:14) Beachte das verbale Personalsuffix in a-šar li-bi-ší statt korrekt a-šar li-bi-ša in B:11 (vgl. § 40.3).

(A:16) Beachte das nominale Personalsuffix in ta-da-ša (so auch B:12) statt kor= rekt ta-da-ší (vgl. § 40.3).

(A:17) Beachte die Schreibung des Namens Tá-lá-ša mit Nachschlagvokal für sonst Tá-lá-áš (z.B. 6A:12, B:4; vgl. § 38A.1a).

(A:18) Der Name des Zeugen erscheint so auch B:19. Die geläufige Namensform Pe-ru-a findet sich auf der Siegellegende A.

11.

Text: Tafel und Hülle Kay 276.
Bearbeitung: Zitiert von E. Bilgiç als "Kay unpbl." in AfO 15 s.v. Kikarnaḫšu und als "Kay 38" in Anatolia 8 164f. Vgl. auch K. Hecker, WO 11 68 Anm. 22.

Kaufvertrag über einen Sklaven zum Preise von 1/2 Mine Silber. Mit Ausnahme des Zeugen Aššurmalik sind alle Beteiligten Kappadokier. Auf der Hülle zweiseitiges "babylonisches" Kaufformular mit Preiszahlungs- und Kaufvermerk (Typ B/3; vgl. § 61); die Innentafel enthält nur die Quittung über die Bezahlung des Kaufpreises nach dem išqul-Formular, der Kaufvermerk fehlt (vgl. Typ I/2; vgl. § 55). Kauf= objjekt ist Alu'azi; der Käufer Tamuri'a hat den Kaufpreis an Kikarnaḫšu (dafür nur in A:8 Ki-kà-ar-ša-an) bezahlt, vermutlich die Ehefrau des Alu'azi, die dann nach B:4 dessen Siegel verwendet und die die Eviktionsgarantie mit der Verpflich= tung zur Freistellung des Käufers von Drittansprüchen (Typ E/6; vgl. § 75) über= nimmt. Retraktklausel (Typ R/5; vgl. § 96): Bei Zahlung des Duplums kann Alu'azi sich selbst auslösen; es liegt also praktisch Selbstverkauf vor. Die Söhne des Alu'azi haften für das Silber, d.h. für die Retraktsumme, was nahezu an eine Ver= pflichtung zur Durchführung des Retraktes denken lässt (vgl. § 100). Drei Zeugen, darunter Aššurmalik.

A. Tafel:

1/2 ma-na KÙ.BABBAR
ší-im A-lu-a-zi
a-na Ki-kà-ar-na-aḫ-šu
Ta-mu-ri-a
iš-qú-ul
šu-ma ma-ma-an
a-šu-mì A-lu-a-zi i-tù-a-ar
Ki-kà-ar-ša-an ú-ba-ab-šu
1 ma-na KÙ.BABBAR
K ší-mì-šu A-lu-a-zi
ú-ša-ba-a
Rs ú a-šar li-bi$_4$-šu
i-ta-lá-ak KÙ.BABBAR
i-na qá-qá-ad
me-er-e-šu Šu-lá
ú Kà-tu-kà-tu
ra-ki-is
IGI A-šùr-ma-lik
IGI Ni-wa-šu
IGI Ša-du-aḫ-šu

B. Hülle:

Siegel
KIŠIB A-šùr-ma-lik
KIŠIB Ni-wa-šu
KIŠIB Ša-da-aḫ-šu KIŠIB A-lu-a-zi
1/2! ma-na KÙ.BABBAR ší-im A-lu-a-zi
Ta-mu-ri-a
Siegel
a-na Ki-kà-ar-na-aḫ-šu
K iš-qú-ul-ma
A-lu-a-zi iš-a-am
šu-ma ma-ma-an a-šu-mì
Siegel
Rs A-lu-a-zi i-tù-a-ar
Ki-kà-ar-na-aḫ-šu ú-ba-áb-šu
1 ma-na KÙ.BABBAR ší-mì-šu
A-lu-a-zi ú-ša-ba-a-ma
a-šar li-bi$_4$-šu i-ta-lá-ak
KÙ.BABBAR i-na qá-qá-ad
Šu-lá ú Kà-tu-kà-tu
Siegel
me-er-e-šu ra-ki-is

Übersetzung:

A. Tafel: (1-5) 1/2 Mine Silber, den Kaufpreis für Alu'azi, hat an Kikarnaḫšu Tamuri'a bezahlt. (6-8) Wenn irgendjemand auf Alu'azi Ansprüche erhebt, wird Kikarnaḫšu (Text: Kikaršan) ihn (Tamuri'a) freistellen. (9-13a) (Wenn) Alu'azi (den Tamuri'a) mit einer Mine Silber, seinem (des A.) (doppeltem) Kaufpreis, befriedigt, wird er (Alu'azi), wohin er will, weggehen. (13b-17) Für das Silber haften seine Söhne Šula und Katukatu. (18-20) Vor Aššurmalik; vor Niwašu; vor Šadaḫšu.

B. Hülle: (1-3) Siegel des Aššurmalik; Siegel des Niwašu; Siegel des Šadaḫšu; Siegel des Alu'azi. (4-8) 1/2 Mine Silber, den Kaufpreis für Alu'azi, hat Tamuri'a an Kikarnaḫšu bezahlt und den Alu'azi gekauft. (9-11) Wenn irgendjemand auf Alu'azi Ansprüche erhebt, wird Kikarnaḫšu ihn (Tamuri'a) freistellen. (12-14) (Wenn) Alu'azi (den Tamuri'a) mit einer Mine Silber, seinem (des A.) (doppeltem) Kaufpreis, befriedigt, wird er (Alu'azi), wohin er will, weggehen. (15-17) Für das Silber haften Šula und Katukatu, seine Söhne.

Anmerkungen:

(A:3) Statt Ki-kà-ar-na-aḫ-šu (so auch B:6 und 11) nur in A:8 Ki-kà-ar-ša-an.

(A:5) Der Kaufvermerk A-lu-a-zi iš-a-am (vgl. B:8) ist vielleicht nur versehent=lich ausgelassen; vgl. die Vorbemerkung.

(A:7) Zum "Tempus" von i-tù-a-ar vgl. § 41.2b.

(A:8) Beachte die maskuline Form ú-ba-áb-šu (so auch B:11).

(A:10) ší-mì-šu kann hier als ší-me-šu im Dual "sein doppelter Kaufpreis" verstan=den werden; vgl. aber zum Problem § 97 mit Anm. 86.

(A:13b-17) Die paraphrasierte Haftungsklausel lautet wörtlich: "Das Silber ist an das Haupt seiner Söhne Šula und Katukatu gebunden"; B:15-17 ist entsprechend zu übersetzen.

(A:15) me-er-e-šu steht in B:17 nach den Namen der beiden Söhne.

12.

Text: Kay 294.
Bearbeitung: Zitiert als "Kay 6" von E. Bilgiç, Appellativa 49; vgl.auch L. Ma=touš, ArOr. 47,1979,38 Anm. 16.

Kaufvertrag, Retraktkauf. Alle Beteiligten sind Kappadokier. Zweiseitiges "baby=lonisches" Kaufformular (ipṭur - išqul, Typ B/2; vgl. § 61). Selbstfreikauf zum Kaufpreis in Höhe von 45 Seqel Silber. Verkäufer ist eine Gütergemeinschaft (upa=tinnum), von der in der Verzichtklausel zwei Angehörige namentlich genannt wer=den. Verzichtklausel (Typ V/8; vgl. § 64) mit Androhung einer Geldbusse in Höhe von fünf Minen Silber. Keine Zeugen mitgeteilt.

Tafel:

[....] ⌜x⌝
[....] ⌜x x⌝
[....] Ku-ur-du-ma
ra-ma-šu ip-ṭù-ur-ma
2/3 MA.NA 5 GÍN KÙ.BABBAR
ší-im-šu a-na ú-pá-tí-nim
iš-qul šu-ma
i-na ú-pá-tí-nim
K lu Za-pá-ra-áš-na
Rs lu Ur-du-ba
a-na Ku-ur-du-ma
i-tù-ru 5 ma-na
KÙ.BABBAR i-ša-qú-lu-šu

Übersetzung:

Tafel: (1-4) .... Kurduma hat sich selbst ausgelöst und (5-7a) 2/3 Minen 5 Seqel Silber, seinen Kaufpreis, an die Gütergemeinschaft bezahlt. (7b-13) Wenn aus der Gütergemeinschaft entweder Zaparašna oder Urduba gegen Kurduma Ansprüche erheben, werden sie ihm fünf Minen Silber bezahlen.

Anmerkungen:

(1f.) Am Anfang des Textes könnten die Namen der Zeugen, eingeführt durch KIŠIB "Siegel des ...", gestanden haben. Dann handelte es sich um die Abschrift einer Hülle.

(13) Beachte das fehlerhafte Akkusativsuffix (vgl. § 40.4), wenn hier nicht Mi= mationsschwund vorliegt (vgl. dazu GKT § 35c).

13.

Text: Tafel: Ka 266, Kopie ICK 1 123; Hülle: Ka 495, Kopie ICK 2 182.
Bearbeitung: Zu A:1-7 vgl. K. Hecker, WO 11,1980,70.

Kaufvertrag über eine Sklavin zum Preis von 17 Seqel Silber. Die Käuferin ist die kappadokische Ehefrau eines Assyrers, zwei Zeugen sind ebenfalls Assyrer; alle üb= rigen Beteiligten sind Kappadokier. Zweiseitiges assyrisches Kaufformular (A: Typ Az/2, B: Typ Az/3; vgl. § 62): Quittungsvermerk ex latere venditoris, Kaufvermerk ex latere emptoris. Auf der Tafel Verzichtklausel (Typ V/10; vgl. § 71) mit An= drohung einer Busse in Silber, vermutlich in gleicher Höhe wie im Falle der Vin= dikation. Eviktionsklausel (Typ E/14; vgl. § 76): Im Falle der Vindikation der Sklavin durch Dritte hat die Verkäuferin eine Mine Silber, fast das Vierfache der Kaufsumme, an die Käuferin zu leisten. Für die Schlussklauseln der Hülle vgl. die Anm. zu B:7'. Vier Zeugen.

	A. Tafel:		B. Hülle:
	17 GÍN KÙ.BABBAR		Anfang weggebrochen
	ší-im am-té-e	1'	KI[ŠIB ....]
	Ni-wa-al-kà		[Siegel A]
	ta-al-qé		[KI]ŠIB A-[sú 17 GÍN KÙ.BABBAR]
5	Na-ki-il$_5$-wi-iš-we		ší-i[m am-té-e Ni-wa-al-kà]
	DAM A-šùr-mu-ta-bi$_4$-il$_5$		ta-a[l-qé ....]
	i-ša-am ša	5'	Na-ki-[il$_5$-wi-iš-we DAM]
	i-tù-⌜ru-šú-ni⌝		⌜A⌝-[šùr-mu-ta-bi$_4$-il$_5$ i-ša-am šu-ma]
	[1 m]a-na KÙ.BABBAR	K	Siegel B
10	⌜i-ša⌝-qá-lá	Rs	ma-ma-an i-ba-qá(Text TA)-ar

šu-ma ⌜ša⌝ Wa-ší-tí-ni
ma-ma-an
i-tù-ra-am
1 ma-na KÙ.BABBAR
a-na DAM A-šur-mu-ta-bi$_4$-il$_5$
Na-ki-il$_5$-wi-iš-we
i-ša-qú-lu
IGI A-sú IGI Pé-⌜ru⌝-wa-⌜aḫ⌝-šu
IGI Wa-⌜la-aḫ⌝-šu IGI lR
A-li-l[u-um]

1 ma-na KÙ.[BABBA]R ⌜a-na! DAM!⌝
A-šùr-mu-t[a-bi$_4$-il$_5$] (Rausr ?)
Na-ki-il$_5$!-w[i-iš-we] ⌜i⌝-[š]a-[qal]
šu-ma ša W[a!-ší-tí-ni ....]
Siegel C
⌜i⌝-[t]ù-r[a!-am ....]
Rest nicht erhalten

Siegel B

Übersetzung:

A. Tafel: (1-7a) 17 Seqel Silber, den Kaufpreis für eine Sklavin, hat Niwalka erhalten. Nakilwišwe, die Ehefrau des Aššurmuttabbil, hat (sie) gekauft. (7b-10) Was anlangt, dass sie (die V) gegen sie (die K) Ansprüche erhebt, wird sie (die V) eine Mine Silber zahlen. (11-17) Wenn betreffend (die Sklavin) Wašitini irgendjemand Ansprüche erhebt, wir sie (die V) eine Mine Silber der Ehefrau des Aššurmuttabbil, der Nakilwišwe, zahlen. (18-20) Vor Asû; vor Peruwaḫšu; vor Walaḫšu; vor Alîlum.

B. Hülle: (1'-2'a) Siegel des [....]; Siegel des Asû. (2'b-6'a) 17 Seqel Silber, den Kaufpreis für eine Sklavin, hat Niwalka erhalten. [....] Nakilwišwe, die Ehefrau des Aššurmuttabbil, hat (sie) gekauft. (6'b-10') Wenn irgendjemand (die Sklavin) vindiziert, wird sie (die V) eine Mine Silber der Ehefrau des Aššurmuttabbil, der Nakilwišwe, zahlen. (11'-12') Wenn betreffend (die Sklavin) Wašitini [....] Ansprüche erhebt [....]. (Rest nicht erhalten).

Anmerkungen:

(A:2) Zum Genitiv am-té-e vgl. § 38.3a und 39.2.

(A:7) Beachte die maskuline Form i-ša-am (so auch A:8.10.17, B:10); vgl. § 40.2.

(A:8) Beachte das falsche maskuline Dativsuffix; vgl. § 40.2.

(A:10) Beachte den Auslautvokal; vgl. § 38.1a.

(A:17) Die Verbalform steht fälschlich im Plural bzw. Subjunktiv; vgl. § 40.1.

(B:4') Die Ergänzung am Ende der Zeile ist nicht gesichert; in Frage kommt entweder die Wiederholung des Kaufobjektes oder ein Hinweis auf den Kaufpreis.

(B:7') Während A:7b-10 den Verzicht des Verkäufers und A:11-17 eine Eviktionsgarantie enthält, scheinen die beiden Klauseln auf der Hülle in umgekehrter Reihenfolge gestanden zu haben. Jedenfalls muss wegen der Generalklausel mamman "irgendjemand" und wegen des Verbums baqārum "vindizieren" (vgl. §

92) in B:6'b-10' die Eviktionsgarantie vorliegen; wir haben daher diese Klausel als Typ E/26 in § 76 mit behandelt. Anschliessend wird B:11'ff. ei= ne Verzichterklärung enthalten, die formal wie die Eviktionsgarantie in A: 11-17 (Typ E/14; vgl. § 76) gestaltet wäre. In B:11' ist dann der Name der Verkäuferin Niwalka zu ergänzen; die Apodosis folgt A:9f. bzw. A:14-17.

(B:10') Beachte das maskuline Verbalpräfix; vgl. § 40.2.

14.

Text: BM 115204A, Kopie CCT 5 20a.
Bearbeitung: Zu Z. 4-8 vgl. K. Hecker, WO 11,1980,70.

Kaufvertrag über eine Sklavin zum Preis von 1/2 Mine Silber. Der Käufer und ein Zeuge sind Assyrer; der Verkäufer, ein zweiter Zeuge und der Sklave tragen nicht-assyrische Namen (vgl. § 30.2 und § 76 am Ende). Zweiseitiges assyrisches Kauf= formular (Typ Az/1; vgl. § 62): Kaufvermerk und Quittungsvermerk ex latere vendi= toris. Eviktionsklausel (Typ E/16; vgl. § 76): Im Falle der Vindikation des Skla= ven durch Dritte muss der Verkäufer 1/2 Mine Silber, d.i. den Kaufpreis, an den Käufer zahlen. Zwei Zeugen.

Hülle:

KIŠIB Ba-zi-a DUMU DINGIR-kur-ub
Siegel A
KIŠIB Ḫa-pu-a-šu na-pá-ḫi-im
KIŠIB Kà-ru-nu-wa DUMU Kur-za-na
1/2 ma-na KÙ.BABBAR ší-im IR
Tù-za-na-ni ša I-ku-pí-a
Kà-ru-nu-wa DUMU Kur-za-na a-na ší-⸢mì⸣-im
a-na Ku$^{!}$-ku-lá-nim i-dí-šu-nu
ší-mì-šu il$_{5}$-qé šu-ma ma-ma-an
Siegel B
lu i-na a-lim^{KI} lu ina GÁN^{lim}
K Siegel C
a-na Ku-ku-lá-nim
Rs i-tù-wa-ar
Siegel C
1/2 ma-na KÙ.BABBAR Kà-ru-nu-wa
DUMU Kur-za-na a-na Ku-ku-lá-nim
i-ša-qal
Siegel A

K Siegel B

lR Siegel C

rR Siegel B

Siegellegende A: unklar, wohl Siegel des Bāzija.

Übersetzung:

Hülle: (1-3) Siegel des Bāzija, des Sohnes des Ilamkurub; Siegel des Ḫappu'ašu, des Schmiedes; Siegel des Karunuwa, des Sohnes des Kurzana. (4-8a) 1/2 Mine Sil= ber (ist) der Preis für den Sklaven Tuzanani (vormals?) gehörig dem Ikuppi'a: Ka= runuwa, der Sohn des Kurzana, hat ihn (!) dem Kukkulānum verkauft; seinen Kauf= preis hat er erhalten. (8b-14) Wenn irgendjemand, sei es in der Stadt oder in der Provinz, gegen Kukkulānum Ansprüche erhebt, wird 1/2 Mine Silber Karunuwa, der Sohn des Kurzana, dem Kukkulānum zahlen.

Anmerkungen:

(4) IR steht für ÌR; vgl. GKT § 6c.

(5) K. Hecker, WO 11,1980,70 liest gegen die Kopie ù I-ku-pí-a. Unsere Inter= pretation, wonach Ikuppi'a der Voreigentümer des Sklaven ist, sehen wir durch die Klausel Z. 11 gestützt: Bei einem aus anatolischem Milieu stammenden Sklaven wäre die Klausel lū ina ālim lū ina eqlim "sei es in der Stadt oder in der Provinz" überflüssig.

(7) Beachte das fehlerhafte pluralische Suffix in i-dí-šu-nu; vgl. § 40.1. Im folgenden ší-mì-šu (Z. 8) halten wir das singularische Suffix dagegen für korrekt, während es nach der Interpretation von K. Hecker falsch wäre.

(8) Zum Nebeneinander von Singular und Plural bei šīmum "Kaufpreis" vgl. § 97 mit Anm. 86.

(8) Zur Deutung des "Tempus" von i-tù-wa-ar vgl. § 41ff.

15.

Text: AO 8298, Kopie TCL 21 253.
Bearbeitung: J. Lewy, AHDO 1 102-106. Zu Z. 5-20 vgl. K. Hecker, WO 11,1980,74.

Kaufvertrag über einen Sklaven zum Preis von 13 1/2 Seqel Silber. Alle Beteilig= ten sind Kappadokier. Zweiseitiges kappadokisches Kaufformular (Typ K/5; vgl. § 65). Verzichterklärung des Verkäufers (Typ V/3; vgl. § 71). Besondere Klauseln (vgl. § 101): Bei (erfolgreicher) Geltendmachung von Eigentumsansprüchen auf den Sklaven seitens eines als Geldgeber bekannten Tamuri'a droht dem Verkäufer die Todesstrafe. Ausserdem wird Tarikuta zur Zahlung einer Geldbusse verpflichtet und hat bei Nichtleistung eine Tochter als Ersatz zu gestellen; Tarikuta siegelt nicht; es ist nach dem Suffix in me-er-a-sà (Z. 20) eine Dame und somit viel=leicht die Ehefrau des Nakkilit. Vier Zeugen. Durch die beteiligten Personen eng mit diesem Kaufvertrag verbunden ist die Urkunde No. 29, in der Tarikuta als mitsiegelnde Zeugin begegnet.

Hülle:

Siegel A
KIŠIB Wa-áš-ḫu-pá GAL ma-⌜ḫi⌝-ri-im
KIŠIB A-lá-ri-a KIŠIB
Ḫa-nu-wa KIŠIB Ša-da-aḫ-šu
KIŠIB Na-ki-li-it
Šu-pì-a-aḫ-šu
Siegel B
a-na ší-mì-im
K Siegel B
Na-ki!-li-it
Rs i-dí-in a-na 13 1/2 GÍN KÙ.BABBAR
Ša-ak-ri-ú-ma-an
iš-a-am Na-ki-li-it
a-na Ša-ak-ri-ú-ma-an
lá i-tù-wa-ar
Šu-pì-a-aḫ-šu iš-tí
Ta-mu-ri-a šu-ma
e-ta-ma-ar
i-du-wa-ak
Ta-ri-ku-tá
K Siegel C
i-lá-kam-ma KÙ.BABBAR i-š[a!-qa]l
lR šu-ma lá i-ša-qal
Siegel C
me-er-a-sà Ša-ak-ri-ú-ma-an i-ta-ru
rR Siegel B

Übersetzung:

Hülle: (1-4) Siegel des Wašḫupa, des Marktaufsehers; Siegel des Alari'a; Siegel des Ḫanuwa; Siegel des Šadaḫšu; Siegel des Nakkilit. (5-10a) Den Šuppi'aḫšu hat Nakkilit verkauft. Für 13 1/2 Seqel Silber hat Šakri'uman (ihn) gekauft. (10b-12) Nakkilit wird gegen Šakri'uman keine Ansprüche erheben. (13-16) Wenn Šuppi'aḫšu von Tamuri'a reklamiert wird, wird er (Nakkilit) getötet. (17-20) Tarikuta wird kommen und Silber zahlen. Wenn sie nicht zahlt, wird ihre Tochter Šakri'uman da=vonführen.

Anmerkungen:

(13-15) Beachte in diesem Passus die ungewöhnliche Satzstellung. e-ta-ma-ar ist hier als Pf. des N-Stammes von amārum "ansehen" aufgefasst (*inta'mar zu ettāmar); zum Gebrauch der "Tempora" im Bedingungssatz vgl. § 41ff. Im Ge=gensatz etwa zu CAD A/2 27b (vgl. auch K. Hecker, WO 11,1980,74) fassen wir nanmurum hier nicht als reflexiven ("sich treffen mit") sondern als passiven N-Stamm auf. Eine ungefähre semantische Parallele sehe ich in dem pfand=rechtlichen terminus dagālum "ansehen", der wohl (gegen B. Kienast, Fest=schrift H. Petschow, WO 8,1976,226) auf ein hypothekarisches Pfand hinweist.

(18f.) Wenn entsprechend unseren Vermutungen Tarikuta eine Dame ist, so ist in i-lá-kam-ma und i-š[a-qa]l (so auch Z. 19) das maskuline Personalpräfix zu be=achten; vgl. § 40.2.

(19) Vgl. zu den "Tempora" im Bedingungssatz § 41ff.

(20) Das Possessivsuffix in me-er-a-sà ist nur korrekt, wenn Tarikuta eine Dame ist; vgl. dazu oben in der Vorbemerkung.

16.

Text: Chantre 2. Photo Vs pl. XXI; Photo Rs p. 94, Kopie Rs p. 95.
Bearbeitung: V. Scheil, ibid. 94f. und EL 219, beide ohne Ergänzungen.

Kaufvertrag (?) über ein Haus. Der Anfang des Textes ist stark zerstört, die Re=konstruktion daher nicht völlig gesichert. Unsere Interpretation geht aus von der so nur in Kaufverträgen bezeugten Eviktionsklausel und versucht die vorhandenen Spuren aus dem Kaufformular zu deuten. Alle Beteiligten sind vermutlch Kappadokier; dies steht fest für die Zeugen. Der Käufer (Z. 5'f.) ist vielleicht ein staatlicher Funktionär. Zweiseitiges kappadokisches Kaufformular (Typ K/3; vgl. § 65). Evikti=onsklausel (Typ E/22; vgl. § 76): Im Falle der Vindikation des Kaufobjektes durch Dritte wird der Verkäufer zur Zahlung einer Busse in Silber, vermutlich in mehr=facher Höhe des Kaufpreises, verpflichtet. Erweiterte Generalklausel (vgl. § 77-82). Sieben Zeugen, darunter drei staatliche Funktionäre (vgl. auch zu Z. 1'f. und 5'f.).

Tafel:

1' [É ....]-ar-dí-za
[....]-⌜x⌝
[a-na ší-mì-im i-dí-i]n

[a-na x MA.NA x] GÍN$^{!}$
[KÙ.BABBAR ....]-⌜x⌝ GAL
[x-x-x iš-a-a]m
[lu be-el ḫu-bu]-lim
[lu tù-sí]-nu-um
[lu m]a-ma-an
[š]a-ni-um
[ša] a-na É$^{\text{be-tim}}$
⌜i⌝-tù-ru-ni
Rs [x] ma-na KÙ.BABBAR i-ša-qal
IGI Lu-uḫ-ra-aḫ-šu
IGI Du-nu-um-na
IGI Wa-li-ší-it
IGI A-lu-ut-ḫu-ḫa-ar-ša
GAL e-zi IGI Ba-ba-lá-a
[I]GI Šu-li-a
[G]AL pá-šu-re-e
[I]GI Ku-lá-ku-lá GAL
[a]l-pá-tim

Übersetzung:

Tafel: (1'-3') [Das Haus] hat [....]-ar-dí-za, ..., [verkauf]t. (4'-6') [Für x Minen x] Seqel [Silber] hat ...., der Oberste [....], (es) ge[kauft]. (7'-13') (Betrifft) einen [Gläubi]ger, einen [Retrakt]käufer oder irgendjemand anderen: [was anlangt, dass] er auf das Haus Ansprüche erhebt, wird er (V) x Minen Silber zahlen. (14'-22') Vor Luḫraḫšu; vor Dunumna; vor Wališit; vor Aluthuḫarša, dem Oberziegenhirten; vor Babala; vor Šuli'a, dem Truchsess; vor Kulakula, dem Ober=rinderhirten.

Anmerkungen:

(1') Am Ende der Zeile dürfte der Name des Verkäufers mit Filiation oder Titel in Z. 2 gestanden haben.

(5') Der Käufer ist vermutlich, wie drei der Zeugen, ein staatlicher Funktionär, dessen Titel in Z. 6 fortgeführt wird.

(18') GAL ezzī "Oberziegenhirt" mit AHw 222a. Eine Interpretation des hapax als GAL eṣī "Oberster der Bäume" (so CAD I/J 219b) ist möglich, erscheint mir allerdings weniger wahrscheinlich.

(20') Wir haben den Genitiv pá-šu-re-e in § 38.3a und § 39.2 als Sinular gefasst.

17.

Text: Tafel: Ka 945, Kopie ICK 1 35b; Hülle: Ka 914, Kopie ICK 1 35a.
Bearbeitung: Zu A:1-9 und B:6-11 vgl. K. Hecker, WO 11,1980,67. Vgl. auch J. Lewy, HUCA 27,1956,8 Anm. 37.

Kaufvertrag über ein Kind ohne numerische Preisangabe. Alle Beteiligten sind Kap=padokier. Zweiseitiges kappadokisches Kaufformular (Tafel: Typ K/6, Hülle: Typ K/1; vgl. § 65). Verzichtklausel (Typ V/10; vgl. § 71) mit Androhung einer Busse in Höhe von 1/2 Mine Silber. Vier Zeugen, aber nur vier Siegel.

A. Tafel:

Ša-lu-a-ta
Sú-li-i
i-ša-a-am-šu
um-(Rasur!)-mu!-šu-ú (Rasur)
Šu-pì-a-ni-kà a-na
ší-mì-im i-dí-šu-ú
ša i-tù-ru-ú-šu-ni
1/2 ma-na KÙ.BABBAR
i-ša-qal
K IGI ⸢Ú⸣-šu-na-⸢ma⸣-<an>
Rs IGI Ḫa-ma-ra-a
IGI A-ba-lá-lá-a
IGI Ta-at-kà-pu-⸢ú⸣

B. Hülle:

KIŠIB [Ú-šu-na]-ma-an
Siegel A
⸢DUMU⸣ Z[I-x-x KIŠI]B ⸢Ḫa⸣-ma-ar-a
[KIŠIB A-ba-lá-l]á ⸢DUMU⸣ A-bi-a-at
[KIŠIB Ta-a]t-ki-pu-uš
[DUMU x-x]-⸢x⸣ KIṢIB Šu-pì-a-ni-kà
Siegel A
Sú-li-i um-mu-šu-ú
K Šu-pì-a-ni-kà a-na
Siegel B
ší-mì-im i-dí-šu-ú
Rs Siegel C
Ša-lu-a-ta-a i-iš-a-am-šu
ša i-tù-ru-šu-ni
1/2 ma-na KÙ.BABBAR i-ša-qal
Siegel D

Übersetzung:

A. Tafel: (1-6) Šalu'atta hat den Suli gekauft. Seine Mutter Šuppi'anika hat ihn verkauft. (7-9) Was anlangt, dass sie (V) gegen ihn (K) Ansprüche erhebt, wird sie (V) 1/2 Mine Silber zahlen. (10-13) Vor Ušunaman; vor Ḫamara; vor Abalala; vor Tatkapu.

B. Hülle: (1-5) Siegel des Ušunaman, des Sohnes des ....; Siegel des Ḫamara; Sie=gel des Abalala, des Sohnes des Abi'at; Siegel des Tatkipuš, des Sohnes des ....; Siegel des Šuppi'anika. (6-9) Den Suli hat seine Mutter Šuppi'anika verkauft. Ša=lu'atta hat ihn gekauft. (10-11) Was anlangt, dass sie (V) gegen ihn (K) Ansprüche erhebt, wird sie(V) 1/2 Mine Silber zahlen.

Anmerkungen:

(A:3) Beachte die Schreibung i-ša-a-am-šu gegenüber i-iš-a-am-šu (B:9).

(A:4) Vgl. um-mu-šu-ú in B:6. Die Langschreibung von Auslautvokalen begegnet in unserem Text auch in i-dí-šu-ú (A:6 und B:8), in den Zeugennamen A:11-13, sowie bei Sú-li-i (A:2 und B:6) und Ša-lu-a-ta-a (B:9); vgl. auch die Sub= junktivform ša i-tù-ru-ú-šu-ni (A:7) gegenüber ša i-tù-ru-šu-ni (B:10). Vgl. § 38.3.

(A:6) Beachte das maskuline Verbalpräfix in i-dí-šu-ú (so auch B:8); Gleiches gilt für die Verbalformen ša i-tù-ru(-ú)-šu-ni (A:7, B:10) und i-ša-qal (A:9, B: 11). Vgl. § 40.2.

(A:11) Beachte die abweichende Namensform Ḫa-ma-ar-a in B:2.

(A:13) Beachte die abweichende Namensform [Ta-a]t-ki-pu-uš in B:4.

(B:2) Zwischen den Zeilen 2 und 3 der Hülle ist vielleicht noch eine Halbzeile mit der Filiation des Ḫamara zu ergänzen. Für die anderen Zeugen ist jeweils ebenso die Filiation angegeben.

(B:6-9) Die beiden Bestandteile des Kaufformulars sind auf der Hülle in der logi= schen Reihenfolge Verkauf - Kauf angeordnet.

18.

Text: KTP 43.
Bearbeitung: EL 189 und, mit verbesserten Lesungen auf Grund von Kollationen durch J. Lewy, P. Garelli, Les Assyriens 69, Ende der Anm.

Kaufvertrag über eine Sklavin und deren Tochter zum Preis von 37 1/2 Seqel Silber. Alle Beteiligten sind Kappadokier. Verkäufermehrheit: Neben Tarḫu'an Labadanika, die Ehefrau des Peruwa, mit zwei Söhnen. Zweiseitiges kappadokisches Kaufformular (Typ K/3; vgl. § 65). Eviktionsklausel (Typ E/12; vgl. § 76): Im Falle der Vindi= kation droht eine Geldbusse von fünf Minen Silber, etwa das Achtfache des Kauf= preises; subsidiär tritt die Todesstrafe ein. Kappadokisches Datum (vgl. § 35). Drei Zeugen.

Tafel:

am-tám Zi-be-z[i-be]
ú! Té-pu-ku-ni-a-an
[DUMU].SAL-sú Tár-ḫu-a-an
⌜La!⌝-ba!-da-ni-kà
a-ša-at Pè-ru-wa

Pè-ru-wa-aḫ-šu Ša-ar-pá
me-er-ú$^{!}$-šu a-ší-mì-im
i-dí-nu-ma a-na
1/2 MA.NA 7 1/2 GÍN KÙ.BABBAR
Ša-áp-ta-ma$^{!}$-ni-kà
iš$^{!}$-a-am-ší$^{!}$
Rs šu-ma$^{!}$ a-ma-tí-ma
a-šu-mì Zi-be-zi-be
ú DUMU.SAL$^{\text{i-tí}}$-šu
ša a-na Ša-áp-ta-ma$^{!}$-ni-kà
i-tù-ru
5 ma-na KÙ.BABBAR i-da$^{!}$-an$^{!}$
ú i-du-ku-šu$^{!}$
i-qá-tí Wa-ar-pá$^{!}$
ru-ba-im
Ḫal-kí-a-šu
GAL sí-mì-il$_5$-tim
IGI GA$^{?}$-lá-zi
[IG]I Pè-ru-wa
[DUM]U I$^{!}$-na-ar IGI
Pè-ru-wa
lR DUMU Na-pá-ri

Übersetzung:

Tafel: (1-8a) Die Sklavin Zibezibe und Tepukuni'an, ihre Tochter, haben Tarḫu'an, Labadanika, die Ehefrau des Peruwa, (sowie) Peruwaḫšu (und) Šarpa, dessen Söhne, verkauft und (8b-11) für 1/2 Mine 7 1/2 Seqel Silber hat Šaptamanika sie gekauft. (12-18) Wenn irgendwann wegen der Zibezibe und ihrer Tochter - wer gegen Šaptama= nika Ansprüche erhebt, wird er (V) fünf Minen Silber zahlen oder man wird ihn tö= ten. (19-22) Unter der Herrschaft des Fürsten Warpa (und) des "Gardeobersten" Ḫal= ki'ašu. (23-27) Vor GA$^{!}$-lá-zi; vor Peruwa, dem Sohne des Inar; vor Peruwa, dem Soh= ne des Napari.

Anmerkungen:

(3) Beachte das maskuline statt des femininen Possessivsuffixes; vgl. § 40.2. So auch Z. 14.

(11) Lesung nach Vorschlag von K. Hecker.

(17f.) Die Verbalform iddan und das Suffix in idukkūšu sind 3.sg.m. Die Klausel ist entweder formelhaft gebraucht oder sie bezieht sich speziell auf Tarḫu= 'an, ohne dass der Grund dafür allerdings ersichtlich wäre.

19.

Text: kt a/k 250b (unveröffentlicht).
Bearbeitung: K. Balkan, Festschrift Güterbock 31 Anm. 14.

Kaufvertrag über einen Sklaven zum Preis von 13 1/2 Seqel Silber. Alle Beteiligten sind Kappadokier. Zweiseitiges kappadokisches Kaufformular (Typ K/4; vgl. § 65). Verkäufermehrheit. Der Name des Sklaven ist mit dem des jeweils an erster Stelle genannten Verkäufers identisch, doch wird man angesichts der Umstände (vgl. die Eviktionsklausel) schwerlich an Personengleichheit denken können. Eviktionsklau= sel (Typ E/2+E/23; vgl. §74 und § 76) mit erweiterter Generalklausel (vgl. § 77-82): Bei Vindikation des Sklaven durch Dritte verpflichten sich die Verkäufer zur Erstattung des Kaufpreises (?; vgl. § 84). Drei Zeugen.

Tafel:

Ḫa-p[î-a Ba-a]-me-lá
Ku-ša-ra ù Kà-ak-sí-a
Ḫa-pî-a a-na ší-mî-im
i-dí-nu-ma a-na
13 1/2 GÎN KÙ.BABBAR
Ḫa-ḫu-a iš-a-am
tù-sí-nu-um̃
ú-lá ma-ma-an
ša-ni-ú-um
a-na Ḫa-ḫu-a
ú-lá i-tù-wa-ar
K ša i-⌜tù⌝-ru-šu-ni
13 1/2 GÎN KÙ.BABBAR
Rs Ḫa-pî-a Ku-ša-ra
Ba-ar-me-lá ú Kà-ak-sí-a
a-na Ḫa-ḫu-a i-ša-q̌ú-lu
IGI Kà-kà-ri-a
IGI Ma-ḫi-ra
IGI Lá-ba-ar-ša

Übersetzung:

Tafel: (1-6) Ḫapi'a, Barmela, Kuššara und Kaksi'a haben den Ḫapi'a verkauft und für 13 1/2 Seqel Silber hat Ḫaḫḫu'a (ihn) gekauft. (7-11) Ein Retraktkäufer oder sonst irgendein anderer wird gegen Ḫaḫḫu'a keine Ansprüche erheben. (12-16) Was anlangt, dass er (einer der genannten) Ansprüche gegen ihn (Ḫaḫḫu'a) erhebt, wer= den Ḫapi'a, Kuššara, Barmela und Kaksi'a 13 1/2 Seqel Silber dem Ḫaḫḫu'a zahlen. (17-19) Vor Kakari'a; vor Maḫira; vor Labarša.

20.

Text: Giessen 1-7; Kopie KUG 3.
Bearbeitung: EL 105 und K. Hecker, KUG 3; vgl. K. Hecker, WO 11,1980,66 zu Z. 1-11.

Kaufvertrag über eine Sklavin zum Preis von fünf Seqel Silber. Alle Beteiligten sind Kappadokier. Zweiseitiges kappadokisches Kaufformular (Typ K/4; vgl. § 65). Eviktionsklausel (Typ E/4; vgl. § 75): Im Falle der Vindikation der Sklavin durch Dritte hat der Verkäufer die Pflicht zur Freistellung des Käufers. Drei Zeugen.

Tafel:

Ḫa-ḫu-a am-tám
Kà-tí-da a-ší-mì-im
i-dí-in-ma
a-na 5 GÍN KÙ.BABBAR
Kà-kà-ri-a
iš-a-am-ší šu-ma
ma-ma-an a-na
Kà-kà-ri-a
i-tù-wa-ar
K Ḫa-ḫu-a
Rs ú-ba-áb-šu
IGI Ku-ku-ú
IGI Ma-lá-wa-áš-ḫi
IGI Kà-tár-zi-a

Übersetzung:

Tafel: (1-6a) Ḫaḫḫu'a hat die Sklavin Kattida verkauft und für fünf Seqel Silber hat Kakari'a sie gekauft. (6b-11) Wenn irgendjemand gegen Kakari'a Anspüche er= hebt, wird Ḫaḫḫu'a ihn (Kakari'a) freistellen. (12-14) Vor Kuku; vor Malawašḫi; vor Katarzi'a.

Anmerkungen:

(9) Zum "Tempus" von i-tù-wa-ar vgl. § 41ff.

(12) Zur Pleneschreibung des Auslautvokals vgl. § 38.3c.

21.

Text: NBC 3825, Kopie BIN 6 225.
Bearbeitung: Zu Z. 7b-15a vgl. K. Hecker, WO 11,1980,73.

Kaufvertrag über eine Sklavin ohne numerische Preisangabe. Alle Beteiligten sind

Kappadokier, nur eine Zeugin trägt einen hybriden Namen (vgl. § 21 mit Anm. 19). Verkäufermehrheit. Zweiseitiges kappadokisches Kaufformular (Typ K/2; vgl. § 65). Eviktionsklausel (Typ E/5; vgl. § 75): Im Falle der Vindikation der Sklavin durch Dritte haben die Verkäufer die Pflicht zur Freistellung des Käufers. Rechtsmängel=haftung gegen Retraktrechte Dritter (Eviktionsklausel Typ E/13; vgl. § 76): Die Vertragsstrafe beträgt eine Mine Silber, sicher ein Mehrfaches des Kaufpreises; vgl. § 84. Drei Zeugen.

Tafel:

Té-ri-ku-tá ú
Ḫa-áš- ta -aḫ-šu-šar DAM-sú
GÉME A-pí-tù-ri
DUMU.SAL Ša-le-ni
a-na ší-mí-im i-dí-nu-ma
Tù-ḫu-ší-ip-ḫa
iš-a-am šu-ma
ma-ma-an a-na
K Tù-ḫu-ší-ip-ḫa
Rs i-tù-ar
Té-ri-ku-tá ú DAM-sú
ú-ša-ḫu-tù-šu šu-ma
ma-ma-an i-pá-ṭá-ar-ší
1 ma-na KÙ.BABBAR
i-ša-qal IGI Ša-zu-a
IGI A-nu-lá
IGI Ša-at-a-na

Übersetzung:

Tafel: (1-7a) Terikuta und Ḫaštaḫšušar, seine Ehefrau, haben die Sklavin Appituri, die Tochter des Šallenni, verkauft und Tuḫušipḫa hat (sie) gekauft. (7b-12a) Wenn irgendjemand gegen Tuḫušipḫa Ansprüche erhebt, werden Terikuta und seine Ehefrau ihn freistellen. (12b-15a) Wenn irgendjemand sie (die Sklavin) auslöst, wird er (Terikuta) eine Mine Silber zahlen. (15b-17) Vor Šazu'a; vor Anula; vor Šātanna.

Anmerkungen:

(10) Zum "Tempus" von i-tù-ar vgl. § 41ff.

(12) Zu šaḫḫutum "abwaschen" als Synonym von ubbubum "reinigen" vgl. § 75 mit Anm. 64.

(15) Die singularische Verbalform išaqqal ist entweder fehlerhaft oder nur auf Terikuta zu beziehen.

22.

Text: Kay 4369
Bearbeitung: Unbearbeitet (Hinweis von K. Hecker).

Kaufvertrag über ein Haus zum Preise von 21 Seqel Silber. Der Name des Verkäufers ist nicht erhalten; alle übrigen Beteiligten sind Kappadokier. Zweiseitiges kappa= dokisches Kaufformular (Typ K/4; vgl. § 65). Käufermehrheit (Ehepaar). Eviktions= klausel (Typ E/17; vgl. § 76) mit erweiterter Generalklausel (vgl. § 77-82): Im Falle der Vindikation des Hauses durch Dritte hat der Verkäufer eine Mine Silber, d.h. etwa das Dreifache des Kaufpreises zu zahlen. Vier Zeugen.

Tafel:

[....]
[be-tám] a-ší-mì-im
i-dí-in-(Rasur)-ma
a-na ⌜1/3 MA⌝.NA 1 GÍN
KÙ.BABBAR Zu-wa
ú A-ba-ba a-ša-sú
iš-ú-mu-šu-{nu}
šu-ma a-ma-tí-ma
a-šu-mì É$^{be-tim}$
lu tù-sí-num
K lu be-el ḫu-b[u-lim]
lu ma-ma-an
a-na Zu-w[a]
Rs ú A-ba-ba
a-ší-tí-šu i-tù-ar
1 ma-na KÙ.BABBAR
i-ša-qal-šu-nu-tí
IGI Ḫa-nu IGI Ku-ku-ú
IGI Wa-ší-nu-ma-an
IGI Ni-wa-aḫ-šu

Übersetzung:

Tafel: (1-7) [PN] hat [das Haus] verkauft und für 1/3 Mine 1 Seqel Silber haben Zuwa und Ababa, seine Ehefrau es gekauft. (8-15) Wenn irgendwann wegen des Hauses sei es ein Retraktkäufer, ein Gläubiger oder (sonst) irgendjemand gegen Zuwa und Ababa, seine Ehefrau, Ansprüche erhebt, (16-17) wird er (V) eine Minne Silber ih= nen zahlen. (18-20) Vor Ḫa-nu; vor Kuku; vor Wašinuman; vor Niwaḫšu.

Anmerkungen:

(7) Da nach Z. 9 (É$^{be-tim}$) das Kaufobjekt eindeutig im Singular steht, muss das Objektsuffix hier fehlerhaft sein.

(15) Zum "Tempus" von i-tù-ar vgl. § 41ff.

(18) Zur Pleneschreibung des Auslautvokals in Ku-ku-ú vgl. § 38.3c.

23.

Text: I 568 (unpubliziert).
Bearbeitung: L. Matouš, ArOr 47,1979,33-39.

Kaufvertrag über mehrere Häuser ohne numerische Preisangabe. Der Käufer und zwei (?) Zeugen sind Assyrer, alle übrigen Beteiligten sind Kappadokier. Der Text nennt in satzloser Konstruktion zuerst das Kaufobjekt mit Beschreibung nach dem Vorei= gentümer und Lageangabe; es folgen die Namen der Verkäufer, Angehörige einer Gü= tergemeinschaft (upatinnum), unter denen der erstgenannte, Aši'et, federführend ist. Die Hülle und selbst die Tafel verwenden keines der bekannten Kaufformulare, sondern geben nur eine Inhaltsangabe mit der ša-Klausel (vgl. § 36.5), die ein ex latere venditoris stilisiertes Kaufformular (vgl. § 47), den Quittungsvermerk (Typ Q/2; vgl. § 58) und eine Verzichtklausel (Typ V/5; vgl. § 71) enthält. Eviktions= klausel (Tafel: Typ E/7, Hülle: Typ E/10; vgl. § 75): Im Falle der Vindikation der Häuser durch Dritte verpflichten sich die Verkäufer zur Freistellung des Käu= fers. Sechs Zeugen, doch nur zwei Siegel und Ringabdrücke. Die eigenartige Stili= sierung der Urkundeneinleitung und die Verwendung der ša-Klausel auch auf der Ta= fel deuten darauf hin, dass der Text als Abschrift einer Tafelhülle zu verstehen ist.

A. Tafel:

bé-tù ša a-sí-nim
ša ṭé-ḫi-i É
Pu-šu-ke-en$_6$ A-ší-et
a-lá-ḫi-núm Ḫi-iš-ta-aḫ-šu
GAL ṣa-bi-im Uš-ḫa-ta
A-sú Ku-lá-ku-lá Ḫa-šu$^!$-i
ù Ḫa-pu-a-lá ki-ma
ú-pá-tí-nim
ša A-ší-et a-lá-ḫi-núm
a-na Bu-za-zu DUMU Pu-šu-ke-en$_6$
K a-na ší-mí-im
i-dí-nu-ma ší-im

B. Hülle:

Siegel A
[KIŠIB ....]-nim KIŠIB [....]
[KIŠIB ....] DUMU Bu-li-n[a]
[KIŠIB ....] DUMU Té-ri-ku-tá
[KIŠIB ....] ra-dí-im ša ru-ba-im
[KIŠIB A-ší-et a-lá]-ḫi-nim ša Dà-ta-ša
[KIŠIB Ḫi-iš-ta-aḫ-šu] GAL ṣa-bi-šu
[KIŠIB Ku-lá-ku-lá KI]ŠIB A-sú-ú
Siegel A
[KIŠIB Ḫa-šu-i KIŠIB Ḫ]a-pu-a-lá
K [É]^{tí} Šu-[....]-a-ḫu a-sí-nim
Siegel B

Rs bé-tim A-ší-e-et
ù a-wi-lu a-ni-ú-tum$_{8}$
ša-bu-ú a-na
bé-té-e a-na Bu-za-zu
ú-lá i-tù-ru-ú šu-ma
ma-ma-an i-tù-a-ar
A-ši-e-et a-lá-ḫi-núm
Ḫi-iš-ta-aḫ-šu GAL ṣa-bi-im
Uš-ḫa-ta A-sú Ku-lá-ku-lá
Ḫa-šu-i ù Ḫa-pu-a-lá-ma
ú-bu-bu-šu IGI I-sà-li-a
K IGI Ḫa-nu IGI Ḫa-nu-nu
lR IGI Pè-ru-a IGI Ta-ar-ḫu-lá
IGI Kà-ma-li-a

ša ṭé-ḫi É Pu-šu-ke-en$_{6}$
A-ší-et a-lá-ḫi-núm Ḫi-iš-ta-aḫ-šu
Rs GAL ṣa-bi-šu Uš-ḫa-ta
Siegel A
A-sú Ku-lá-ku-lá Ḫa-šu-i ù
Ḫa-pu-a-lá ki-ma ú-pá-tí-nim ša
A-ší-et a-na ší-mì-im a-na
Bu-za-zu DUMU Pu-šu-ke-en$_{6}$ i-dí-nu
ší-im É$^{\text{be-tí}}$ ša-bu-ú a-na
É^{tí} a-na Bu-za-zu ú-[l]á i-[t]ù-ru
šu-ma ma-ma-an a-na be-t[í a-n]a
Bu-za-zu i-tù-ar A-ší-[et a-lá-ḫi-núm]
ša Dà-ta-ša Ḫi-iš-ta-aḫ-šu
GAL ṣa-bi-šu Uš-ḫa-ta [A-sú]
Ku-lá-ku-lá Ḫa-šu-i [ù Ḫa-pu-a-lá]
ki-ma ú-pá-tí-nim
É^{tí} a-na Bu-za-[zu ú-bu-bu-šu-um (?)]
K Siegel A
lR Ringabdrücke
rR Siegel B

Übersetzung:

A. Tafel: (1-3a) (Betrifft) die Häuser des assinnum, die neben dem Hause des Pū=šukēn (liegen). (3b-8) Aši'et, der alaḫḫinnum, Ḫištaḫšu, der Personalchef, Usḫa=ta, Asu, Kulakula, Ḫašu'i und Ḫappu'ala als Vertreter der Gütergemeinschaft. (9-17a) (Urkunde darüber,) dass Aši'et, der alaḫḫinnum (die Häuser) dem Buzazu, dem Sohne des Pūšukēn, verkauft hat, und (dass) mit dem Preis für die Häuser Aši'et und diese Leute befriedigt sind, (und dass) sie auf die Häuser gegen Buzazu keine Ansprüche erheben werden. (17b-23a) Wenn irgendjemand (gegen Buzazu) Ansprüche er=hebt, werden Aši'et, der alaḫḫinnum, Ḫištaḫšu, der Personalchef, Usḫata, Asu, Ku=lakula, Ḫašu'i und Ḫappu'ala ihn freistellen. (23b-26) Vor Isalija; vor Ḫanu; vor Ḫanunu; vor Peruwa; vor Tarḫu'ala; vor Kamali'a.

B. Hülle: (1-8) [Siegel des ....]-nim; Siegel des [....]; [Siegel des ....], des Sohnes des Bulina; [Siegel des ....], des Sohnes des Terikuta; [Siegel des ....], des Gefolgsmannes des Fürsten; [Siegel des Aši'et, des ala]ḫḫinnum von Dattaša; [Siegel des Ḫištaḫšu], des Personalchefs; [Siegel des Kulakula; Sie]gel des Asu; [Siegel des Ḫašu'i; Siegel des Ḫ]appu'ala. (9-10) (Betrifft) die Häuser des ...., des assinnum, die neben dem Hause des Pūšukēn (liegen). (11-14a) Aši'et, der alaḫ=ḫinnum, Ḫištaḫšu, sein Personalchef, Usḫata, Asu, Kulakula, Ḫašu'i und Ḫappu'ala als Vertreter der Gütergemeinschaft. (14b-18) (Urkunde darüber,) dass Aši'et (die

Häuser) an Buzazu, den Sohn des Pūšukēn, verkauft hat, (dass) sie mit dem Preis für die Häuser befriedigt, (und dass) sie auf die die Häuser gegen Buzazu keine Ansprüche erheben werden. (19-25) Wenn irgendjemand auf die Häuser gegen Buzazu Ansprüche erhebt, werden Aši'et, der alaḫḫinnum von Dattaša, Ḫištaḫšu, sein Personalchef, Usḫata, Asu, Kulakula, Ḫašu'i und Ḫappu'ala als Vertreter der Gütergemeinschaft die Häuser für Buzazu [freistellen].

Anmerkungen:

(A:1) Mit Ausnahme von A:13 (bé-tim) steht das Kaufobjekt (vgl. dazu L. Matouš, ArOr 47,1979,36ff.) an allen Stellen im Plural (so A:16, B:9.17.18.[19] und 25), sodass bé-tim in A:13 wohl fehlerhaft ist. In A:1 ist der Nominativ als casus pendens zu fassen, wofür in B:9 der Akkusativ der Beziehung steht. Dort folgen mehrere, teils zerstörte Zeichen, die nur als Personenname gewertet werden können. Dann muss assinnum eine Art Berufsbezeichnung sein, die im aAss bisher freilich nicht bezeugt ist. Einmal können wir dabei an das bekannte assinnum denken, das nach AHw 75b etwa "Buhlknabe" bedeutet, nach CAD A/2 341f. aber einen Tempelfunktionär bezeichnen dürfte; der Begriff ist mA und nA bezeugt. Allerdings mag auch eine einheimisch-kappadokische Berufsbezeichnung vorliegen, die formal an Begriffe wie tusinnum "Retraktkäufer" (vgl. § 82), alaḫḫinnum (vgl. zu A:4) oder upatinnum (vgl. zu A:7f.) anzuschliessen wäre.

(A:2) Beachte die Pleneschreibung in ṭé-ḫi-i (gegenüber ṭé-ḫi in B:10) und vgl. dazu ša-bu-ú in A:15, B:17, bé-té-e in A:16 und endlich i-tù-ru-ú in A:17 (gegenüber i-tù-ru in B:18); vgl. § 38.3.

(A:4) Zu alaḫḫinnum als Funktionär der staatlichen Gewalt in Anatolien vgl. zuletzt L. Matouš, ArOr 47,1979,37ff. und unten zu A:7.

(A:5) Für GAL ṣa-bi-im (so auch A:20) findet sich B:6.12 und 22 GAL ṣa-bi-šu, wobei sich das Suffix auf den zuvor genannten Aši'et bezieht; vgl. auch bereits L. Matouš, ArOr 47,1979, 38.

(A:7f.) Für upatinnum, zu heth. upat- "Lehen", vgl. bereits K. Balkan, Appellativa 47 mit Anm. 114 und zuletzt K. Hecker, WO 11,1980,71 Anm. 33 am Ende. Nach L. Matouš, ArOr 47,1979,38f. bezeichnet upatinnum "eine Menschengruppe einheimischer Personen, die auf einem Gemeinschaftsgut" (bētum) "arbeiten ..., deren Oberhaupt der Älteste der Gemeinde, der alaḫḫinnum bildete". kīma upatinnim bezieht sich demnach auf alle zuvor genannten Personen.

(A:24) Für die Vermutung, dass Ḫa-nu als Zeuge zu streichen ist, vgl. zu B:1-4.

(B:1-4) Von den sechs auf der Tafel genannten Zeugen sind anscheinend nur fünf als Siegelnde auf der Hülle aufgeführt, wobei zu berücksichtigen ist, dass nur zwei Siegelabrollungen und einmal drei Ringabdrücke vorhanden sind. Darf man in B:1 [KIŠIB Ḫa-nu]-nim lesen für Ḫa-nu-nu in A:24? Ist ausserdem am Anfang von A:24 IGI Ḫa-nu wegen Dittographie zu streichen?

(B:5) Die Ergänzung A-ší-et beruht darauf, dass diese Schreibung auch B:11.15 und wohl auch 20 begegnet im Gegensatz zu A-ší-e-et in A:3.9.13 und 19.

24.

Text: NBC 3785, Kopie BIN 4 212.

Bearbeitung: EL 213.

Quittung (šabbu-Formular: Typ Š/1; vgl. § 54.1) über die Bezahlung des Kaufpreises in Höhe von 20 Seqel Silber für eine Sklavin. Alle Beteiligten sind Assyrer. Evik=tionsklausel (Typ E/8; vgl. § 75) zum Schutz gegen Drittansprüche; Sanktion er=gänzt. Rest weggebrochen.

Tafel:

1/3 ma-na KÙ.BABBAR
ší-im am-tim
Ša-at-a-šur Šu-a-num
DUMU I-na-sú-in
ša-bu šu-ma
ma-ma-an a-na
am-tim ší-a-tí
a-na Lá-ma-ša DUMU A-lí-lí
i-t[ù-ar]
[Šu-a-num]
[ú-ba-áb-šu]
Rest weggebrochen

Übersetzung:

Tafel: (1-5a) Mit 1/3 Mine Silber, dem Kaufpreis für die Sklavin Šātaššur, ist Šū'anum, der Sohn des Innasu'in, befriedigt. (5b-11) Wenn irgendjemand auf jene Sklavin gegen Lamašša, den Sohn des Alîlī Ansprüche erhebt, [wird Šū'anum ihn freistellen]. (Rest weggebrochen).

Anmerkungen:

(9) Zum "Tempus" von i-tù-ar vgl. § 41ff.

(10f.) Die Ergänzung der Klausel beruht auf dem Faktum, dass in Verträgen unter Assyrern niemals Vertragsstrafen erwähnt werden; vgl. § 75 und 83.

25.

Text: BM 115207A, Kopie CCT 5 26a.
Bearbeitung: Zu Z. 5b-18 vgl. K. Hecker, WO 11,1980,69.

Quittung (šabbu-Formular; vgl. § 54.1) über die Bezahlung des Kaufpreises für Schweine ohne numerische Kaufpreisangabe. Alle Beteiligten sind Kappadokier. Ver=käufermehrheit (Ehepaar). Einfache Verzichtklausel (Typ V/2; vgl. § 71); Verzicht=klausel mit Sanktion (Typ V/7; vgl. § 71): Geldbusse in Höhe von einer Mine Sil=ber. Fünf Zeugen. In den Freiräumen sind vermutlich die Siegel abgerollt.

Hülle:

KIŠIB Ku-lá KIŠIB Šal-ku-a-⌜ta⌝
KIŠIB Wa-áš-ḫu-pá GAL ma-ḫi-ri
freier Raum
KIŠIB Ma-nu-kà-a KIŠIB Du-du
KIŠIB Pé-er-wa KIŠIB Mu-lá
a-ší-tí-šu ḫu-zi-ri
ša Pé-er-wa ù Mu-lá
a-ša-sú a-na
freier Raum
E-ni-ìš-ru i-dí-nu-ni
KÙ.BABBAR ší-im
freier Raum
ḫu-zi-ri-šu-nu
Pé-er-wa ù Mu-lá
a-ša-sú ša-bu-ú
freier Raum
a-na šu-mì ḫu-zi-ri ù ší-mì-šu
Pé-er-wa ù Mu-lá
a-ša-sú a-na E-ni-ìš-ru lá i-tù-ru
šu-ma i-tù-ru
1 ma-na KÙ.BABBAR a-na
freier Raum
E-ni-ìš-ru i-ša-q[ú]-lu
freier Raum

Übersetzung:

Hülle: (1-5a) Siegel des Kula; Siegel des Šalku'atta; Siegel des Wašḫupa, des Marktaufsehers; Siegel des Manuka; Siegel des Dudu; Siegel des Perwa; Siegel der Mula, seiner Ehefrau. (5b-12) (Betrifft) die Schweine, die Perwa und Mula, seine

Ehefrau, dem Enišru gegeben haben: Mit dem Silber, dem Kaufpreis für ihre Schwei= ne, sind Perwa und Mula, seine Ehefrau, befriedigt. (13-15) Wegen der Schweine und ihrem Kaufpreis werden Perwa und Mula, seine Ehefrau, gegen Enišru keine An= sprüche erheben. (16-18) Wenn sie Ansprüche erheben, werden sie eine Mine Silber dem Enišru zahlen.

Anmerkungen:

(2) Zum Mimationsschwund vgl. § 39.2.

(3) Zur Pleneschreibung des Auslautvokals in Ma-nu-kà-a vgl. § 38.3c; vgl. auch ša-bu-ú in Z. 12.

(13) Beachte das singularische Suffix in ší-mì-šu statt ší-mì-šu-nu; vgl. § 40.1.

26.

Text: NBC 4050, Kopie BIN 4 183.
Bearbeitung: EL 214.

Quittung (išqul-Formular, Typ Š/1; vgl. § 55) über die Bezahlung des Kaufpreises für ein Kind in Höhe von 22 1/2 Seqel Silber. Die Käuferin Aḫattum trägt einen assyrischen Namen (vgl. § 22); alle übrigen Beteiligten sind Kappadokier. Verkäu= fermehrheit (Ehepaar). Retraktklausel (Typ R/6; vgl. § 96): Gegen Bezahlung von 45 Seqel Silber, also dem doppelten Kaufpreis, besteht die Möglichkeit, die Skla= vin auszulösen. Zwei Zeugen.
Die Einräumung des Lösungsrechtes macht es wahrscheinlich, dass die causa der Ur= kunde weniger ein echtes Kaufgeschäft als vielmehr eine Pfandbestellung in einem dem Kauf nachgeformten Rechtsgeschäft war (vgl. § 95).

Tafel:

1/3 MA.NA 2 1/2 GÍN
KÙ.BABBAR ší-im
Ša-am-na-ni-kà
A-ḫa-tum a-na
Ku-na-ni-a ù
Na-ki-iš-tù-ar
ta-áš-qú-ul
2/3! MA.NA 5 GÍN
K KÙ.BABBAR ší-im
Rs Ša-[a]m-na-ni-kà
ša i-ša-qú-lu-ú
ù ší-a-tí i-ta-ru-ší

IGI Li-iḫ-šu-ma-an
IGI Ḫu-za-a

Übersetzung:

Tafel: (1-7) 1/3 Mine 2 1/2 Seqel Silber, den Kaufpreis für Šamnanika, hat Aḫattum dem Kunani'a und der Nakištu'ar bezahlt. (8-12) 2/3 Minen 5 Seqel Silber - (was angeht,) dass sie (diese Summe) bezahlen, können sie diese (Šamnanika) davonführen. (13-14) Vor Liḫšuman; vor Ḫuza.

Anmerkungen:

(9) Obwohl deutlich das Duplum gefordert wird, steht hier der stat. constr. sg. von šīmum "Kaufpreis"; vgl. § 97 mit Anm. 86.

(11) Beachte die Pleneschreibung des Auslautvokals in i-ša-qú-lu-ú (auch Z. 14); vgl. § 38.3a.

(12) Beachte den syndetischen Anschluss des Nachsatzes durch ù.

27.

Text: Ka 819, Kopie ICK 2 116.
Bearbeitung: Zu Z. 1-8 und 12-18a vgl. K. Hecker, WO 11,1980,68 Anm. 23.

Quittung (išqul-Formular, Typ Š/2; vgl. § 55) über die Bezahlung des Kaufpreises für einen Sklaven in Höhe von (etwas mehr als) 1/2 Mine Silber. Die Käuferin Eštarbāštī (vgl. § 23) trägt einen assyrischen Namen; alle übrigen Beteiligten sind Kappadokier, wobei freilich die Zeugenliste nicht erhalten ist. Verkäufermehrheit (Ehepaar). Geschäftsabschlussvermerk (vgl. § 69). Verbot der Weiterveräusserung der Sklavin durch die Käuferin (vgl. § 98). Einräumung eines Retraktrechtes an die Verkäufer (Typ R/3; vgl. § 96) gegen Bezahlung von einer Mine Silber, (fast) des Doppelten des Kaufpreises (vgl. § 97). Die letzte Klausel vor der Zeugenliste wird eine Bestimmung über die Haftung der Käuferin für die Präsenz der Sklavin beinhalten (vgl. § 98). Vier (?) Zeugen.
Das Verbot des Weiterverkaufs und die Einräumung des Retraktrechtes machen deutlich, dass die causa des Rechtsgeschäftes die Bestellung eines Personenpfandes darstellt (vgl. § 95).

Tafel:

1/2 MA.[NA (x GÍN)]
KÙ.BABBAR ṣa-r[u-pá-am]
ší-im I-⌜x⌝-[....]
a-na Du-du
ù Ku-zi-zi

Eštar-ba-áš-tí
[t]a-áš-qú-ul
[GÉM]E a-ma-sà
[a-n]a ⌜ší!-mì!⌝-im
K [lá t]a-da-ší
[lá t]ù-ḫa-lá-aḫ-ší
Rs [š]u-ma Du-du
⌜ù⌝ Ku-zi-zi
⌜i⌝-pá-ṭù-ru-ší
1 ma-na KÙ.BABBAR
a-na Eštar-ba-áš-tí
i-ša-qú-lu-m[a]
i-ta-r[u-ší šu-ma]
ḫa-lu-q[á-at ....]
x [....]
IGI [....]
IGI ⌜x⌝ [....]
[IGI ....-l]u-pá
[IGI ....]-mu

Übersetzung:

Tafel: (1-7) 1/2 Mine (x Seqel) geläutertes Silber, den Preis für .... hat an Du=du und Kuzizi Eštarbāštī bezahlt. (8-11) Die Sklavin (ist) ihre Sklavin; (aber) sie darf sie (die Sklavin) nicht verkaufen (oder sonstwie) abhanden kommen lassen. (12-18a) Wenn Dudu und Kuzizi sie (die Sklavin) auslösen, werden sie eine Mine Silber an Eštarbāštī zahlen und sie (die Sklavin) dann fortführen. (18b-20) [Wenn] sie (K) (die Sklavin) hat abhanden kommen lassen, [....]. (21-24) (Zeugenliste, zerstört).

Anmerkungen:

(1) Die Ergänzung von (x GÍN) ist aus Platzgründen möglich; ihr steht die Re=traktsumme in Z. 15 in Höhe von einer Mine Silber nicht entgegen, da Auf- und Abrundungen denkbar sind (vgl. § 97).

(11) Die Form tù-ḫa-lá-aḫ-ší fasse ich als tuḫallaqši zu ḫulluqum "abhanden kom=men lassen"; sachlich würde die Bestimmung das Verkaufsverbot auf jede an=dere Art der Veräusserung (z.B. Freilassung, Verpfändung etc.) ausdehnen.

(18b-20) Inhaltlich scheint die Klausel anzuschliessen an das erweiterte Verkaufs=verbot Z. 9-11. Beachte den Stativ im Bedingungssatz in Z. 19; vgl. dazu und zum Prs. i-pá-ṭù-ru-ší (Z. 14) § 41ff.

28.

Text: Tafel: Ka 1008, Kopie ICK 1 19b; Hülle: Ka 1030, Kopie ICK 1 19a.
Bearbeitung: B. Hrozný, AHDO 1,1937,87-90; vgl. zu A:1-6a K. Hecker, WO 11,1980, 68 und zu 6b-21 ibid. 74.

Quittung (išqul-Formular, Typ I/1; vgl. § 55) über die Bezahlung des Kaufpreises für eine Sklavin in Höhe von 20 1/4 Seqel Silber; Verkäufer ist der Ehemann. Zwei Zeugen sind Assyrer; alle übrigen Beteiligten sind Kappadokier, darunter auch die Käuferin Walawala (vgl. zu ihr § 23). Geschäftsabschlussvermerk (vgl. § 69). Die Hülle gibt abweichend das Quittungsformular und den Geschäftsabschlussvermerk in der ša-Klausel (vgl. § 36.5). Eviktionsklausel (Typ E/1; vgl. § 74) zur Abwehrung von Drittansprüchen ohne Sanktion. Bürgschaftsklausel (vgl. § 99); Bürgen sind nach B:5f. eine Frau mit ihrem Sohn: Im Falle der Vindikation verpflichten sich die Bürgen zur Freistellung der Käuferin; andernfalls haben sie eine Mine Silber, also etwa das Dreifache des Kaufpreises, zu leisten (vgl. § 86). Vier Zeugen. Sechs Siegel, darunter Siegel E in Fremdverwendung.

A. Tafel:

1/3 MA.NA 1/4 GÍN KÙ.BABBAR
li-dí ší-im Šu-pí-a-ni-kà
Wa-la-wa-la a-na
Ḫa-pu-a-la mu-tí-ša
ta-áš-qúl am-tum
a-ma-sà a-na am-tim
ma-ma-an lá i-tù-a-ar-ší-im
a-na am-tim Tal-ḫa-ma
ù Ḫi-iš-ta-aḫ-šu
qá-ta-tum šu-ma a-šu-mì
am-tim a-na Wa-lá-wa-lá
K ma-ma-an i-tù-a-ar
Rs Tal-ḫa-ma ù Ḫi-iš-ta-aḫ-šu
am-tám a-na
Wa-lá-wa-lá
ú-bu-bu-ší-im šu-ma (Rasur)
am-tám lá ú-ta-bi-bu-ší-im
1 ma-na KÙ.BABBAR
li-dí Tal-ḫa-ma ù Ḫi-iš-ta-aḫ-šu
a-na Wa-lá-wa-lá
i-ša-qú-lu-ší-ma am-tám i-ta-ru-ú
IGI Ma-ṣí-ì-lí DUMU Bu-zu-zi-im

B. Hülle:

KIŠIB Ma-ṣí-ì-lí DUMU Bu-z[u]-⌜zi-im⌝
Siegel A
KIŠIB Bu-ta DUMU I-dí-a-šùr
KIŠIB Ta-mu-ri-a DUMU Ḫa-pu-a-šu
KIŠIB Ša-ak-ri-ú-ma-an DUMU A-lá-ri-a
KIŠIB Tal-ḫa-ma KIŠIB Ḫi-iš-ta-aḫ-šu
me-er-i-ša KIŠIB Ḫa-pu-a-lá
ša 1/3 MA.NA 1/4 GÍN KÙ.BABBAR li-dí
Siegel B
ší-im Šu-pí-a-ni-kà Wa-la-wa-la
K a-na Ḫa-pu-a-la mu-tí-ša
ta-áš-qú-lu-ni-ma
Siegel B
am-tum a-ma-sà-ni a-na am-tim
Rs Siegel C
ma-ma-an ú-lá i-tù-a-ar-ší-im
a-na am-tim Tal-ḫa-ma ù Ḫi-iš-ta-aḫ-šu
me-ra-ša qá-ta-tum šu-ma a-šu-mì
am-tim a-na Wa-la-wa-la ma-ma-an
i-tù-a-ar-ší-im Tal-ḫa-ma
ù Ḫi-iš-ta-aḫ-šu me-ra-ša am-tám
a-na Wa-la-wa-la ú-bu-bu-ší-im

IGI ⌜Bu⌝-ta-a DUMU (Rasur)
I-dí-a-šùr IGI Ta-mu-ri-a
lR 25 DUMU Ḫa-pu-a-šu IGI Ša-ak-ri-ú-ma-an
DUMU A-lá-ri-a

19 šu-ma am-tám
Siegel D
lá ú-ta-bi-bu-ší-im 1 ma-na
K 21 KÙ.BABBAR li-dí Tal-ḫa-ma
Siegel E
lR ù Ḫi-iš-ta-aḫ-šu me-ra-ša a-na
Wa-la-wa-la
Siegel F
i-ša-qú-lu-ší-ma ù am-tám
25 i-ta!-ru-ú

Siegellegende E:

DINGIR-ba-ni DUMU Eštar-b[a-ni]

Übersetzung:

A. Tafel: (1-6a) 1/3 Mine 1/4 Seqel .... Silber, den Preis für Šuppi'anika, hat Walawa= la an Ḫappu'ala, ihren (der Šuppi'anika) Ehemann, bezahlt. Die Sklavin (ist nun) ihre Sklavin. (6b-7) Auf die Sklavin wird niemand gegen sie (Walawala) Ansprüche erheben. (8-10a) Für die Sklavin (sind) Talḫama und Ḫištaḫšu Bürgen. (10b-16a) Wenn wegen der Sklavin gegen Walawala irgendjemand Ansprüche erhebt, werden Tal= ḫama und Ḫištaḫšu die Sklavin für Walawala freistellen. (16b-21) Wenn sie die Sklavin ihr nicht freistellen, werden eine Mine .... Silber Talḫama und Ḫištaḫšu der Walawala bezahlen und man kann die Sklavin davon führen. (22-26) Vor Maṣi'ilī, dem Sohne des Buzzuzum; vor Būtāja, dem Sohne des Idī'aššur; vor Tamuri'a, dem Sohne des Ḫappu'ašu; vor Šakri'uman, dem Sohne des Alari'a.

B. Hülle: (1-6) Siegel des Maṣi'ilī, des Sohnes des Buzzuzum; Siegel des Butāja, des Sohnes des Idī'aššur; Siegel des Tamuri'a, des Sohnes des Ḫappu'ašu; Siegel des Šakri'uman, des Sohnes des Alari'a; Siegel der Talḫama; Siegel des Ḫištaḫšu, ihres Sohnes; Siegel des Ḫappu'ala. (7-11a) (Urkunde darüber,) dass 1/3 Mine 1/4 Seqel .... Silber, den Preis für Šuppi'anika, Walawala an Ḫappu'ala, ihren (der Šuppi'anika) Ehemann, bezahlt hat, und (dass nun) die Sklavin ihre Sklavin (ist). (11b-12) Auf die Sklavin wird niemand gegen sie (Walawala) Ansprüche erheben. (13-14a) Für die Sklavin (sind) Talḫama und Ḫištaḫšu, ihr Sohn, Bürgen. (14b-18) Wenn wegen der Sklavin gegen Walawala irgendjemand Ansprüche erhebt, werden Tal= ḫama und Ḫištaḫšu, ihr Sohn, die Sklavin für Walawala freistellen. (19-25) Wenn sie die Sklavin ihr (der Walawala) nicht freistellen, werden eine Mine .... Sil= ber Talḫama und Ḫištaḫšu, ihr Sohn, an Walawala zahlen, und man kann die Sklavin davon führen.

Siegellegende E: Ilumbāni, der Sohn des Eštarbāni.

Anmerkungen:

(A:2) Zu der Qualitätsangabe li-dí/li-tí beim Kaufpreis vgl. § 34.

(A:12) Zum "Tempus" von i-tù-a-ar (dafür B:16 i-tù-a-ar-ší-im) vgl. § 41ff.

(A:17) Zum "Tempus" von ú-ta-bi-bu-ší-im vgl. § 41ff.

(B:2) Bu-ta steht hier vermutlich für Bu-ta-a, so A:23.

(B:5f.) Das Verwandtschaftsverhältnis der Bürgen ist nur hier und B:13f.21f. an= gegeben, nicht aber in A.

29.

Text: Tafel und Hülle NBC 3981, Kopie BIN 6 226.
Bearbeitung: E. Bilgiç, Appellativa 40f.; vgl. auch K. Hecker, WO 11,1980,67 A.17.

Quittung (išqul-Formular, Typ I/1; vgl. § 55) über die Bezahlung des Kaufpreises für einen Sklaven in Höhe von 1/2 Mine Silber. Alle Beteiligten sind Kappadokier: Käufer ist Šakri'uman, Verkäufer sind Šezur, Tamuri'a und der Marktvorsteher Waš= ḫupa. Der Sklave Šuppi'aḫšu hatte sich offenbar nach der Stadt Silluna abgesetzt und war von dort von dem Marktvorsteher Wašḫupa zurück geholt worden. Eviktions= garantie (Typ E/3 mit E/24; vgl. § 74 und 76) mit der erweiterten Generalklausel (vgl. § 77-82): Im Falle der Vindikation des Sklaven durch Dritte sind zwei Minen Silber, das Vierfache des Kaufpreises, zu zahlen. Drei Zeugen, darunter Tarikuta.

Der Text ist im Zusammenhang mit oben No. 15 zu sehen: Dort hat unser Käufer Šak= ri'uman den Sklaven Šuppi'aḫšu für 13 1/2 Seqel Silber von Nakkilit gekauft; eine besondere Klausel war für den Fall der Geltendmachung von Eigentumsansprüchen sei= tens des Tamuri'a vereinbart worden. Es hat den Anschein, als habe dieser den Skla= ven Šuppi'aḫšu tatsächlich erfolgreich vindiziert. Šakri'uman musste daher den be= gehrten Sklaven erneut, diesmal von Tamuri'a kaufen; Tarikuta, wohl die Ehefrau des unglücklichen Nakkilit (vgl. die Vorbemerkung zu No. 15), bekundet dabei durch ihre Zeugenschaft den Verzicht auf eigene Ansprüche auf den Sklaven.

Der Marktvorsteher Wašḫupa, der in No. 15 als Zeuge des Kaufgeschäftes fungierte, tritt hier nun neben Šezur, dessen Stellung zu Tamuri'a unklar ist, und ebendie= sem Tamuri'a als Verkäufer auf. Angesichts der (amtlichen ?) Aufgaben, die der Marktvorsteher bei der Rückführung des Sklaven Šuppi'aḫšu aus Silluna durchzufüh= ren hatte, mag die Stellung des Wašḫupa auf der Verkäuferseite nicht alten eigenen Eigentumsrechten entspringen, sondern auf staatlichem Eingreifen im Zusammenhang mit der Rückführung des Sklaven aus Silluna beruhen.

Die Motive für das Verhalten des Sklaven Šuppi'aḫšu sind unklar. Wenn der oben aufgezeigte Zusammenhang unserer Urkunde mit oben No. 15 stimmt, so hat sich Šup= pi'aḫšu kaum durch Flucht einer drohenden Schuldverknechtung entziehen wollen, da er ja bereits vor dem Verkauf an Šakri'uman durch Nakkilit Sklavenstatus besessen hatte. Darf man daher i-pá-an ḫu-bu-li-šu "angesichts der ihn betreffenden Schuld= verhältnisse" (vgl. B:15) übersetzen und annehmen, dass der Sklave bei den recht= lichen Auseinandersetzungen um seine Person eine Gelegenheit zu Flucht sah und nutzte?

A. Tafel:

1/2 ma-na [KÙ].BABBAR
ší-im Šu-⌜pí⌝-a-aḫ-šu
Ša-ak-ri-ú-ma-an <a-na>
Šé-zu-ur Ta-mu-ri-⌜a⌝
ù Wa-áš-ḫu-pá
GAL ma-ḫi-ri-im
{ḫu-bu-li-šu}
iš-qú-ul Šu-pí-a-⌜aḫ⌝-[š]u
iḫ-pí-ar
K Wa-áš-ḫu-ú-pá
Rs i-na! Sí-lu-ú-na
it-ru-a-šu (über Rasur)
lu tù-sí-nu-um
lu bé-el ší-mí-šu
lu ma-ma-an
a-šu-mí Šu-pí-a-aḫ-šu
a-na Ša-ak-ri-ú-ma-an
lá i-tù-a-ar
šu-ma i-tù-a-ar
K 2 MA.NA
i-ša-q[a]l
lR IGI Ta-ri-ku-tá
IGI E-ni-iš-ru-ú
IGI Ga-du-du-ú

B. Hülle:

[KIŠIB E-ni-i]š-ru-[ú]
ˇ Siegel A
[KIŠIB Ga-du-d]u-ú
KI[ŠIB Ta-ri-ku-t]á KIŠIB Šé-zu-u[r]
KIŠIB T[a-mu-ri]-a
KIŠIB W[a-áš-ḫu]-pá GAL ma-ḫ[i-r]i-[im]
Siegel B
1/2 m[a-na KÙ.BABBA]R ší-mí-i[m] (sic!)
K Šu-[pí-a-a]ḫ-šu
[Siegel]
Rs [Ša-ak-ri-ú-ma-an a-na]
[Wa-áš-ḫu-ú-pá]
[GAL ma-ḫ]i-ri-i[m]
Šé-⌜zu⌝-ur
ù Ta-mu-ri-a
iš-qú-ul Šu-pí-a-aḫ-šu
a-na Sí-lu-ú-na
i-pá-an ḫú-bu-li-šu
iḫ-pí-ar-ma
Siegel C
Wa-áš-ḫu-ú-pá GAL m[a-ḫi-r]i-im
K ⌜ú⌝-ta-e-ra-šu
[lu] tù-sí-nu-[um]
[lu be-el ší-mí-šu]
[lu ma-ma-an]
lR [Siegel]
⌜a⌝-[šu-mí] Šu-pí-a-aḫ-šu ⌜a-na⌝
⌜Ša-ak⌝-ri-[ú-ma-an]
lá i-tù-a-a[r šu-ma]
i-tù-a-ar 2 [MA.NA]
i-ša-qal

Übersetzung:

A. Tafel: (1-8a) 1/2 Mine Silber, den Kaufpreis für Šuppi'aḫšu, hat Šakri'uman an Šezur, Tamuri'a und Wašḫupa, den Marktvorsteher, bezahlt. (8b-12) Šuppi'aḫšu war geflohen; Wašḫupa hat ihn aus Silluna geholt. (13-18) Weder ein Retraktkäufer, noch der "Herr seines Kaufgutes" oder sonst irgendjemand wird wegen des Šuppi'aḫšu gegen Šakri'uman Ansprüche erheben. (19-21) Wenn (irgendw)er Ansprüche erhebt, wird er (d.h. die Verkäufer) zwei Minen (Silber) zahlen. (22-24) Vor Tarikuta; vor Enišru; vor Gadudu.

B. Hülle: (1-5) Siegel des Enišru; Siegel des Gadudu; Siegel der Tarikuta; Siegel des Šezur; Siegel des Tamuri'a; Siegel des Wašḫupa, des Marktvorstehers. (6-13a) 1/2 Mine Silber, den Kaufpreis für Šuppi'aḫšu, hat Šakri'uman an Wašḫupa, den Marktvorsteher, Šezur und Tamuri'a bezahlt. (13b-18) Šuppi'aḫšu war angesichts der ihn betreffenden Schuldverhältnisse nach Silluna geflohen; Wašḫupa, der Marktvor=steher, hat ihn zurück geholt. (19-24a) Weder ein Retraktkäufer, noch der "Herr seines Kaufgutes" oder sonst irgendjemand wird wegen des Šuppi'aḫšu gegen Šakri'u=man Ansprüche erheben. (24b-26) Wenn (irgendw)er Ansprüche erhebt, wird er (d.h. die Verkäufer) zwei Minen Silber zahlen.

Anmerkungen:

(A:3) Die Einführung von a-na ist vom Formular her notwendig, da nach A:17 Šakri='uman ebenso eindeutig Käufer ist, wie nach B:3b-5 Šezur, Tamuri'a und Waš=ḫupa sich als Siegelnde ihrer Rechte an dem Sklaven begeben, also Verkäufer sein müssen. Vgl. auch zu A:21.

(A:5) Langschreibung von Vokalen begegnet in unserem Text häufig, so noch A:10. 11.23.24, B:[1].2.[9].14 und 17.

(A:7) Die Zeile ist als fehlerhaft zu tilgen: Eine Interpretation von ḫu-bu-li-šu als pluralischer Akkusativ wäre syntaktisch unmöglich und sachlich nicht ver=tretbar. Nach B:15f. gehört die beabsichtigte Aussage als Begründung zur Handlungsweise des Sklaven Šuppi'aḫšu; vgl. auch die Vorbemerkung am Ende.

(A:9) Die Verbalform iḫ-pí-ar (so auch B:16) ist sicher fehlerhaft, da es sich um ein Präteritum handeln muss; vgl. K. Hecker, GKT § 19a mit Literatur und ausserdem bei J. Bottéro, Habiru 10f. (K. Balkan und W.v. Soden) und 160 (B. Landsberger).

(A:11) Zum Ortsnamen Sí-(it-)lu-(ú-)na vgl. E. Bilgiç, AfO 15,1945-51,35.

(A:13-15) Zu den termini vgl. § 78-82.

(A:19) Zum "Tempus" von i-tù-a-ar vgl. § 41ff.

(B:6) Die Form ší-mí-im steht fehlerhaft für den stat. constr. sg. ší-im.

(B:15) Die Ergänzung der Phrase zu i-pá-an ‹be-el› ḫu-bu-li-šu "angesichts sei=nes Gläubigers" bei E. Bilgiç, Appellativa 40f. erscheint uns wegen des Zu=

sammenhanges unseres Textes mit oben No. 15 nicht ratsam.

(B:18) Beachte die Verbalform ú-ta-e-ra-šu von turrum "zurückbringen" gegenüber it-ru-a-šu von tarā'um "wegführen" in A:12.

30.

Text: AO 9301, Kopie TCL 21 258.

Bearbeitung: Vgl. zu Z. 1-11 K. Hecker, WO 11,1980,69.

Quittung (išqul-Formular, Typ I/1; vgl. § 55) über die Bezahlung des Kaufpreises in Höhe von 25 Seqel Silber für eine Sklavin. Alle Beteiligten sind Assyrer. Quit=tungsvermerk (Typ Q/1; vgl. § 58). Inkraftsetzungsvermerk (vgl. § 35). Zwei (?) Zeugen.

Tafel:

⌜1/3⌝ MA.NA 5 GÍN
[K]Ù.BABBAR [š]í-im
Al-[b]e-lí
I-da-a DUMU ^{d}IM-ba-ni
a-na Ma-nu-ki-a-šur
DUMU Šu-be-lim iš-qú-ul
K Ma-nu-ki-a-[šur]
Rs ší-im Al-be-li
ša-bu iš-tù
ITU!.KAM a-lá-na-tim
li-mu-um Bu-zu-zu
IGI Ší-a-im
[DU]MU ^{d}MAR.TU-ba-ni
K [IGI] ⌜Ì⌝-lí-áš-ra-ni
lR [DUMU] DINGIR-šu-ra-bi$_4$

Übersetzung:

Tafel: (1-6) 1/3 Mine fünf Seqel Silber, den Kaufpreis für Albēlī, hat Idāja, der Sohn des Adadbāni, an Mannukī'aššur, den Sohn des Šūbēlum bezahlt. (7-9a) Mannu=kī'aššur ist mit dem Kaufpreis für Albēlī befriedigt. (9b-11) Vom Monat allanātum, līmum Buzzuzu, an. (12-15) Vor Ši'ā'um, dem Sohne des Amurrumbāni; vor Ilī'ašrannī; [dem Sohne des] Ilšurabi.

31.

Text: Kay 337 (unpubliziert).
Bearbeitung: Vgl. K. Hecker, WO 11,1980,68 Anm. 22.

Quittung (išqul-Formular, Typ Š/1; vgl. § 55) über die Bezahlung des Kaufpreises für ein Haus in Höhe von 18 Seqel Silber. Alle Beteiligten sind Kappadokier. Verzichtklausel in Form eines Relativsatzes (Typ V/9; vgl. § 71) mit Androhung einer Geldstrafe in Höhe von einer Mine Silber (vgl. § 84). Fünf Zeugen.

Tafel:

18 GÍN KÙ.BABBAR
ší-im bé-tim
Ki-kàr-ša-an a-na
A-ta-a {KÙ.BABBAR}
5 iš-qúl
ša a-na bé-tim
i-tù-ru
K 1 ma-na KÙ.BABBAR
Rs i-ša-qal
10 IGI Pè-ru-a
IGI [Ḫ]a-ar-za
IGI ⌜x⌝-na-na-lá
IGI Kà-nu-nu
14 IGI I-lá-li

Übersetzung:

Tafel: (1-5) 18 Seqel Silber, den Kaufpreis für ein Haus, hat Kikaršan an Ata bezahlt. (6-9) (Was anlangt,) dass er (V) auf das Haus Ansprüche erhebt, wird er eine Mine Silber zahlen. (10-14) Vor Peruwa; vor Ḫarza; vor ⌜x⌝-na-na-lá; vor Kanunu; vor Ilali.

Anmerkungen:

(4) Beachte die Pleneschreibung in A-ta-a; vgl. § 3c.

32.

Text: AO 9385, Kopie TCL 21 252.
Bearbeitung: J. Lewy, AHDO 1,1937,96-102; zu Z. 6-28 vgl. K. Hecker, WO 11,1980, 70 Anm. 26.

Eigentumspfand (vgl. § 15c und 103). Alle Beteiligten sind Kappadokier. Dem assy=

rischen Kaufvermerk ex latere venditoris nachgeformter Geschäftsvermerk (Typ Av/3; vgl. § 47); die Verbindung zum Kauf ergibt sich insbesondere auch aus dem terminus šīmum "Kaufpreis" in Z. 23. Geschäftsabschlussvermerk (vgl. § 69). Enišru erhält als Gegenleistung für 45 Seqel Silber die Tochter bzw. Schwester der Schuldner als Sklavin (vgl. § 103). Eviktionsklausel mit erweiterter Generalklausel (vgl. § 77-82): Im Falle der Vindikation der Sklavin durch Dritte ist der Bruder als Ersatz zu stellen; das Gleiche gilt bei Fugitivität der Sklavin (vgl. § 103). Bei Rück=zahlung der Schuldsumme in Monatsfrist erfolgt die Rückgabe der Sklavin (Retrakt=klausel Typ R/4; vgl. § 96); bei Zahlungsverzug erwirbt Enišru hingegen mit dem Recht des Weiterverkaufs Volleigentum an der Skalvin (Klausel Typ X/3; vgl. § 98). Drei Zeugen.

<u>Hülle:</u>

Gewandsaumabdruck A
KIŠIB A-pí-zi-a-šu DUMU Ḫa-al-ki-a-šu
KIŠIB Ta-ar-ḫu-a-lá DUMU Tal-wa-na
KIŠIB Šu-pí-a-ni-kà DUMU.SAL Ku-ru-ku-ru
KIŠÍB Ni-wa-aḫ-šu-šar
KIŠIB Ḫa-pí-a KIŠIB Pè-ru-wa
Ni-wa-aḫ-šu-šar Ḫa-pí-a
ù Pè-ru-wa ki-ma
2/3 MA.NA 5 GÍN KÙ.BABBAR
Siegel B
K Ḫu-zu-ra a-na
E-ni-iš-ru i-dí-nu-ší-ma
Siegel C
a-ma-sú šu-ma a-šu-mì
Rs Ḫu-zu-ra$^{!}$ ma-ma-an
lu tù-sí-nu-um
Siegel D
lu be-el ḫu-bu-lim i-tù-ar-šu-um
Ni-wa-aḫ-šu-šar ù Pè-ru-wa
Ḫa-pí-a a-na E-ni-iš-ru
ú-ta-ru-šu-ma ú ú-ra-sú
šu-ma Ḫu-zu-ra ta-ba-at
Ḫa-pí-a a-na É^{tí}-šu
i-ta-ru-šu-ma ù ú-ra$^{!}$-sú
šu-ma i-na ga-ma-ar
ITU.KAM a-nim <1/2 MA.NA> 15 GÍN KÙ.BABBAR
K ší-mì-ša i-tab-lu-nim

ú i-ta-ru-ú-ší
šu-ma lá ub-lu-nim } Siegel A
a-ma-sú a-na Tal-ḫa-dé-e }
ú-ul a-šar
lR 28 li-bi$_4$-ša i-da-ší
Siegel E
rR Siegel D

Übersetzung:

Hülle: (1-5) Siegel des Appezzi'ašu, des Sohnes des Ḫalki'ašu; Siegel des Tarḫu='ala, des Sohnes des Talwana; Siegel der Šuppi'anika, der Tochter des Kurukuru; Siegel der Niwaḫšušar; Siegel des Ḫapi'a; Siegel des Peruwa. (6-11a) Niwaḫšušar, Ḫapi'a und Peruwa haben anstelle von 2/3 Minen 5 Seqel Silber Ḫuzura dem Enišru gegeben und (sie ist nun) seine Sklavin. (11b-17) Wenn wegen der Ḫuzura irgend=jemand, sei es ein Retraktkäufer oder ein Gläubiger, gegen ihn (Enišru) Ansprüche erhebt, werden Niwaḫšušar und Peruwa den Ḫapi'a dem Enišru übergeben und (der ist dann) sein Sklave. (18-20) Wenn Ḫuzura entflieht, wird er (Enišru) den Ḫapi'a zu seinem Hause wegbringen und (der ist dann) sein Sklave. (21-24) Wenn sie am Ende dieses Monats ⟨1/2 Mine⟩ 15 Seqel Silber, ihren (der Ḫuzura) Kaufpreis, bringen, dann werden sie sie (die Ḫuzura) davonführen. (25-28) Wenn sie (das Silber) nicht bringen, (ist Ḫuzura) seine (des Enišru) Sklavin; an die Leute von Talḫad oder, wohin es ihm beliebt, kann er sie verkaufen.

Anmerkungen:

(8) Die Summe von 45 Seqel Silber wird Z. 22 offenbar ausgedrückt durch 1/2 Mine 15 Seqel; daher dort die Emendation.

(13f.) Zu den termini vgl. § 78-82.

(14) Zu den "Tempora" in den Bedingungssätzen unseres Textes vgl. § 41ff. und insbesondere § 42.

(23) Zum Plural ší-mí-ša vgl. § 97 mit Anm. 86.

(24) Beachte die Pleneschreibung des Vokals in i-ta-ru-ú-ší; vgl. § 38.3b. Vgl. auch Z. 26 Tal-ḫa-dé-e.

33.

Text: Jena 351, Kopie TuM 1 14c.
Bearbeitung: EL 88.

Verpflichtungsschein über eine Kaufpreisschuld in Höhe von 51 Seqel Silber für drei kutānū-Stoffe. Alle Beteiligten sind Assyrer. 30 % Zins ab Termin. Zwei Zeu=gen.

Tafel:

5/6 MA.NA 1 GÍN KÙ.BABBAR
ṣa-ru-pá-am ší-im
3 TÚG ku-ta-ni (Rasur)
i-ṣé-er Puzur-^{d}MAR.TU
I-ku-num i-šu
iš-tù ḫa-mu-u[š-ti]m
ša I-dí-a-šùr
1 1/2 GÍN T[A i-na]
K ITU.1.KAM^{im} [a-na]
Rs 1 ma-na-i[m]
ù-ṣa-ab
IGI Puzur-tí-a-am-t[im]
IGI Šu-be-lim

Übersetzung:

Tafel: (1-5) 5/6 Minen 1 Seqel geläutertes Silber, den Kaufpreis für drei kutānū-Stoffe, hat zu Lasten des Puzuramurrum Ikūnum gut. (6-11) Von der Amtswoche des Idi'aššur an wird er je anderthalb Seqel pro Monat auf eine Mine Zins zahlen. (12-13) Vor Puzurti'āmtim; vor Šūbēlum.

34.

Text: Ashmolean Museum Oxford 1933,1049, Kopie JCS 14 20 No. 12.
Bearbeitung: D.A. Kennedy - P. Garelli, JCS 14,1960,17ff.

Verpflichtungsschein über 4 Sack 2 Krug Weizen. Mit Ausnahme des Zeugen Šūbēlum tragen alle Beteiligten kappadokische Namen. Schuldnermehrheit (vier Schuldner, Fa=milie ?). Fälligkeitstermin ist die Erntezeit. Eine besondere Klausel erweist das Geschäft als Pränumerations- oder Lieferungskauf. Versprechen auf quantitative und qualitative Vertragserfüllung. Zwei Zeugen.

Hülle:

Siegel A
KIŠIB Šu-be-lim KIŠIB Ša-sú
KIŠIB Kà-sú KIŠIB Ḫa-za-mí-il$_5$
KIŠIB Wa-li-iš-ra
KIŠIB Na-ki-li-it
4 na-ru-uq 2 DUG
Siegel B

K še-am i-ṣé-er
Siegel B
Kà-sú Wa-li-iš-ra
Siegel C
Rs Ḫa-za-mî-il$_5$ ú Na-ki-li-it
E-ni-iš-ru i-šu
i-na e-bu-ri-im
i-du-nu še-am a-KÙ.BABBAR
iš-a-am ki-na-am
Siegel D
K ú šál-ma-am
Siegel A
lR i-ša-qal

Übersetzung:

Hülle: (1-4) Siegel des Šūbēlum; Siegel des Šasu; Siegel des Kasu; Siegel des Ḫa=zamil; Siegel des Wališra; Siegel des Nakkilit. (5-9) Vier Sack zwei Krug Weizen hat zu Lasten von Kasu, Wališra, Ḫazamil und Nakkilit Enišru gut. (10-12a) Zur Erntezeit werden sie (den Weizen) liefern. Den Weizen hat er (Enišru) gegen Sil=ber gekauft. (12b-14) Voll und ganz werden sie (!) (den Weizen) "bezahlen".

Anmerkungen:

(2-4) Wenn es sich bei den vier Schuldnern um eine Familie handelt, ist unter ih=nen natürlich eine Frau; unklar bleibt welcher Name hier weiblich wäre.

(12b-14) Zum Verständnis der Klausel vgl. CAD K 392a. Subjekt von išaqqal ist die schuldnerische Partei; der Singular ist daher entweder Fehler oder er be=zieht sich auf einen der genannten Schuldner, etwa das Familienoberhaupt. Beachte die Härte, dass šaqālum "darwägen", "bezahlen" hier von Getreide gebraucht wird.

35.

Text: Ka 219, Kopie ICK 1 102.
Bearbeitung: Zu Z. 1-12 vgl. K. Hecker, WO 11,1980,69.

Quittung (šabbu-Formular) über die Bezahlung einer Kaufpreisschuld in Höhe von zwei Minen Silber für zwei Esel und zwei kutānū-Stoffe. Alle Beteiligten sind As=syrer. Eviktionsklausel: Im Falle der Inanspruchnahme des Käufer-Schuldners durch Dritte hat der Verkäufer-Gläubiger die Verpflichtung zur Freistellung. Zwei Zeu=gen.

Tafel:

2 ma-na KÙ.BABBAR
ṣa-ru-pá-am ša ší-im
2 e-ma-ri
ú 2 ku-ta-nim
2 ma-na KÙ.BABBAR
A-šur-ma-lik
ša-bu šu-ma
ma-ma-an
K a-na Pu-zu-ri-î-lí
Rs i-tù-ar
A-šur-ma-lik
ú-ša-ḫa-sú
IGI Na-áb-sú-in
IGI A-šur-^{d}UTU^{ši}

Übersetzung:

Tafel: (1-4) (Betrifft) zwei Minen geläutertes Silber vom Kaufpreis für zwei Esel und zwei kutānū-Stoffe: (5-7a) Mit den zwei Minen Silber ist Aššurmalik befrie= digt. (7b-12) Wenn irgendjemand gegen Puzurilī Ansprüche erhebt, wird Aššurmalik ihn (Puzurilī) freistellen. (13-14) Vor Nabsu'in; vor Aššuršamšī.

Anmerkungen:

(3f.) Zur Konstruktion der Zahlen vgl. K. Hecker, GKT § 122c.

(12) Zu šaḫḫutum "abwaschen", "freistellen (von Ansprüchen)" vgl. § 75.

36.

Text: Tafel: Ka 281A, Kopie ICK 2 103A; Hülle: Ka 281B, Kopie ICK 2 103B.
Bearbeitung: Unberabeitet.

Quittung (šabbu-Formular) über die Bezahlung einer Kauspreisschuld in Höhe von 28 Seqel Silber für zwei Esel. Über die geschuldete Summe war offenbar ein Verpflich= tungsschein mit Inhaberklausel (Gläubiger = tamkārum "Kaufmann") ausgestellt wor= den. Alle Beteiligten sind Assyrer. Eviktionsklausel: Im Falle der Inanspruchnahme des Käufer-Schuldners durch Dritte hat der Verkäufer-Gläubiger die Verpflichtung zur Freistellung. Drei Zeugen.
Die Hülle gibt abweichend von der Tafel das Quittungsformular in der ša-Klausel (vgl. § 36.5). Zu den Siegeln und den Siegellegenden vgl. auch L. Matouš, RA 71, 1977, 151f.

A. Tafel:

1/2 MA.NA LÁ 2 GIN
KÙ.BABBAR ší-im 2 ANŠE
ša i-na Ú-dí-im
DINGIR-re-ṣú-um
a-na ^{d}IM-ba-ni
i-dí-nu-ma šu-mì
DAM.GÀR wa-du-ú
kÙ.BABBAR DINGIR-re-ṣú-um
ša-bu šu-ma
K DAM.GÀR a-n[a]
Rs ^{d}IM-ba-ni
i-tù-ar
DINGIR-re-ṣú-um
ú-ba-áb-šu
IGI Na-áb-sú-in
IGI En-nam-a-šur
IGI A[ḫ-š]a-lim

Siegellegende A:

Na-bi-sú-in DUMU Puzur$_4$-eš[tar]

Siegellegende C:

Aḫ-ša-lim DUMU Bu-zu-ta-[a]

B. Hülle:

[KIŠIB Na]-áb-sú-in
DUM[U] P[uz]ur$_4$-eštar
Siegel A
KIŠIB E[n-na]m-⌜a-šùr⌝
DUMU Ú-zu-[a]
Siegel B
KIŠIB [Aḫ-ša-lim D]UMU Bu-zu-ta-[a]
K Siegel C
Rs KIŠIB DINGIR-r[e-ṣú-um]
DUMU Ku-nu-nu [....]
Siegel C
ša 2 ANŠE i-na Ú-dim (?)
⌜a-na⌝ ^{d}IM-ba-ni
[DIN]GIR-re-ṣú-um i-dí-nu-ma
šu-mì DAM.GÀR wa-du-ú
KÙ.BABBAR DINGIR-re-ṣú-um
ša-bu-ú šu-ma
DAM.GÀR a-na ^{d}IM-ba-ni
K Siegel A
[i-t]ù-a-ar
lR DINGIR-re-ṣú-um
Siegel D
ú-ba-á[b-šu]
rR Siegel C

Übersetzung:

A. Tafel: (1-9a) (Betrifft) 28 Seqel Silber, den Kaufpreis für zwei Esel, die in Udim Ilumrēṣûm dem Adadbāni gegeben hat und (worüber eine Urkunde) namens des In= habers ausgestellt wurde: Mit dem Silber ist Ilumrēṣûm befriedigt. (9b-14) Wenn ein Inhaber gegen Adadbāni Ansprüche erhebt, wird Ilumrēṣûm ihn freistellen. (15 -16) Vor Nābsu'in; vor Ennamaššur; vor Aḫšalim.

B. Hülle: (1-7a) Siegel des Nābsu'in, des Sohnes des Puzureštar; Siegel des Ennam= aššur, des Sohnes des Uzu'a; Siegel des Aḫšalim, des Sohnes des Buzutāja; Siegel des Ilumreṣûm, des Sohnes des Kununu. (7b-13a) [....] (Urkunde darüber,) dass zwei Esel in Udim Ilumrēṣûm dem Adadbāni gegeben hat und (dass darüber eine Urkunde) namens des Inhabers ausgestellt wurde, (und dass) mit dem Silber Ilumrēṣûm befrie= digt ist. (13b-17) Wenn ein Inhaber gegen Adadbāni Ansprüche erhebt, wird Ilumrē= ṣûm ihn freistellen.

Siegellegende A: Nabisu'in, der Sohn des Puzureštar.

Siegellegende C: Aḫšalim, der Sohn des Buzutāja.

Anmerkungen:

(A:3) Zu dem Ortsnamen vgl. K. Balkan, OLZ 60,1965,152 und E. Bilgiç, AfO 15,1945-51,37.

(A:7) Zu tamkārum "Kaufmann" als Inhaber eines Verpflichtungsscheines vgl. EL p. 14; vgl. ferner P. Garelli, Les Assyriens 235ff. und M.T. Larsen, Caravan Procedures 49ff.

(A:12) Zum "Tempus" vgl. § 41ff.

(B:7ff.) Die ša-Klausel mit Angabe über den Inhalt der Innentafel beginnt eindeutig mit ša in Z. 8 und reicht bis ša-bu-ú in Z. 13. Am Ende der Z. 7 kann daher nur der Betrag von A:1f. als casus pendens gestanden haben, was vor der ša-Klausel ungewöhnlich wäre; andererseits ist natürlich auch ein Zusatz zum Namen, etwa eine Berufsbezeichnung, denkbar.

37.

Text: AO 8298, Kopie TCL 21 254.
Bearbeitung: J. Lewy, AHDO 1,1937,92-95; zu Z. 6b-17 vgl. K. Hecker, WO 11,1980, 68 Anm. 23.

Schuldentilgung durch Dritten: Ausser Aḫattum tragen alle Beteiligten kappadokische Namen. Quittung (išqul-Formular) über die Bezahlung des Kaufpreises für eine Sklavenfamilie (Ehepaar und fünf Söhne) in Höhe von zwei Minen Silber. Verkäuferin ist Aḫattum, Käufer Šule. Vertragspartner in unserem Text sind allerdings Šule sowie Išpunuman und seine Ehefrau Asuwilka, die ihre Verpflichtungen durch ihr Siegel bekräftigen: Das Ehepaar wird den vollen Kaufpreis, den Šule an Aḫattum bezahlt hat, dem Šule bis zum Fest des Ana erstatten. Bei Zahlungsverzug wird Šule ein Zugriffsrecht auf die Sklavenfamilie eingeräumt. Vier Zeugen.
Folgender Hintergrund ist zu vermuten: Išpunuman und seine Ehefrau hatten auf Grund einer Verschuldung die Sklavenfamilie an Aḫattum verkauft. Šule hat die Sklaven ausgelöst und dem Išpunuman und seiner Ehefrau überstellt, sich aber die genannten Rechte vorbehalten.

Hülle:

Siegel A
KIŠIB Ku-ra-a GAL na-pá-ḫi
KIŠIB Tár-ḫu-a-lá a-ḫu GAL sí-mì-il$_5$-tim
KIŠIB Ḫi-iš-ta-aḫ-šu

KIŠIB Lu-lu-ú
KIŠIB Iš-pu-nu-ma-an KIŠIB A-sú-wi-il_5-kà
a-ší-tí-[š]u 2 ma-na KÙ.BABBAR ší-im
Siegel B
Ší-im-nu-ma-an a-ší-tí-šu
K Siegel B
⌜ù⌝ 5 me-er-e-šu
Rs Siegel C
Šu-le-e a-na A-ḫa-tim
iš-qú-ul 2 ma-na KÙ.BABBAR
a-na ša A-na Iš-pu-nu-ma-an
ù a-ša-sú a-na Šu-le-e
i-ša-qú-lu-ú šu-ma a-na
ša A-na lá iš-qú-lu-ú
Ší-im-nu-ma-an a-ša-sú-ú
ù! 5 me-er-e-šu Šu-le-e
Siegel D
i-ta-ru-šu-nu-ú
K Siegel A
lR Siegel E
rR Siegel F

Übersetzung:

Hülle: (1-6a) Siegel des Kura, des Oberschmiedes; Siegel des Tarḫu'ala, des Bruders des Obersten der Palastgarde; Siegel des Ḫištaḫšu; Siegel des Lulu; Siegel des Išpunuman; Siegel der Asuwilka, seiner Ehefrau. (6b-10a) Zwei Minen Silber, den Kaufpreis für Šimnuman, seine Ehefrau und seine fünf Söhne, hat Šule an Aḫattum bezahlt. (10b-13a) Zwei Minen Silber werden bis zum (Fest) des Ana Išpunuman und seine Ehefrau an Šule bezahlen. (13b-17) Wenn sie bis zum (Fest) des Ana nicht bezahlen, wird den Šimnuman, seine Ehefrau und seine fünf Söhne Šule davon führen.

Anmerkungen:

(1) Beachte die Pleneschreibung in Ku-ra-a; vgl. ausserdem Z. 4.9.12.13.14.15. 16 und 17. Vgl. 38.3.

38.

Text: Privatbesitz in Frankfurt; Kopie UF 7,1975,325 No. 2.
Bearbeitung: W. Mayer - G. Wilhelm, UF 7,1975,316f.

Gerichtsprotokoll betreffend eine Kaufpreisschuld mit gleichlautenden Parteiener=

klärungen. Hintergrund des Verfahrens ist die Stundung eines Teilbetrages vom Kaufpreis für einen Sklaven. Alle Beteiligten sind Assyrer. Käufer und Verkäu= fer bestätigen das Kaufgeschäft, die Höhe des Kaufpreises von 1/2 Mine Silber und die Bezahlung eines Teilbetrages von 17 Seqel Silber. Demnach steht noch ein Restbetrag von 13 Seqel Silber zugunsten des Verkäufers offen. Datum. Ein Zeuge. Der Protokollführer ist von den "Boten" und dem kārum Šuppululija beauftragt wor= den und hat das Protokoll im Tempeltor vor dem Schwert des Assur bezugt.

<u>Tafel:</u>

A-šùr-⸢ma⸣-lik DUMU A-mur-a-šùr
a-na ZU-be-li DUMU Muš-⸢ḫa⸣-ni (?)
iṣ-ba-ta-ni-ma um-ma
A-šùr-ma-lik a-na ZU-be-li-ma
ṣú-ḫa-ra-am Ṣa-áb-ra-am
ga-lá-ba-am a-na 1/2 ma-na KÙ.BABBAR
a-na ší-im ga-me-er (Rasur)
ta-dí-nam 17 GÍN KÙ.BABBAR
a-dí-na-ku-um
um-ma ZU-b[e-l]i
a-na A-šùr-ma-lik-ma
ke-na ṣú-ḫa-ra-am
Ṣa-áb-ra-am ga-lá-ba-am
K a-na 1/2 ma-na KÙ.BABBAR
a-na ší-im ga-me-er
Rs a-dí-na-ku-um
17 GÍN KÙ.BABBAR ta-dí-nam
ITU.1.KAM áb-ša-ra-ni
li-mu-um Ku-ur-ku-d[a]-num
IGI Pí-lá-aḫ-sú-in DUMU A-šùr-e-na
a-na a-wa-tim a-ni-a-tim
a-li-ku-ú ù kà-ru-um
Šu-pu-lu-li-a
i-dí-nu-ni-ma ba-áb
DINGIR^{li} IGI šu-ga-ri-a-e
ša A-šùr ší-bu-tí
a-dí-in

<u>Übersetzung:</u>

<u>Tafel:</u> (1-3a) Aššurmalik, der Sohn des Āmuraššur, hat mich gegen Su'inbēlī, den Sohn des Muš-ḫa-ni (?), (als Richter) genommen. (3b-4) Folgendermassen (sagte)

Aššurmalik zu Sînbēlī: (5-9) "Den Jungen Ṣabrum, den Barbier, hast du mir für 1/2 Mine Silber, zum vollen Kaufpreis, gegeben; 17 Seqel Silber habe ich dir (davon) gegeben". (10-11) Folgendermassen (antwortete) Sînbēlī: (12-17) "Jawohl, den Jun= gen Ṣabrum, den Barbier, habe ich für 1/2 Mine Silber, zum vollen Kaufpreis, dir gegeben; 17 Seqel Silber hast du mir (davon) gegeben". (18-19) Monat abšarrāni; līmum Kurkudānum. (20) Vor Pilaḫsu'in, dem Sohne des Aššurenna. (21-27) Für diese Rechtsangelegenheiten haben mich die "Boten" und der kārum Šuppululija (als Rich= ter) bestellt und im Tore der Götter habe ich vor dem Schwert des Assur mein Zeug= nis gegeben.

Anmerkungen:

(2) Die Lesung des Vatersnamens ist unsicher.

(7) Beachte den in aB Kaufverträgen geläufigen Ausdruck ana šīm gamer (= sum. šám-til-la-ni-šè) "zum vollen Kaufpreis", der in den aAss Kaufurkunden selbst nicht begegnet.

(22) ālikum "Bote" steht hier nicht in der geläufigen Bedeutung eines Überbrin= gers von Nachrichten etc., sondern wird gebraucht wie šiprum "Bote", "Ge= sandter (einer Behörde)"; vgl. dazu J. Lewy, HUCA 27,1956,20 Anm. 85.

(25) šugari'ā'um "Schwert" ist ungefähres Synonym zu paṭrum "Dolch" und kommt im= mer im Zusammenhang mit der assyrischen Gerichtsbarkeit vor, sodass eine kappadokische Etymologie fraglich erscheint; doch vgl. W. Mayer, Das šugari= ā'um-Emblem des Assur, UF 9,1977,364f.

39.

Text: Tafel und Hülle: Prähist. Staatssammlg. 1979.1191, Kopie OrNS 52,1983,195f.
Bearbeitung: Cl. Wilcke, OrNS 52,1983,194-197 als No. 1.

Quittung über die Bezahlung von 33 Seqel Silber, den Kaufpreis für Häuser. Die Käuferin Ummīnara (vgl. § 23 mit Anm. 23) ist die Ehefrau eines Assyrers, wie auch der Voreigentümer der Häuser und ein Zeuge ebenfalls Assyrer sind; alle üb= rigen Beteiligten sind Kappadokier. Šu'iškuna hat die Häuser nach B:5f. "namens der Ummīnara" gekauft und folglich in deren Auftrag, als deren Agentin gehandelt. Die vorliegende Urkunde klärt das Verhältnis zwischen Auftraggeberin und Agentin. Die Tafel notiert die Übergabe (Stichwort nadānum "geben") des Kaufpreises für die Häuser an Šu'iškuna und bestätigt Ummīnara als Eigentümerin der genannten Ob= jekte. Šu'iškuna verzichtet auf Eigentumsansprüche an den Häusern, die sie von Ikūnum (nach B:5f. "namens der Ummīnara") gekauft hatte; doch wird ihr ein Wohn= recht eingeräumt. Nochmalige Bestätigung der Eigentumsrechte der Ummīnara; noch= malige Quittierung des Kaufpreises (Stichwort šaqālum "bezahlen").

Die Hülle verwendet die ša-Klausel (vgl. § 36.5) zur Darstellung der Vorgeschich= te; die Quittung über die Bezahlung des Kaufpreises (išqul-Formular) wird bereits in einem Hauptsatz gegeben. Verzicht der Šu'iškuna; Einräumung des Wohnrechtes für sie.

Drei Zeugen. Zu den Siegelabrollungen s. B. Hrouda, OrNS 52,1983,102-106.

A. Tafel:

1/2 MA.NA 3 GÍN KÙ.BABBAR
ší-im É<^{tí}> ša I-ku-nim
Um-mî-na-ra
DAM En-nam-a-šur
KÙ.BABBAR a-na Šu-iš-ku-na
ta-dí-na É^{tù}
ša Šu-iš-ku-na
ta-áš-ú$^{!}$-mu
ša Um-mî-na-ra
K la ta-qá-bi
Šu-iš-ku-na
Rs um-ma ší-it-ma
É^{tù}-a a-na
wa-ša-bu-tim
ki-a-ma wa-áš-ba-at
É^{tù} ša Um-mî-na-ra
KÙ.BABBAR ta-áš-qú-ul
IGI Áb-ša-lim
IGI Šu-pí-a-aḫ-šu
IGI Šé-zu-ur

B: Hülle:

Siegel A
KIŠIB Šú-pî-a-aḫ-šu
KIŠIB Šé-zu-ur KIŠIB Áb-ša-lim
KIŠIB Šu-iš-ku-na
Siegel B
K Siegel B
Rs Siegel C
ša É^{tí} ša I-ku-nim
Šu-iš-ku-na a-šu-mî
[U]m-mî-na-ra ta-<áš>-ú-mu
[1/2] MA.NA 3 GÍN KÙ.BABBAR
[Um-mî]-na-ra tá-áš-qú-ul
[la ta-q]á-bi$_4$ Šu-iš-ku-na
[É^{tù}-a] wa-ša-bu-tám
[wa-áš-ba]-at
K Siegel A
lR Siegel D
rR Siegel C

Siegellegende A: KIŠIB Šu-pí-a-[aḫ-šu]

Übersetzung:

A. Tafel: (1-6a) (Betrifft) 1/2 Mine 3 Seqel Silber, den Kaufpreis für die Häuser des Ikūnum: Ummīnara, die Ehefrau des Ennamaššur hat das Silber der Šu'iškuna ge= geben. (6b-9) Die Häuser, die Šu'iškuna gekauft hatte, gehören der Ummīnara. (10-13a) Nicht wird sagen Šu'iškuna folgendermassen: "Meine Häuser (sind es)"; (13b-15) sie bleibt (dort aber) wohnen. (16-17) Die Häuser gehören der Ummīnara; sie hat das Silber (dafür) bezahlt. (18-20) Vor Ābšalim; vor Šuppi'aḫšu; vor Šezur.

B. Hülle: (1-3) Siegel des Šuppi'aḫšu; Siegel des Šezur; Siegel des Abšalim; Sie= gel der Šu'iškuna. (4-6) (Urkunde darüber,) dass die Häuser des Ikūnum Šu'iškuna namens der Ummīnara gekauft hat. (7-8) 1/2 Mine 3 Seqel Silber hat Ummīnara (da= für) bezahlt. (9-11) Nicht wird Šu'iškuna sagen: "Meine Häuser (sind es)"; sie bleibt (dort aber) wohnen.

Siegellegende A: Siegel des Šuppi'aḫšu.

Anmerkungen:

(A:6) ta-dí-na ist als Ventiv mit Mimationsschwund zu verstehen; vgl. § 39.2.

(A:10f.) Beachte die ungewöhnliche Wortstellung (so auch B:9).

(A:13b-15) Wörtlich: "Zur Bewohnerschaft wohnt sie (dort) gleichermassen", d.h. doch "wie bisher"; in B:10f. findet sich statt der präpositionalen Verbin= dung ein adverbieller Akkusativ.

(B:4ff.) Gegen Cl. Wilcke halten wir eine Emendation des Textes nicht für erfor= derlich; die Konstruktion entspricht den Regeln der aAss Urkundenlehre (vgl. § 36.5).

(B:5f.) Die Wendung a-šu-mî PN "namens der PN" weist darauf hin, dass Šu'iškuna Beauftragte der Ummīnara ist. Die Erwägungen, die Cl. Wilcke auf Grund un= serer Urkunde und von oben No. 6 über Beschränkungen im Bodenverkehr ange= stellt hat, sind kaum begründbar: Warum sollte Ummīnara, die Ehefrau eines Assyrers, nicht von einem anderen Assyrer, wohl aber von der Kappadokierin Šu'iškuna (hier) oder dem Kappadokier Peru'a (No. 6) Häuser kaufen dürfen?

40.

Text: Tafel: I 588, Kopie nicht veröffentlicht; Hülle: Ka 392, Kopie ICK 2 160.
Bearbeitung: Die Tafel ist bearbeitet von L. Matouš, BiOr 31,1974,91.

Quittung (?, ilqē-Formular) über die Bezahlung des Kaufpreises für einen Sklaven; der Kaufpreis besteht ausnahmsweise nicht in Silber, sondern in Stoffen. Alle Be= teiligten sind Assyrer. Vertragspartner sind Amurrumbāni und Wērbāni. Amurrumbāni ist Empfänger des Kaufpreises, d.h. Verkäufer; in dieser Eigenschaft leistet er auch die Eviktionsgarantie (die eigentliche causa der Urkunde ?) gegenüber Wērbā= ni, der damit Käufer des Sklaven ist. Die Stellung des Ennumaššur ist zunächst unklar, jedoch geht der Text davon aus, dass er derjenige ist, der Ansprüche gegen Wērbāni erheben könnte. Damit ist Ennumaššur nicht mit den als Kaufpreis genann= ten Stoffen in Beziehung zu setzen (vgl. A:4) - in diesem Falle müsste sich ja sein Vorgehen gegen den Verkäufer und Empfänger der Stoffe Amurrumbāni richten. Folglich muss A:4 ša Ennumaššur sich auf den Sklaven in A:1 beziehen. Ennumaššur ist also dessen Voreigentümer und hat den Sklaven entweder zuvor an Amurrumbāni verkauft oder verpfändet. Im letzteren Falle könnte der Sklave durch Pfandverfall an den Verkäufer gekommen sein, und dieser hätte ihn gegen die genannten Stoffe eingetauscht. Damit wäre auch verständlich, warum als Kaufpreis ausnahmsweise kein Silber gefordert wurde. Stimmt unsere Interpretation, so ist der Hintergrund der Urkunde Pfandverwertung. Beachte den Zusatz balum dīnim u ṣaltim "ohne Prozess und Litigation" nach der Eviktionsgarantie. Zwei Zeugen.

A. Tafel:

ší-im ṣú-ḫa-ri-im
2 TÚG tí-sà-pu-um
1 TÚG ni-ib-ra-ru-um
ša En-um-a-šur
^{d}MAR.TU-ba-ni
il$_5$-qé šu-ma
En-um-a-šur
a-na We-er-ba-ni
i-tù-a-ar
1/3 ma-na KÙ.BABBAR
^{d}MAR.TU-ba-ni
a-na ‹We›-er-ba-ni
i-ša-qal ba-lúm
dí-nim ú ṣa-al-tí-im
IGI I-tur$_4$-DINGIR
IGI A-mur-DINGIR

B. Hülle:

1' KIŠIB I$^{!}$-[tur$_4$-DINGIR]
Siegel
ší-im ṣú-ḫa-ri-im
3' ⌜2$^{!}$⌝ TÚG tí-sà-pu-um 1 T[ÚG]
Lücke
Rd 1" [a-na We-er-ba]-ni i-ša-q[al]

Übersetzung:

A. Tafel: (1-6a) Den Kaufpreis für einen Sklaven - (er beträgt) zwei tisappum-Stoffe (und) ein(en) nibrārum-Stoff - des Ennumaššur hat Āmurbāni erhalten. (6b-13a) Wenn Ennumaššur gegen Wērbāni Ansprüche erhebt, wird 1/3 Mine Silber Amurrumbāni an Wērbāni bezahlen - (13b-14) ohne Prozess und Litigation. (15-16) Vor Itūrilum; vor Āmurilum.

B. Hülle: (1') Siegel des Itūrilum. (2'-3') Den Kaufpreis für einen Sklaven - (er beträgt) zwei tisappum-Stoffe (und) ein(en) [nibrārum]-Stoff - (Lücke) (1") .... wird [Amurrumbāni dem Wērbā]ni bezahlen.

Anmerkungen:

(A:2f.) Die Kaufpreisangabe erfolgt in Form eines parenthetischen, eingliedrigen Nominalsatzes.

(A:2) Zu tisappum vgl. AHw 1361b s.v. und K.R. Veenhof, Aspects 170f. s.v. DI-ZA-BU-um.

(A:3) Zu nibrārum als einem besonders kostbaren Stoff vgl. ausser den Wörterbüchern K.R. Veenhof, Aspects 172f.

(A:13bf.) Zu dieser Phrase vgl. auch TCL 21 263:25 (Prozessurkunde).

DRITTER TEIL.

INDICES UND KONKORDANZEN.

INDICES.

1. Personennamen.

A-ší-e-et 23A:13
A-ší-e-et a-lá-ḫi-núm 23A:3.9.19, B:11

A-šu-a-an 8:17

A-šùr-e-na
Pí-lá-aḫ-sú-in DUMU - 38:20

A-šur-ma-lik, A-šùr-ma-lik
A-ra-lá DUMU.SAL Šal-ma-a-šur DUMU A-šur-ma-lik 2A:4', B:[6']
Wa-lí-wa-lí DAM Lá-qé-ep DUMU A-šur-ma-lik 2A:10', B:11'
A-šùr-ma-lik DUMU A-mur-a-šùr 38:1

A-šùr-mu-ta-bi$_4$-il$_5$
Na-ki-il$_5$-wi-iš-we DAM - 13A:6.15, B:6'.9'

Aššurrabi = A-šur-GAL
Lá-qé-ep DUMU - 2A:6', B:[8']

Aššuršamšī = A-šur-^{d}UTU^{ši} 35:14

A-ta-a 31:4

Ba-al-ḫa-zi-a, Ba-al-ḫu-ší-a
Ba-al-ḫa-zi-a (amtum) 5B:5
Ba-al-ḫu-ší-a (amtum) 5A:1

Ba-ar-me-lá 19:1.15

Ba-ba-lá-a 16:18'

Ba-ga-a DUMU Pu-ḫi-a 1A:40, B:3

Ba-la-nim (Gen.)
Sí-re-me-ni DUMU - 7:3'

Ba-li-na
[....] DUMU Ba-li-n[a] 23B:2

Ba-zi-a DUMU DINGIR-kur-ub 14:1

Bu-ta-a DUMU I-dí-a-šùr 28A:23, B:2

Bu-za-zu 23A:16, B:18.20.25
- DUMU Pu-šu-ke-en$_6$ 23A:10, B:16

Bu-zu-ta-[a]
[Aḫ-ša-lim] DUMU - 36B:5

Bu-zu-zi-im (Gen.)
Ma-ṣí-í-lí DUMU - 28A:22, B:1

Ḫa-ḫu-a 19:6.10.16; 20:1.10

Ḫa-ma-ar-a, Ḫa-ma-ra-a
Ḫa-ma-ar-a 17B:2
Ḫa-ma-ra-a 17A:11
Tá-lá-áš DUMU Ḫa-ma-ra-a 6B:4

Ḫa-mu-ri-a
Pè-ru-a DUMU - 10S:2
Šu-pì-ú-ma-an DUMU - 6B:5

Ḫa-na 10A:1.4.6.10, B:1.4.15.17

Ḫa-nu 23A:24; 22:18

Ḫa-nu-nu 23A:24

Ḫa-nu-wa 15:3

Ḫa-pá
En-um-a-šur DUMU - 5B:2

Ḫa-pí-a, Ḫa-pì-a
Ḫa-pí-a 32:5.6.16.19
Ḫa-pì-a 19:1.3.14

Ḫa-pu-a-la, Ḫa-pu-a-lá
Ḫa-pu-a-la (Ehemann der Šu-pì-a-ni-kà) 28A:4, B:9
Ḫa-pu-a-lá 23A:7.22, B:8.14.[23]
Ḫa-pu-a-lá (Ehemann der Šu-pì-a-ni-kà) 28B:6

Ḫa-pu-a-šu
- na-pá-ḫi-im (Gen.) 14:2
Ta-mu-ri-a DUMU - 28A:25, B:3

Ḫa-šu-i 23A:6.22, B:[8].13.23

Ḫa-za-mì-il$_5$ 34:2.8

Ḫi-iš-ta-aḫ-šu 28A:9.13.19, B:5.13.17.22; 37:3
- GAL ṣa-bi-im 23A:5.20
- GAL ṣa-bi-šu 23B:[6].11.21

Ḫi-iš-ta-aḫ-šu-šar 4:12

Ḫu-za-a 26:14

Ḫu-zu-ra 32:9.12.18

I-da-a DUMU ^{d}IM-ba-ni 30:4

Kà-áp-sí-áš-wa 8:3

Kà-ak-sí-a 19:2.15

Kà-kà-ri-a 19:17; 20:5.8

Kà-li-la-wi-it-ra 8:13

Kà-ma-li-a 23A:26

Kà-nu-nu 31:13

Kà-ru-nu-wa DUMU Kur-za-na 14:3.6.12

Kà-sú 34:2.7

Kà-tar-zi-a 20:14

Kà-tí-da 20:2

Kà-tu-kà-tu 11A:16, B:16

Ki-kà-ar-na-aḫ-šu 11A:3, B:6.11 (Var. Ki-kàr-ša-an)

Ki-kà-ar-ša-an, Ki-kàr-ša-an
  Ki-kà-ar-ša-an 31:3
  Ki-kàr-ša-an 11A:8 (Var. Ki-kà-ar-na-aḫ-šu)
  Ki-kàr-ša-an GÚDA ša Ḫi-gi-ša 9:2

Ku-bi$_4$-a
  I-ku-na-a DUMU - 1A:10, B:13

Ku-ku-lá-nim (Gen.) 14:7.10.13

Ku-ku-ú 20:12; 22:18

Ku-lá-ku-lá 23A:2.21; B:[7].13.23
  - GAL [a]l-pá-tim 16:21'

Ku-na-ni-a 26:5

Ku-nu-nu
  DINGIR-re-ṣú-um DUMU - 36B:7

Ku-ra-a GAL na-pá-ḫi 37:1

Ku-ru-ku-ru
  Šu-pì-a-ni-kà DUMU.SAL - 32:3

Kur-za-na
  Kà-ru-nu-wa DUMU - 14:3.6.13

Ku-ša-ra 19:2.14

Ku-tá-a
  Ú-ṣú-ra-num DUMU - 3SA:2

Na-áb-sú-in DUMU Puzur$_4$-eštar 36B:1

Nabûqarrād = ^{d}Nabû-UR.SAG DUB.SAR 1A:44, B:7

Na-ki-il$_5$-wi-iš-we DAM A-šùr-mu-ta-bi$_4$-il$_5$ 13A:5.16, B:5'.10'

Na-ki-iš-tù-ar 26:9

Na-ki-li-it 15:4.7.10; 34:4.8

Na-pá-ri
Pè-ru-wa DUMU - 18:27

Narāmsîn = ^{d}Na-ra-am-^{d}EN.ZU
- LUGAL ki-ib-ra-tim ar-ba-im 1SA:1

Ni-ma-a
Re-ší-a DUMU - 1A:39, B:2

Ni-wa-aḫ-šu 22:20

Ni-wa-aḫ-šu-ša-ar, Ni-wa-aḫ-šu-šar
Ni-wa-aḫ-šu-ša-ar 4:3
Ni-wa-aḫ-šu-šar 32:4.6.15

Ni-wa-al-kà 13A:3, B:[3']

Ni-wa-šu 11A:19, B:2

Pá-tí-a 4:11

Pé-er-wa, Pé-ri-wa; Pé-ru-a, Pè-ru-a, Pè-ru-wa
Pé-er-wa (Ehemann der Mu-lá) 25:4.6.11.14
Pé-ri-wa 10A:18, B:19
Pé-ru-a 23A:25
Pé-ru-a DUMU Ḫa-mu-ri-a 10S:1
Pè-ru-a DUMU Wa-lá-aḫ-ší-na 6A:2, B:3.7
Pè-ru-wa 32:5.7.15
Pè-ru-wa DUMU I-na-ar 18:24
Pè-ru-wa DUMU Na-pá-ri 18:26
La-ba-da-ni-kà a-ša-at Pè-ru-wa 18:5

Pè-ru-wa-aḫ-šu 13:18
- (Sohn des Pè-ru-wa) 18:6

Pí-lá-aḫ-sú-in DUMU A-šùr-e-na 38:20

Pu-ḫi-a
Ba-ga-a DUMU - 1A:40, B:[3]

Pu-šu-ke-en$_6$ 23A:3, B:10

Ur-du-ba 12:10

Ú-ṣú-ra-num, Ú-ṣú-ra-nu-um, Ú-ṣú-ra-nim (Gen.)
   Ú-ṣú-ra-num DUMU Ku-tá-a 3SA:1
   Ú-ṣú-ra-nu-um 3A:6, B:3
   Ú-ṣú-ra-nim (Gen.) 3A:3, B:3

Uš-ḫa-ta 23A:5.21, B:12.22

Ú-šu-nu-ma-an
   ⌈Ú⌉-šu-nu-⌈ma⌉-〈an〉17A:10
   [Ú-šu-nu-]-ma-an DUMU Z[I-x-x] 17B:1

Ú-zu-a
   En-nam-a-šùr DUMU - 36B:4

Wa-áš-ḫu-pá, Wa-áš-ḫu-úpá
   Wa-áš-ḫu-pá GAL ma-ḫi-ri-im 15:1; 25:2; 29A:5, B:5.[9].17
   Wa-áš-ḫu-ú-pá 29A:10

Wa-lá-aḫ-ší-na
   Pè-ru-a DUMU - 6A:3, B:3

Wa-lá-aḫ-šu 13:19

Wa-la-wa-la, Wa-lá-wa-lá
   Wa-la-wa-la 28A:3,B:8.15.18.23
   Wa-lá-wa-lá 28A:11.15.20

Wa-li-iš-ra 34:3.7

Wa-li-ší-it 16:16'

Wa-lí-wa-lí 2A:13', B:14'
   - DAM Lá-qé-ep DUMU A-šur-ma-lik 2A:8', B:[10']

Waradšeru'a = ÌR-^{d}šé-ru-a
   ^{Id}UTU-ták-lá-ku DUMU - 1A:22.33, B:23.32

Wa-ší-nu-ma-an 22:19

Wa-ší-tí-ni 13A:11, B:11'

We-er-ba-ni 3A:2, B:5; 40A:8'.12', B:1"

Zabûqarrād = Za-bu-UR.SAG
   - DUMU DINGIR-GAL 1A:42, B:[5], SB

Za-pá-ra-áš-na 12:9

Za-za-a 4:1

2. Götternamen.

3. Toponyme.

II. KONKORDANZEN.

1. Liste der Museumsnummern.

Museums-No.:	Publikationsort:	Text:
AO (Louvre):		
8298	TCL 21 253	15
9301	TCL 21 258	30
9385	TCL 21 252	32
9386	TCL 21 254	37
Ashmolean Museum Oxford:		
1933.1049	JCS 14,1960,20 No. 12	34
BM (British Museum):		
115204A	CCT 5 20a	14
115207A	CCT 5 26a	25
CBS (Phaladelphia):		
4041	KTP 43 (= JSOR 11,1927,134)	18
Chantre 2	Scheil, Mission en Cappadoce 94f.	16
Giessen 1-7	KUG 3	20
I (Nationalgalerie Prag):		
I 568	cf. L. Matouš, ArOr 47,1979,33-39	23
I 588 (+ Ka 392)	cf. L. Matouš, BiOr 31,1974,91	40A
Jena 351	TuM 1 14c	33
Ka (Istanbul):		
219	ICK 1 102	35
266	ICK 1 123	13A
281A+B	ICK 2 103	36
373	ICK 2 76	2A
392 (+ I 588)	ICK 2 160	40B
495	ICK 2 182	13B
504 (+ 955)	ICK 2 77	2B
819	ICK 2 116	27

Museums-No.:	Publikationsort:	Text:
914	ICK 1 35a	17B
927	ICK 1 29a+b	3A.B
945	ICK 1 35b	17A
955 (+504)	ICK 1 46a	2B
996	ICK 1 27b	10A
1008	ICK 1 19b	28A
1030	ICK 1 19a	28B
1037	ICK 1 27a	10B
kay (Kaysari):		
276	cf. K. Hecker, WO 11,1980,68	11
294	cf. E. Bilgiç, Appellativa 49	12
337	cf. K. Hecker, WO 11,1980,68	31
4369	Hinweis von K. Hecker	22
kt (Ankara):		
a/k 250b	cf. E. Bilgiç, Festschrift Güterbock 31	19
a/k 554	cf. E. Bilgiç, Festschrift Güterbock 30	4
h/t 330	cf. E. Bilgiç, Anatolia 8,1964,151f., pl.III	8
KT (Istanbul):		
83a	KTS 46a	6B
83b	KTS 46b	6A
MAH (Genf):		
15692	JNES 16,1957,170	1A
16213	JNES 16,1957,172	1B
NBC (Yale):		
3785	BIN 4 212	24
3825	BIN 6 225	21
3981	BIN 6 226	29A.B
4014	BIN 4 209	5
4050	BIN 4 183	26
Prähist. Staatssammlg. München		
1979.1191	OrNS 52,1983,195f.	39
Privatbesitz:	UF 7,1975,325 No. 2	38

2. Liste der Publikationsorte.

Publikationsort:	Museums-No.:	Text:
Anatolia 8,1964,151f., pl. III	kt/ht 330	8
AnOr 47,1979,33-39	I 568	23
Bilgiç, Appellativa 49	kay 294	12
BIN 4 183	NBC 4050	26
209	NBC 4014	5
212	NBC 3785	24
BIN 6 225	NBC 3825	21
226	NBC 3981	29A.B
BiOr 31,1974,91	I 588 (+ ICK 2 160)	40A
CCT 5 20a	BM 115204A	14
26a	BM 115207A	25
Güterbock Festschrift 30	kt/ak 554	4
31	kt/ak 250b	19
ICK 1 19a	Ka 1030	28B
19b	Ka 1008	28A
27a	Ka 1037	10B
27b	Ka 996	10A
29a+b	Ka 927	3A.B
35a	Ka 914	17B
35b	Ka 945	17A
46a	Ka 955 (+ 504)	2B
102	Ka 219	35
123	Ka 266	13A
ICK 2 76	Ka 373	2A
77	Ka 504 (+ 955)	2B
103	Ka 281A+B	36
116	Ka 819	27
160	Ka 392 (+ I 588)	40B
182	Ka 495	13B
JCS 14,1960, 20 No. 12	Ashmolean Museum Oxford 1933.1049	34
JNES 16,1957,170	MAH 15962	1A
172	MAH 16213	1B

Publikationsort:	Museums-No.:	Text:
KBo 9 23	Inv.-No. 192/o	7
KTP 43 (= JSOR 11,1927,134)	CBS 4041	18
KTS 46a	KT 83a	6B
46b	KT 83b	6A
KUG 3	Giessen 1-7	20
OIP 27 53	Field No. Alişar e 2321	9
OrNS 52,1983,195f.	Prähist. Staatssammlg. München 1979.1191	39
Scheil, Mission en Cappadoce	Chantre 2	16
TCL 21 252	AO 9385	32
253	AO 8298	15
254	AO 9386	37
258	AO 9301	30
TuM 1 14c	Jena 351	33
UF 7,1975,325 No. 2	Privatbesitz	38
Unveröffentlicht (von K. Hecker)	kay 4369	22
WO 11,1980,68	kay 337	31
68	kay 276	11

3. Konkordanz zu EL.

EL 88 = TuM 1 14c ...... No. 33
EL 105 = KUG .... No. 20
EL 106 = BIN 4 209 ...... No. 5
EL 107 = KTS 46 .... No. 8
EL 189 = KTP 43 .... No. 18
EL 213 = BIN 4 212 .... No. 24
EL 214 = BIN 4 183 .... No. 26
EL 219 = Chantre 2 .... No. 16